VIRA E MEXE, NACIONALISMO

LEYLA PERRONE-MOISÉS

Vira e mexe, nacionalismo

Paradoxos do nacionalismo literário

COMPANHIA DAS LETRAS

Copyright © 2007 by Leyla Perrone-Moisés

Capa
João Baptista da Costa Aguiar

Imagem de capa
Fernando Vilela

Preparação
Estela Cavalheiro

Índice remissivo
Luciano Marchiori

Revisão
Marise S. Leal
Carmen S. da Costa

Dados Internacionais de Catalogação na Publicação (CIP)
(Câmara Brasileira do Livro, SP, Brasil)

Perrone-Moisés, Leyla
    Vira e mexe, nacionalismo : paradoxos do nacionalismo
literário / Leyla Perrone-Moisés. — São Paulo : Companhia das Letras, 2007.

    ISBN 978-85-359-1111-4

    1. Nacionalismo 2. nacionalismo e literatura I. Título.

07-7460   CDD-809.93358

Índice para catálogo sistemático:
1. Nacionalismo literário : Análise crítica   809.93358

[2007]
Todos os direitos desta edição reservados à
EDITORA SCHWARCZ LTDA.
Rua Bandeira Paulista 702 cj. 32
04532-002 — São Paulo — SP
Telefone (11) 3707-3500
Fax (11) 3707-3501
www.companhiadasletras.com.br

"vira mexe Nacionalismo"
Mário de Andrade, anotação manuscrita num
exemplar de *Europe* nº 31, agosto de 1925, IEB-USP

Sumário

Apresentação 9

1. A cultura latino-americana,
   entre a globalização e o folclore 21
2. Paradoxos do nacionalismo literário na América Latina ... 28
3. Galofilia e galofobia na cultura brasileira 50
4. Machado de Assis e Borges: nacionalismo e cor local 81
5. Castro Alves e o aplicativo Victor Hugo 97
6. A Torre Eiffel Sideral 108
7. Lautréamont e as margens americanas 118
8. Passagens: Isidore Ducasse, Walter Benjamin e
   Julio Cortázar 127
9. Raymond Roussel e o multiculturalismo 148
10. Edward W. Said, um intelectual fora de lugar 159
11. Desconstruindo os "estudos culturais" 166
12. Civilizados e bárbaros 175
13. Macunaíma e a "entidade nacional brasileira" 188

Notas 211
Índice remissivo 227

Apresentação

Quando este livro for catalogado, poderá ter como palavras-chave: "cultura", "identidade", "alteridade", "nacionalismo", "colonialismo"... Palavras todas elas minadas, por diferentes motivos.

"Cultura" é, hoje, um vocábulo ao mesmo tempo valorizado e corriqueiro. Depois de ter motivado, ao longo do século XX, uma enorme e respeitável bibliografia, transformou-se, nas últimas duas décadas, num termo banal, usado a torto e a direito em sentidos cada vez mais restritos e mais pobres.[1] Os discursos universitários de áreas literárias impregnaram-se de um culturalismo generalizado, que ignora, no mais das vezes, as complexas discussões que o conceito de cultura produziu no passado. De modo que, atualmente, a palavra-chave "cultura" não caracteriza, por si só, nada de preciso.

"Identidade" e sua correlata "alteridade" são outras palavras igualmente gastas até o osso nos discursos universitários atuais. Complexas em seus usos filosóficos, éticos e políticos, parecem ter voltado, atualmente, a suas raízes idealistas e essencialistas, admitindo-se em geral que ter identidade é uma boa coisa, e tolerar a identidade do Outro, um atestado de boa conduta. Ora, o conceito de identidade vem sofrendo profundos abalos desde o século XIX, na filosofia, na sociologia, na psicanálise, assim como na prática moderna dos deslocamentos humanos.[2]

O outro par, "nacionalismo" e "colonialismo", também é pau para toda obra. Nascido no romantismo, ao mesmo tempo que se consolidavam os Estados-nações, o nacionalismo é justificado quando se trata de defender um território e os direitos de seus cidadãos, mas perigoso quando leva à xenofobia, a guerras e massacres, o que, afinal e infelizmente, é apenas o ponto extremo de sua lógica. Já o colonialismo, liquidado historicamente como prática geopolítica, tem sido com freqüência transformado, nos estudos "póscoloniais", num rótulo extensivo a práticas interculturais de diferentes tipos e épocas, referentes a um indistinto "colonizador" e a um "ex-colonizado" igualmente genérico.

Portanto, embora essas palavras-chave possam ser aplicadas a este livro, nenhuma delas define algo de preciso se não explicitarmos o modo como elas são utilizadas, as épocas e os contextos a que se referem, e sobretudo o *corpus* discursivo que suscita a sua rediscussão. Esse *corpus* é majoritariamente ficcional ou poético, complementado por reflexões ensaísticas de romancistas e poetas. Por isso, a palavra-chave que melhor definiria este livro seria "literatura", se essa palavra também não fosse problemática e não estivesse, mais do que desgastada, fora de moda.

Para evitar, pois, maiores mal-entendidos, devo dizer como nasceu e se desenvolveu este livro, quais são seus objetivos e suas assumidas limitações. Este livro não parte de conceitos ou noções. Não é, nem pretende ser, um tratado sobre a vasta questão do nacionalismo. É o resultado de um convívio de quatro décadas com textos literários, um conjunto de textos críticos que expõem e sugerem determinadas formas de tratar conceitos e noções sugeridos por aquelas palavras-chave que evoquei de início. É uma coletânea de conferências, ensaios, notas de cursos e artigos que só se harmonizam pela recorrência dos temas tratados. Determinada questão, apenas levantada em um texto, é mais desenvolvida em outro.

Tendo feito minha carreira universitária como professora de literatura francesa, era inevitável que, em dado momento, eu esbarrasse na questão da relação nacional/estrangeiro, identidade/alteridade. Para elucidar essas relações, criei o Projeto Léry-Assu — Relações da Literatura Brasileira com a Literatura Francesa e, posteriormente, o Núcleo de Pesquisa Brasil-França.[3] Paralelamente, fui várias vezes levada a tratar pessoalmente dos pressupostos daquele projeto e dos trabalhos desse grupo de pesquisa.

Quanto mais enveredei pelo comparatismo literário, a partir de uma ótica intertextual, mais a oposição nacional/estrangeiro me pareceu descabida, pois as fronteiras nacionais, na literatura ocidental, são e sempre foram porosas, nos chamados "centros" tanto quanto nas chamadas "periferias". E, como de costume, foram os textos literários que me levaram à filosofia, à antropologia e à psicanálise, para ver confirmadas, nestas, as admiráveis intuições dos artistas da palavra.

A literatura, pelo menos no Ocidente, sempre foi supranacional. Os grandes autores ocidentais nunca se ativeram às fronteiras nacionais na escolha de seus modelos ou temas, desde o romance de cavalaria, passando pelo Corneille de *O Cid* ou pelo Shakespeare de *Romeu e Julieta*, até a modernidade, com Baudelaire irmanando-se a Poe, e Pessoa a Walt Whitman, anunciando as vanguardas internacionais do século XX. Isso sem falar da América Latina, que, por sua condição de herdeira lingüística e cultural da Europa, teve suas literaturas sempre entrelaçadas com as do outro lado do Atlântico.

Em pleno romantismo, no despontar dos nacionalismos literários, Goethe aspirava a uma *Weltliteratur*. "A literatura nacional", dizia ele em suas conversas com Eckermann, "não representa mais grande coisa, estamos entrando na era da literatura mundial e compete a cada um de nós acelerar sua evolução." É compreensível que, no momento histórico de Goethe, o "mundial" se baseasse num paradigma europeu ou ocidental. Isso não invalida, entretanto, essa proposta pioneira. Por outro lado, levando em conta as diferenças históricas, não podemos identificar a *Weltliteratur* proposta por Goethe com a "literatura mundial" decorrente da globalização econômica e informacional, que ora tende a anular as particularidades locais, ora apela para um exotismo superficial, consumido como turismo literário. As aporias da teorização atual de uma "literatura mundial" se devem ao fato de que aquilo que chamamos de literatura é um conceito ocidental moderno. Não é possível chegar a um cânone mundial enquanto se mantêm, na base, valores estéticos ocidentais. E se esses valores são contestados, deve-se abandonar a própria idéia de "literatura" e de "cânone".[4]

Entretanto, aquilo que ainda chamamos de literatura é uma prática universalizante, que ensina a superar os escolhos dos nacionalismos. Vivendo no regime da ficção, a literatura tende a relativizar a questão da identidade pessoal ou nacional do autor, e, quando esta é prioritária, a obra fica mais próxima do testemunho do que da criação artística. As "integrações" e "assimilações", tão problemáticas na política das nações, sempre foram a regra nos textos literários, que praticam a intertextualidade sem limites históricos e geográficos.[5]

O romancista tcheco Milan Kundera assim se expressa, em seu último livro de ensaios:

> Para ficar na história do romance: é a Rabelais que reage Sterne, é Sterne que inspira Diderot, é Cervantes que recorre a Fielding, é com Fielding que se mede Stendhal, é a tradição de Flaubert que se prolonga na obra de Joyce, é em sua reflexão sobre Joyce que Broch desenvolve sua própria poética do romance, é Kafka que faz com-

preender, a García Márquez, que é possível sair da tradição e escrever "de modo diferente".[6]

Kundera opõe "o grande contexto" ao "pequeno contexto", observa que a tradicional divisão acadêmica em literaturas nacionais é uma limitação, e que os professores "ostensivamente identificados ao contexto nacional das literaturas que ensinam" são provincianos.

Os textos literários ensinam muito sobre identidade, alteridade, nação, cultura etc. Sobre cultura, ensinam que não existem culturas estanques, que cultura supõe sempre processos de contato, que o contato e as relações são inseparáveis do próprio conceito de cultura. O que Lévi-Strauss afirmou, há mais de cinqüenta anos: "A exclusiva fatalidade, a única tara que pode afligir um grupo humano e impedi-lo de realizar plenamente sua natureza, é a de ficar sozinho".[7] Ou, mais recentemente, em outro contexto histórico, Edward Said: "Todas as culturas estão mutuamente imbricadas; nenhuma é pura e única, todas são híbridas, heterogêneas, extremamente diferenciadas, sem qualquer monolitismo".[8]

Definindo cultura como resultado de uma "história cumulativa", Lévi-Strauss dizia, na conferência supracitada, que toda cultura vive em "regime de coalizão". Prevendo, entretanto, uma uniformização cultural em nível mundial, que apagaria as diferenças, o antropólogo concluía:

> Não há, não pode haver uma civilização mundial no sentido absoluto que se dá freqüentemente a esse termo, porque a civilização implica a coexistência de culturas que ofereçam, entre elas, o máximo de diversidade, e consiste exatamente nessa coexistência. A civilização mundial não poderia ser outra coisa senão a coalizão, em escala mundial, de culturas que preservassem cada uma sua originalidade.[9]

Esse seria um desfecho ideal para a mundialização. O que o antropólogo já podia pressentir mas não podia prever, naquele momento, era que a originalidade das culturas seria, por um lado, progressivamente apagada pela cultura de massa ocidental e, por outro, transformada em arma de guerra entre os povos.

A nação é uma construção idealizada ora para fins políticos (justos, como formas de organização social e/ou de resistência a ataques exteriores), ora para fins de eliminação de outros (injustos e belicosos). Nação e identidade nacional são "grandes narrativas", e é paradoxal que estudiosos que se dizem pós-modernos usem esses conceitos como positivos, quando aplicados a nações, identidades e culturas "subalternas", sem ver que eles são ilusórios e complexos para qualquer tipo de cultura, hegemônica ou dependente.

Voltando a um pensador mais antigo, cito Renan, numa conferência de 1882:

> A língua não é uma base suficiente para a nação, nem a religião, nem a comunidade de interesses que faz tratados de comércio, nem a geografia [...] A nação é um passado comum e um projeto de futuro comum. [...] As nações não são algo de eterno. Elas começaram, elas acabarão.

E, precursor para seu tempo, Renan descartava qualquer fundamentação étnica para o conceito de nação:

> Enquanto o princípio das nações é justo e legítimo, o princípio do direito primordial das raças é estreito e cheio de perigo para o verdadeiro progresso. [...] Não há raça pura, os mais nobres países, a Inglaterra, a França, a Itália, são aqueles em que o sangue é mais misturado. [...] O fato da raça, capital na origem, vai perdendo sua importância. [...] Para além dos caracteres antropológicos, há a razão, a justiça, o verdadeiro, o belo, que são os mesmos para todos.[10]

Infelizmente, a história posterior mostrou que o "fato da raça" não estava perdendo importância, como pretendia Renan, e que a universalidade dos valores seria posta à prova.

Um século mais tarde, Benedict Anderson define a nação como "comunidade imaginária".[11] Outro especialista da questão, Ernest Gellner, lembra que a era dos nacionalismos é relativamente breve, e muito recente: "Na verdade, as nações, como os estados, são uma contingência e não uma necessidade universal".[12] Eric Hobsbawm, por sua vez, afirma que "não se encontrou nenhum critério satisfatório que permita decidir quais, dentre as numerosas comunidades humanas, podem ostentar o título de nação".[13] O mesmo dizia Mariátegui: "A nação ela mesma é uma abstração, uma alegoria, um mito que não corresponde a uma realidade constante e precisa".[14] Todos esses autores põem em evidência o caráter imaginário e flutuante das nações e dos nacionalismos.

A questão do nacionalismo liga-se à da "identidade". Ainda hoje, em várias partes do mundo, certos intelectuais continuam defendendo, no campo da cultura, uma "identidade nacional" que só existia, no passado, como imaginário útil ao Estado-nação. No mundo atual, globalizado pela economia e pela informação, ocorre ao mesmo tempo um enfraquecimento do Estado-nação e um recrudescimento dos nacionalismos. Quanto mais o capital e a informação desconhecem fronteiras, mais estas são reforçadas para e contra os indivíduos. Esquecendo o regozijo suscitado pela queda do muro de Berlim, os governos instalam a cada dia novos muros de concreto e barreiras eletrônicas, em várias partes do mundo. Como reação, as reivindicações de identidades étnicas, religiosas e culturais se acirram em numerosos conflitos e guerras, nos quais as motivações econômicas se misturam, de modo quase inextricável, com as motivações culturais.

Enquanto isso, as migrações humanas se multiplicam e, para numerosos migrantes do mundo atual, a obrigatoriedade de uma identidade una é vivida como uma limitação, e mesmo uma prisão. Quando esses migrantes têm condições de tomar a palavra, eles o fazem de modo incisivo. O escritor libanês Amin Maalouf, por exemplo, trata desse assunto num livro cujo título fala por si: *Identidades assassinas*.[15] O ensaísta Edward W. Said, palestino de nascimento e cidadão norte-americano, também escreveu longamente sobre sua identidade "fora do lugar". Salman Rushdie, romancista indiano de expressão inglesa, prefere definir-se como "um daqueles que não pertencem a lugar nenhum".[16] Como vários outros intelectuais migrantes, esses escritores se rebelam contra a imposição de uma identidade, de uma cultura e de uma língua únicas.

A identidade forte pode ser causadora de genocídios, como temos visto desde o nazismo até os mais recentes acontecimentos da Europa do Leste, da África e do Oriente Médio. A identidade pode ser também, em casos menos graves, um fator de imobilização de um povo, como ocorreu durante séculos com Portugal, iludido sobre si mesmo entre um passado glorioso e um futuro utópico.[17] Por todas essas razões, diz Terry Eagleton:

> O paradoxo da política de identidade, em resumo, é que se precisa de uma identidade a fim de se sentir livre para desfazer-se dela. A única coisa pior do que ter uma identidade é não ter uma. Despender muita energia afirmando sua própria identidade é preferível a sentir que não se tem absolutamente nenhuma, mas ainda mais desejável é não estar em nenhuma das situações.[18]

Em suma, a boa identidade é algo que se tem quando ela não constitui um problema. Quando decorre de uma "política de identidade", ditada pelo Estado ou por grupos particularistas, ela é sempre perigosa.

No Brasil, o nacionalismo tem tomado várias formas através do tempo. Num ensaio breve e iluminador, Antonio Candido analisou as transformações do nacionalismo brasileiro ao longo do século XX, e concluiu:

> Recapitulando: na história brasileira deste século, têm sido ou podem ser considerados formas de nacionalismo o ufanismo patrioteiro, o pessimismo realista, o arianismo aristocrático, a reivindicação da mestiçagem, a xenofobia, a assimilação dos modelos europeus, a rejeição desses modelos, a valorização da cultura popular, o conservantismo político, as posições de esquerda, a defesa do patrimônio econômico, a procura de originalidade etc. etc. Tais matizes se sucedem ou se combinam, de modo que por vezes é harmonioso, por vezes incoerente. E esta flutuação, esta variedade mostram que se trata de uma palavra arraigada na própria pulsação da nossa sociedade e da nossa vida cultural.[19]

Entre nós, volta e meia reaparecem o nacionalismo e seu corolário, a recusa do "colonialismo cultural".[20] No terreno da cultura e das artes, a busca da identidade nacional brasileira teve dois grandes momentos: no século XIX, com o romantismo, e no século XX, com o modernismo. Entre os modernistas, um se destacou por ter criado a obra máxima dedicada a essa questão, e por não ter cedido às ilusões da identidade. Falo de Mário de Andrade, a cuja lucidez devemos a expressão "entidade nacional dos brasileiros".[21] Usando a palavra "entidade", Mário de Andrade evitou o idealismo da "identidade", conceito que supõe essência, origem e fixidez.

Ele usava a palavra "entidade" acreditando ser ela a que convinha ao brasileiro, por se tratar de um sujeito cultural ainda indefinido, em formação, em devir. Mas, na verdade, todos os sujeitos culturais estão sempre em formação e em devir. Veja-se apenas como exemplo a França, tida até meados do século XX como um país de identidade cultural forte e mesmo exemplar: "mãe das letras e das artes", "farol do mundo civilizado" etc. A identidade cultural francesa, caracterizada como racionalista, iluminista e revolucionária, foi criada nos séculos XVII e XVIII. Devido ao enorme afluxo da imigração, a França é hoje uma nação multicultural, com todas as riquezas e os problemas que isso implica. E os problemas nem sempre são enfrentados com os princípios de liberdade, igualdade e fraternidade que, desde a Revolução, eram postulados básicos da identidade francesa. Ninguém é capaz de dizer o que será a cultura francesa, ou qualquer outra, no final do século XXI. Atualmente, a Europa só se unifica, de fato, como bloco econômico.

As obras literárias esclarecem, tanto ou mais do que os discursos políticos, como são construídos os conceitos de nação e de identidade nacional. Não por acaso, alguns dos maiores teóricos atuais dessas questões trabalham-nas a partir de um *corpus* literário: Said estudando Dickens, Conrad ou Genet; Eagleton citando Shakespeare ou Goethe; Lourenço exemplificando com Pessoa. Said vê os grandes escritores modernos como salutares "dissolventes da identidade".[22] Eagleton observa que os críticos literários, "formados em uma ciência da subjetividade", estão bem armados para pensar os problemas culturais. "No apogeu da burguesia européia — diz ele —, a literatura tinha um papel chave na formação dessa subjetividade social."[23] Atualmente, o cinema e a televisão têm um papel mais relevante, nesse sentido, do que a literatura. Mas as obras literárias atuais, por serem menos dependentes dos interesses do Estado e do mercado, se prestarão talvez mais do que os outros meios para elucidar, no futuro, as questões de hoje.

Os trabalhos reunidos neste livro são ora de cunho geral (os que tratam de modo histórico os intercâmbios culturais), ora monográficos (os que examinam esses intercâmbios a partir de obras particulares). A questão do nacionalismo na literatura brasileira, ligada historicamente à acolhida ou à recusa da influência francesa, levou-me ao estudo de alguns escritores e ensaístas nacionais, mas não nacionalistas. Como período estudado, a maior parte deles remete aos séculos XIX e XX, séculos em que se criaram e se consolidaram as "nações" e nos quais se levantaram e se desenvolveram as questões de cultura ou de literatura nacional. Embora historicamente datadas, essas questões estão longe de ser superadas, e o passado do escrito pode ser atualizado pelo presente da leitura ou da releitura. Voltar ao passado ajuda a ver como as coisas ocorreram e a evitar os mesmos enganos no futuro. Não é mais do que esta minha intenção ao reunir estes trabalhos.

Os textos aqui apresentados são ou inéditos em português, ou modificados, ampliados e atualizados com relação à sua primeira publicação.

L. P.-M.
Maio de 2007

1. A cultura latino-americana, entre a globalização e o folclore*

A união política, econômica e cultural dos países latino-americanos é uma velha meta que as novas relações internacionais agora favorecem. Entretanto, quando se trata de cultura, alguns equívocos devem ser evitados. As semelhanças entre nossos problemas políticos e econômicos não devem levar a um projeto de união cultural que esqueça as grandes diferenças entre as diversas culturas do continente, ou a um fechamento com relação às culturas dos países hegemônicos. Na ânsia por uma "identidade latino-americana", o discurso da latino-americanidade pode levar a enganos prejudiciais à cultura propriamente dita. Refiro-me a enganos como o nacionalismo exacerbado, o populismo e o espontaneísmo.

O nacionalismo exacerbado, herança de nossas guerras de independência, e resultado da permanente ameaça de dependência que pesa sobre nossas economias, consiste, no terreno da cul-

---

*"Las culturas latinoamericanas en el siglo XXI", comunicação apresentada na conferência internacional "En el umbral del milenio — Cultura — Ecologia — Genero — Violencia", Lima, abril de 1998.

tura, em buscar o "autenticamente nosso", rechaçando patriotica-
mente tudo o que vem de fora, por medo do "colonialismo cultural". Esse nacionalismo ressentido e desconfiado pode se transformar num supranacionalismo, com as mesmas características,
quando se trata de latino-americanidade.

A razão principal pela qual o nacionalismo (e o supranacionalismo) latino-americano corre o risco de se tornar nocivo ao
desenvolvimento cultural de nossos países é que ele repousa sobre
uma concepção inaceitável de cultura. Nenhuma cultura é auto-
suficiente e estanque. Toda cultura é o resultado de intercâmbios e
mesclas bem-sucedidas. Nenhuma das grandes culturas reconhe-
cidas como tal se desenvolveu fechada ao estrangeiro: a cultura de
Roma fortaleceu-se ao assimilar a Grécia, a inconfundível cultura
japonesa foi criada a partir da chinesa etc.

Nossas culturas latino-americanas, constituídas por mesclas
mais evidentes, e mais ou menos recentes, não têm por que preten-
der uma especificidade autóctone, mítica e regressiva. As recentes
teorias pós-coloniais praticadas nos países anglófonos só nos convêm em parte. Para compreender em que as culturas latino-americanas se distinguem de outras culturas pós-coloniais, certos fatores devem ser considerados. Nossa condição pós-colonial já tem
quase dois séculos. A identidade cultural original dos países latino-
americanos, que já era múltipla, foi, em muitos casos, apagada pela
colonização e, em outros, transformada pela mestiçagem. Nos países em que se mantiveram traços das culturas autóctones, aos quais
se acrescentaram mais tarde as marcas das culturas africanas e dos
países de imigrantes, são as misturas efetuadas que constituem
nossa originalidade com relação aos países colonizadores.

Nos discursos universitários dos países hegemônicos, fala-se
muito em "multiculturalismo". O multiculturalismo teorizado e
praticado nesses países não corresponde, felizmente, à nossa
vivência multicultural. Para eles, trata-se de tolerar a coexistência

de várias culturas, porque o trabalho dos imigrantes é necessário às suas economias, e essa simples tolerância implica a formação de guetos. A recente desconfiança com relação aos estrangeiros, nos Estados Unidos, evidencia a fragilidade e a hipocrisia de seu propalado multiculturalismo. Nos países latino-americanos não há multiculturalismo, nesse sentido; há mestiçagem, recriação cultural permanente, transculturação.[1]

A transculturação se efetuou e se efetua em todos os países latino-americanos, mas em cada um deles ela produziu resultados originais. Essa originalidade precisa ser reconhecida, quando se fala de cultura latino-americana. O Brasil, por exemplo, é sem dúvida latino-americano, mas não é culturalmente uniforme nem mesmo em seu enorme território. E sua relação com os países de língua espanhola só recentemente tem sido levada em conta pelos pensadores hispano-americanos. O imperialismo lingüístico do espanhol é tal que, quando se fala em cultura ou literatura latino-americana nas universidades não brasileiras, quase sempre o Brasil é marginalizado.

Existe, entretanto, uma identidade latino-americana em sentido amplo, em virtude da semelhança de nossas histórias políticas e sociais. Culturalmente, a identidade latino-americana se constitui como a afirmação de uma diferença no seio de uma identidade: uma relação filial, edipiana, com a Europa. Por mais rancores que cultivemos, por mais violento que tenha sido nosso desejo de independência, temos uma ligação indissolúvel com as culturas metropolitanas, a começar pelas línguas que falamos. Como disse numerosas vezes Octavio Paz (que ninguém pode acusar de menosprezar suas raízes mexicanas), a cultura européia já é parte de nossa tradição, e renunciar a ela seria renunciar a uma parte de nós mesmos.[2]

Segundo Jorge Luis Borges, a vocação da América é ser internacional: "Devemos pensar que nosso patrimônio é o universo".[3] A

23

América Latina é, ao mesmo tempo, memória e projeto, nostalgia de um passado perdido e prefiguração de um futuro possível. É com esses verbos bifrontes, "ter saudades" e "prefigurar", que Lezama Lima conclui seu ensaio *La expresión americana*,[4] no qual propõe o conceito de América como "protoplasma incorporativo". Num mundo globalizado, essa capacidade de incorporação, e sobretudo de prefiguração, é um modelo que podemos oferecer às outras culturas.

Esquecer nossas origens é perder nossa identidade. Manter o que resta das culturas originais e garantir os direitos das populações que as conservam é não apenas uma obrigação ética, mas também uma maneira de cuidar de uma riqueza cultural que nos pertence. Agora, querer reduzir nossa identidade ao que nos restou dos índios ou ao que nos trouxeram os africanos é uma regressão, que pode nos levar a um racismo às avessas. Nos países do hemisfério norte, ou hemisfério rico, a preocupação com o "especificamente nacional" só existe entre os conservadores ou entre os francamente fascistas, com o objetivo de recusar a imigração e a mistura de raças. As tendências xenófobas e belicosas dos nacionalismos têm-se manifestado, mais do que nunca, em nosso tempo de globalização, como uma reação a esta.

Evidentemente, a recepção dos aportes estrangeiros deve ser levada a cabo através de uma seleção crítica, efetuando-se uma incorporação transformadora. O que prova a força particular de uma cultura é exatamente essa capacidade de assimilar sem se perder. Um tipo de receptividade crítica e criadora era o que defendia o modernista brasileiro Oswald de Andrade, em sua proposta de antropofagia cultural:[5] devorar (metaforicamente) os aportes estrangeiros para nos fortalecermos, como faziam (literalmente) os índios tupinambás com os primeiros colonizadores do Brasil. No mesmo ano de 1928, num registro diferente, José Carlos Mariátegui propunha um americanismo não essencialista mas virtual, um pensamento hispano-americano que devia ser "elaborado", sem rechaçar os elementos europeus constitutivos.[6]

Outro engano em que já incorreram os discursos culturais latino-americanos, e que se deveria evitar, é conceber a cultura em geral e a arte em particular como meros testemunhos das condições socioeconômicas. Essa ilação, que a história e a antropologia contemporâneas desmentem, tem efeitos lamentáveis sobre a cultura e a arte. Considerar que um país pobre deve ter cultura para pobres, e arte que tenha por única temática a miséria, é defender um tipo de populismo paternalista, politicamente inaceitável. Os intelectuais populistas têm uma concepção muito pejorativa do "povo". Pretendendo oferecer-lhe uma cultura que esteja "ao seu alcance", impedem esse mesmo povo de receber informações mais complexas, mantendo-o numa condição de minoridade intelectual e impedindo-o de vislumbrar caminhos alternativos.

Ligado ao nacionalismo populista, vem o culto do folclore. É óbvio que o folclore é uma riqueza cultural que deve ser preservada. Mas querer restringir as culturas latino-americanas a seus aspectos folclóricos significa impedi-las de evoluir, de inovar. Significa também oferecer aos outros — aos países de economia desenvolvida e de cultura sedimentada — exatamente a imagem que eles desejam ter de nós: exóticos, vestidos de poncho e chapéu de palha, pitorescos com nossas danças e nossas crenças, em suma, desafortunados e divertidos ao mesmo tempo.

Ora bem: a América Latina não é apenas folclore. Temos grandes metrópoles com acesso à informação e à tecnologia avançada. Temos artistas e intelectuais capazes de dialogar de igual para igual com os dos países ditos desenvolvidos. O que devemos recusar da Europa e dos Estados Unidos não são suas culturas, mas a imagem que eles querem ter da nossa: aquela imagem folclórica, o espetáculo de uma pobreza pitoresca para ser visitada por turistas, ou de um "real maravilhoso" que só é maravilhoso para quem não vive sempre nele.

Infelizmente são freqüentes, na América Latina, manifestações antiintelectuais, em nome de uma "espontaneidade", de uma "alegria", de uma "afetividade" ou de uma "magia" consideradas como nossa preciosa contribuição ao mundo. Em nome dessa espontaneidade, recusa-se todo experimentalismo ou rigor artístico, tarjando-os de "formalismo" e "elitismo" e considerando-os como incompatíveis com nossa "índole" e nossa "realidade". Deprecia-se também o pensamento abstrato, o discurso teórico e argumentativo, a pesquisa universitária, todos qualificados de "intelectualismo estéril".

Que os latino-americanos sejam intuitivos, criativos, improvisadores e telúricos, que nossas manifestações artísticas sejam freqüentemente mais vitais do que as manifestações dos europeus, extenuados depois de terem lido todos os livros e terem chegado à conclusão de que a carne é triste — tudo isso é, para nós, uma vantagem. Mas transformar essas qualidades espontâneas ou circunstanciais em elementos suficientes para a consolidação de uma cultura ou de uma arte, é daninho tanto do ponto de vista cultural como do político. A criatividade destituída de uma base de informação vasta e sólida desemboca numa produção sem autocrítica e sem parâmetros, que será recebida pelos compatriotas sem nenhuma elevação do nível cultural e, pelos estrangeiros, como diversão inócua, demonstração tranqüilizadora (para eles) de nossa ingenuidade.

Por outro lado, a difusão de uma cultura de massa uniformizadora terá seu objetivo facilitado num meio cultural esquecido de sua tradição intelectual e carente de discurso crítico. O mais lamentável é que a América Latina tem uma longa e respeitável tradição ensaística de reflexão sobre suas culturas, que foi substituída pelos discursos populistas e politicamente estereotipados dos anos 60, para ser em seguida sufocada pelas tolices internacionais difundidas pela mídia, encontrando-se agora ameaçada de esquecimento e substituída pela imitação passiva.

O grande destino da América Latina não é encerrar-se em Macondos reais, nem morrer de sede corporal e cultural num Grande Sertão geograficamente circunscrito. Também não deveria ser imitar servilmente as nações hegemônicas. O Velho Mundo, ao olhar o Novo, deveria encontrar não o seu próprio rosto espelhado e degradado, nem um rosto totalmente exótico destinado a diverti-lo ou comovê-lo a distância, mas um rosto que devolvesse o seu olhar e que lhe demonstrasse que há outras maneiras de olhar a si mesmo e ao outro. Nosso objetivo deveria deixar de ser "abafar na Europa", e simplesmente mostrar a ela o que fizemos de diferente com o que ela nos trouxe.

Além disso, num mundo atualmente colonizado pelos Estados Unidos, a América Latina pode converter-se numa opção cultural diversa dentro da globalização. Isso não se conseguirá com o isolamento cultural, nem com o cultivo de sua imagem folclorizada, mas com sua entrada efetiva no conjunto de discursos culturais de nosso tempo. Para se impor no discurso internacional, os latino-americanos precisam dispor de informações tão atualizadas, de armas conceituais tão afiadas e de formas artísticas tão apuradas como aquelas de que dispõem as culturas que ainda são hegemônicas.

Tratar nosso patrimônio cultural com informações internacionais atualizadas é a melhor maneira de o manter vivo e ativo. Lutar contra a pobreza material e conservar nossa riqueza cultural é o desafio que nós, latino-americanos, deveremos enfrentar no século XXI.

2. Paradoxos do nacionalismo literário na América Latina*

Comparadas com as grandes literaturas do Oriente e da Europa, as literaturas latino-americanas têm uma história curta: quinhentos anos, se considerarmos o período de colonização espanhola e portuguesa, ou pouco menos de dois séculos, se quisermos fazer coincidir a autonomia literária com a independência po-

*Este artigo é a tradução de uma conferência plenária pronunciada em francês no XIV Congresso da Associação Internacional de Literatura Comparada (ICLA) em Edmonton, Canadá, em agosto de 1994. Uma versão em inglês foi publicada em: Maria Elena Valdés, Mário J. Valdés; Richard A. Young (Eds.), *Latin America as its literature*, Nova York, Council on national literatures, 1995, pp. 36-54; e, mais desenvolvido, in Mario J. Valdés; Djelal Kadir (Org.), *Literary cultures of Latin America. A comparative history*, Nova York: Oxford University Press, 2004, v. I, pp. 193-9. Teve também uma versão em japonês, em *The Journal of Rikkyo University Language Center*, nº 1, Tóquio, 1999, trad. de Nina Hasegawa, pp. 3-14. Em português, foi publicado na revista *Estudos Avançados*, v. 11, nº 30, São Paulo: Universidade de São Paulo, 1997, pp. 245-60. Nessa publicação, o texto foi levemente modificado, já que a exposição para um público internacional exigia informações dispensáveis para o público brasileiro e, inversamente, algumas questões mereciam, nesse caso, maior desenvolvimento. Finalmente, o texto aqui publicado foi revisto e atualizado em suas referências.

lítica das nações. Criadas e desenvolvidas em línguas de antigas culturas, ou como prolongamentos excêntricos das grandes literaturas européias, as literaturas latino-americanas foram forçadas, desde o início, a enfrentar a questão identitária, a se debater entre as instâncias do Mesmo e do Outro. Como todas as literaturas coloniais, aliás, mas com especificidades que vale a pena lembrar, para não cair em certo discurso pós-colonial[1] que só lhe convém em parte.

Considere-se, primeiramente, que me refiro às literaturas constituídas em espanhol e em português, afastando de meus propósitos aquelas anteriores ao Descobrimento e aquelas que continuaram a ser feitas em línguas indígenas. O fato de não considerar aqui essas literaturas não significa, é claro, que não sejam importantes, mas simplesmente que, na qualidade de literaturas em línguas mortas ou línguas de resistência, elas envolvem problemas que ultrapassam meu assunto. Afasto também de minhas considerações a literatura do Québec e as literaturas caribenhas, as quais, conquanto também latino-americanas e apresentando certas afinidades com as de origem ibérica, constituíram-se e prosseguem em circunstâncias diferentes.

As especificidades das literaturas ibero-americanas decorrem de certas condições históricas que as distinguem das outras literaturas coloniais, inclusive as da América do Norte. Para começar, lembremos alguns dados bem conhecidos. Até o século XIX, os países da América Ibérica eram dominados pela Espanha e por Portugal e explorados como reservas de onde se extraíam minerais e matérias-primas. Depois da Independência dos Estados Unidos e da Revolução Francesa, os movimentos de libertação eclodiram em todos esses países, como aspiração das oligarquias locais, com o apoio da França e sobretudo da Inglaterra, que tinha o maior interesse em se livrar de seus rivais comerciais nessa parte do globo. A participação das classes populares — índios, negros e mestiços — tinha razões imediatas e locais, e um alcance tão heróico quanto circunstancial e limitado para o resultado da luta.

A oligarquia dos países latino-americanos tinha uma formação cultural européia, e os princípios e valores em nome dos quais ela lutava eram os que a Europa difundia desde a Revolução Francesa. Entre 1810 e 1824, os países latino-americanos conquistaram, um após outro, sua independência. Essa libertação foi favorecida e acelerada, nas colônias espanholas, pela prisão do rei da Espanha, efetuada pelas forças napoleônicas. O caso do Brasil foi diferente, porque o rei de Portugal, d. João VI, fugindo dos exércitos de Napoleão, refugiou-se com sua corte no Rio de Janeiro. Assim, caso único e ambíguo, o Brasil teve sua independência proclamada, um pouco mais tarde, pelo futuro imperador d. Pedro I, que voltaria depois a Portugal para ali reinar. Tal fato criou a imagem ou a ilusão de uma separação amigável, sem demasiados rancores contra a metrópole, substituídos por certo menosprezo com relação à sua fraqueza em âmbito internacional e dissolução interna. O Uruguai, pequeno território que fora, durante muitos anos, um joguete da metrópole espanhola e dos países vizinhos, só se definiu como República em 1828. A independência conquistada pelos países latino-americanos, no início do século XIX, foi uma independência formal. Ao sair do jugo ibérico, eles caíram sob o jugo econômico das grandes potências européias e, mais tarde, sob a dominação dos Estados Unidos, do Banco Mundial e do Fundo Monetário Internacional.

Tudo isso teve e tem conseqüências culturais e literárias. Certos fatos devem ser considerados se quisermos compreender em que as literaturas latino-americanas se distinguem das outras literaturas coloniais e pós-coloniais. A identidade cultural desses países se constituiu, e em alguns casos está ainda em processo de constituição, não como a recuperação de uma identidade originária, autóctone (na maioria dos casos apagada pela colonização), mas como uma diferença no seio da identidade: uma relação filial. Por

30

mais violento que seja o desejo de libertação, permanece uma ligação indissolúvel entre essas culturas, e essas literaturas, com as metropolitanas, quando mais não fosse pelo uso da mesma língua.

Assim, as relações das literaturas latino-americanas com as literaturas européias não são o enfrentamento de tradições diversas, mas constituem um "caso de família". Doris Sommer, estudando os fundamentos da ficção latino-americana, usa apropriadamente a expressão "*a family affair*".[2]

Os primeiros letrados da América Latina, formados nas universidades das metrópoles, sentiam-se, em seus próprios países, como europeus exilados. As idéias, os sentimentos, as instituições européias que eram doravante os seus, pareciam deslocados em regiões onde a imensidade territorial, o clima e a natureza lhes eram hostis, ou pelo menos resistentes. Os poetas brasileiros do século XVIII queixavam-se de nossos rios, à beira dos quais nenhuma ninfa resistiria ao calor e aos mosquitos.

A tópica do americanismo como desterro aparece em vários autores latino-americanos. No Brasil, ela teve sua mais famosa formulação nas palavras de Sérgio Buarque de Holanda:

> Trazendo de países distantes nossas formas de convívio, nossas instituições, nossas idéias, e timbrando em manter tudo isso em ambiente muitas vezes desfavorável e hostil, somos ainda hoje uns desterrados em nossa terra.[3]

Dois séculos depois dos poetas árcades, e cinqüenta anos depois do historiador brasileiro, Jorge Luis Borges declarava ainda: "Sou um europeu nascido no exílio".[4]

Nossa diferença, com relação a outros povos colonizados pelos europeus, consiste no fato de que em muitas regiões nada sobrou das culturas primitivas, e o pouco que restou foi abafado. Assim, os primeiros latino-americanos que refletiram sobre sua

31

identidade se encontraram numa indeterminação constitutiva. É o que constatava, em 1819, o "libertador" Simón Bolívar:

> Ao desprender-se da monarquia espanhola, a América se encontrou semelhante ao Império Romano, quando aquela enorme massa caiu dispersa em meio ao mundo antigo. Cada desmembramento formou, então, uma nação independente, conforme sua situação e seus interesses. Com a diferença, porém, de que aqueles membros voltaram a restabelecer suas primeiras associações. Nós nem ao menos conservamos o vestígio do que fomos em outros tempos; não somos europeus, não somos indígenas; somos uma espécie média entre os aborígines e os espanhóis. Americanos por nascimento, europeus por direito, achamo-nos no conflito de disputar aos naturais o título de posse e o direito de nos mantermos no país que nos viu nascer, contra a oposição dos invasores; assim, nosso caso é o mais extraordinário e complicado.[5]

Outro fator de complicação, decorrente dessa necessidade de se desenvolver à imagem e semelhança do Outro, num lugar desprovido do passado do Outro e destituído do seu próprio passado, foi a dupla missão de que se sentiram investidos os primeiros escritores latino-americanos: a missão de criar, ao mesmo tempo, uma pátria e uma literatura.[6] A literatura teve um papel efetivo na constituição de uma consciência nacional e, assim, na construção das próprias nações latino-americanas. Não por acaso é tão longa a lista de presidentes latino-americanos que foram também escritores.[7]

Além do mais, tudo se fez sob e para o olhar da Europa, à qual os países da América Latina queriam provar seu valor como nação e como cultura, uma sendo então sinônimo da outra. Muito freqüentemente, eram os mesmos homens que tomavam as armas e a pena, estando esta forçosamente engajada nas questões sociais e políticas. Árdua missão que pesava sobre seus escritos, proibindo-lhes, como observa Antonio Candido, "o vôo livre da imaginação e as pesquisas formais desinteressadas". Entrave que foi sentido por numerosos escritores da América Latina, entre os quais o argentino Ernesto Sabato: "Um escritor nasce em França e acha, por assim dizer, uma pátria feita: aqui ele deve escrever fazendo-a ao mesmo tempo".[8] Numerosos estudos sobre o nacionalismo demonstraram que a nação é um conjunto de imagens, e que ela se constitui graças a metáforas. Algumas metáforas utilizadas nos discursos identitários da América Latina nos permitem captar as dificuldades da constituição de sua auto-imagem e verificar que essa imagem depende sempre do outro europeu, quer seja para imitá-lo, quer para rejeitá-lo.

Um par de metáforas surgido logo após o Descobrimento foi o que opôs a *infância americana* à *velhice européia*. "Novo" oposto a "Velho" eram já os qualificativos expressos na denominação do Novo Mundo. Novidade e infância são valores positivos, se os considerarmos do ponto de vista da força vital; mas essas qualificações supõem também que o novo carece de história e portanto de cultura, que a criança é menor, que ela deve amadurecer para se tornar adulta como seus pais. O qualificativo "novo", largamente utilizado pelos europeus na nomeação das terras descobertas e das cidades fundadas, já indicava a intenção de reduzir-lhes a alteridade, de impor a essas terras novas uma história que seria a repetição da sua, ou uma história recomeçada. Numerosos pensadores europeus viram a América como a oportunidade, para a Europa, de experimentar uma nova juventude, e essa pretensão, por mais lisonjeira que possa parecer, foi um ônus pesado para os americanos. A situação é semelhante àquela dos pais que transmitem aos filhos a obrigação de realizar seus próprios sonhos frustrados.

Assim que os latino-americanos começaram a refletir eles mesmos sobre sua identidade, as metáforas criadas foram autodepreciativas, ou pelo menos conflituosas. Essas metáforas tomaram a forma de oposições, que mostram, claramente, o reconhecimento da inferioridade e da dependência com relação à Europa. A mais célebre é a do argentino Sarmiento, que em 1845 caracterizou a América como *Barbárie* contraposta à *Civilização* européia.[9] Essa oposição já se encontrava esboçada em *A tempestade*, de Shakespeare, nas figuras de Caliban e Ariel. Em 1900, o uruguaio Rodó retomaria o tema, em outros termos, opondo então a civilização greco-romana à barbárie norte-americana.[10] Como observou Richard Morse, os latino-americanos são, de todos os povos, os únicos que aplicaram o qualificativo "bárbaro" a eles mesmos, e não aos outros, o que contraria a própria etimologia da palavra.[11]

O encontro (ou enfrentamento) da Civilização com a Barbárie foi alegorizado por numerosos romancistas, como o argentino José Mármol (*Amalia*, 1851) e o brasileiro José de Alencar (*O Guarani*, 1857, e *Iracema*, 1861-5). A questão seria retomada por Euclides da Cunha em *Os sertões* (1902) e por muitos outros escritores latino-americanos, como o venezuelano Rómulo Gallegos (*Doña Bárbara*, 1929).

Outra oposição, igualmente pejorativa para a América, é a da "aldeia" ao "mundo". José Martí começa seu célebre texto *Nuestra América* por esta consideração: "O aldeão pensa que o mundo inteiro é a sua aldeia".[12] Os conceitos mais recentes de *centro* e *periferia*, com os quais certos ensaístas latino-americanos pensam os problemas literários, é uma retomada dessa reflexão de Martí e tem o inconveniente de atribuir, como ele, a precedência e a legitimidade, enfim todas as vantagens, ao centro. Pensar a literatura a partir da idéia de um centro, no qual as idéias, as formas artísticas e as instituições sociais estariam idealmente afinadas, leva a identificar, na periferia, apenas os desconcertos sociais, sem ver os acertos virtuais e estéticos. Na verdade, se algumas dessas idéias e formas surgem e permanecem deslocadas e caricaturais, outras adquirem, no novo meio, novos contornos e novas funções. A literatura mexicana não precisou esperar a Independência para ter Sor Juana Inés de

34

la Cruz, nem a brasileira para ter Gregório de Matos, e ambos deram ao barroco uma alta e original realização.

Em todas as metáforas e qualificativos utilizados pelos latino-americanos, podemos ver o auto-reconhecimento de seu caráter atrasado e subdesenvolvido, nos sentidos biológico, econômico e cultural do termo. O nacionalismo, nessas condições, só pode ser vivido como ressentimento e recriminação de si mesmo e do outro, numa oscilação entre o ufanismo e o complexo de inferioridade.

O nacionalismo, como apego de um grupo a seu território e a seus valores, não é uma invenção do século XIX. Ele já existia antes sob a forma de patriotismo. Mas foi no século XIX que o nacionalismo adquiriu a força de um conceito e, por uma coincidência histórica, foi naquele momento que os povos latino-americanos o acolheram. A conquista da independência pelos países latino-americanos foi contemporânea do romantismo literário. Também foi esse o caso de várias nações européias, mas estas possuíam um passado de vários séculos, traços culturais particulares e sentimentos patrióticos antigos, a partir dos quais elas podiam forjar uma identidade nacional.[13] Na América Latina, não se tratava de dar uma forma a elementos preexistentes, mas de verdadeiramente inventar essa forma, destacando-se das antigas metrópoles.

Do romantismo, nossos escritores receberam, com entusiasmo, o conceito de nação e o sentimento nacionalista. E foi então que as oposições originárias, pelas quais a América Latina tentava se definir perante a Europa, desembocaram em paradoxos. O primeiro consiste exatamente na adoção do conceito de nacionalismo em literatura, o que Borges exprimiu com humor: "O culto argentino da cor local é um culto europeu recente, que os nacionalistas deveriam recusar, posto que é estrangeiro".[14] Coisa de que já desconfiava o nacionalista Policarpo Quaresma:

E, bem pensando, mesmo na sua pureza, o que vinha a ser a Pátria? [...] Lembrou-se de que essa noção nada é para os Menenanã, para tantas pessoas... Pareceu-lhe que essa idéia como que fora explorada pelos conquistadores por instantes sabedores das nossas subserviências psicológicas, no intuito de servir às suas próprias ambições...[15]

PARADOXOS NACIONALISTAS

As reivindicações nacionalistas nascem e vivem da rejeição de um outro opressivo, que impõe seus princípios e seus valores, apagando, ao mesmo tempo, os de uma cultura determinada. Esse outro é um invasor, um colonizador, um explorador. Na América Latina, o nacionalismo nascido com as guerras de independência não perdeu sua razão de ser depois da conquista da autonomia política, porque restou, depois dela, a dependência econômica, e outra ainda mais insidiosa porque incorporada: a dependência cultural, vivida pelos latino-americanos como uma fatalidade, na medida em que a cultura e as próprias línguas que lhes restaram foram as do colonizador. O outro, do qual desejaríamos nos libertar, estava em nós mesmos: "Me sinto branco, fatalizadamente um ser de mundos que nunca vi", diria Mário de Andrade.[16]

Nosso nacionalismo voltou-se então contra inimigos mal definidos, oscilando segundo as circunstâncias, misturando etnia, cultura, política e economia, atribuindo aos desígnios funestos de outros todas as nossas dificuldades em encontrar um lugar na cultura internacional. Ora, a busca de uma essência nacional, visando a conquistar um lugar honroso no conjunto das nações, esbarra sempre no paradoxo de reforçar o localismo e o provincianismo, embora o objetivo maior seja provar o valor universal dessa particularidade. Opondo-se ao "mundo", a cultura teimosamente nacional se reconhece como menor, como aldeã.

Os nacionalismos literários latino-americanos, do romantismo aos dias de hoje, têm essa característica de uma reivindicação que não conhece muito bem os limites dos direitos e das recusas, correndo sempre o risco de misturar razões políticas e econômicas com razões estéticas, e de querer eliminar um inimigo que, do ponto de vista da história cultural, é constitutivo de sua identidade. Na busca de criar culturas nacionais próprias, as jovens nações latino-americanas encontraram-se, pois, em situações paradoxais, sem ter a consciência imediata desses paradoxos. Tal característica aparece claramente ao longo de todo o século XIX. Como a dependência cultural tem razões e resultados mais sutis, e por vezes independentes de uma sujeição política e econômica, o primeiro paradoxo dos nacionalismos literários apareceu nas relações dessas novas literaturas com a velha literatura francesa.

Por que a França? Sem entrar na complexa questão da avassaladora influência da cultura francesa, desde o século XVII, sobre numerosas nações que nunca dela dependeram política ou economicamente (prova do que foi acima afirmado), podemos avançar uma hipótese no que nos concerne. Por que essa atração pela França, a qual, apesar de algumas tentativas desastradas, nunca conseguiu colonizar, no sentido próprio, a América Latina? Primeiro porque, justamente, a França não foi nossa colonizadora histórica, e isso permitiu todas as idealizações a seu respeito. Em seguida, porque ela representava, no século XIX, a pátria da Revolução e da Liberdade, que escolhemos como oposta às metrópoles ibéricas. No entanto, naquele momento, as antigas metrópoles espanhola e portuguesa já estavam elas mesmas afrancesadas, o que tirava de nossa opção pela França grande parte de sua originalidade. Um bom exemplo disso nos é dado por d. João VI, que, corrido por Napoleão e instalado no Brasil, chamou imediatamente uma Missão Francesa, científica e artística, para ilustrar a colônia transformada em sede do reino. Os pintores dessa Missão usaram,

37

para retratar o monarca exilado, a mesma estética neoclássica que tinham aprendido e usado para retratar seu inimigo, Napoleão.

O nacionalismo romântico, que impregnou em seguida nossas literaturas, veio também da Europa, via França. A atenção que nossos escritores prestaram então à natureza americana e aos aborígines foi despertada pela obra de Chateaubriand, reveladora de uma matéria literária que eles tinham em domicílio. Os índios constituíam uma matéria romanesca e poética com múltiplas vantagens: eram aquela origem mítica necessária a toda nação; eram nossa parte original, não européia; já quase exterminados, prestavam-se a todas as fantasias; serviam de biombo para os negros, que estavam demasiado próximos e suscitavam a questão espinhosa da escravidão, cuja abolição só se tornou tema literário quando iminente, por consenso e pressão internacional.

Ao longo de todo o século XIX, a França foi o "farol" (metáfora recorrente nos discursos latino-americanos de então) cuja luz nos guiou. Recebemos da França até mesmo a denominação sob a qual nos reconhecemos: América Latina. Como se sabe, foi Napoleão III que, preocupado em assegurar a influência francesa nas nações ameaçadas de cair sob a dominação econômica e cultural anglo-saxônica, promoveu a ideologia da latinidade, que lhe asseguraria a anexação do México e a aliança dos outros países latino-americanos. Os objetivos políticos de Napoleão III não foram alcançados, mas a vitória cultural da França já estava assegurada. Sob a influência do positivismo de Auguste Comte, definimos os ideais, as instituições e os símbolos de nossas jovens repúblicas (como a divisa da bandeira do Brasil, por exemplo).

Na virada do século, Paris era, sem contestação, a capital cultural da América Latina.[17] A viagem a Paris, real ou imaginária, era um reencontro e uma busca de identidade. A volta à fonte européia de eleição (deslocada, com relação às fontes anteriores das metrópoles ibéricas) era, ao mesmo tempo, uma tomada de distância necessária para que a origem se tornasse visível em sua identidade própria. Assim, em 1924, Oswald de Andrade disse ter descoberto o Brasil através de uma janela da Place Clichy, experiência que foi a de numerosos exilados, voluntários ou forçados. Todo exílio permite essa distância cognitiva; mas no caso dos latino-americanos, propiciava tanto uma volta à origem de suas culturas quanto a descoberta das diferenças, devolvendo-os depois aos seus países mais atentos a eles do que antes da viagem.

No momento da eclosão das vanguardas européias, foi novamente a França (epicentro do sismo) que revelou aos latino-americanos as possibilidades estéticas de suas culturas. A valorização da arte primitiva foi assimilada, com conhecimento de causa, pelos países latino-americanos, que possuíam, em seu patrimônio, manifestações ainda vivas da arte indígena e contribuições ativas dos negros africanos. As vanguardas eram cosmopolitas. Os vanguardistas latino-americanos pretenderam realizar a proeza de serem, ao mesmo tempo, nacionalistas e cosmopolitas. Essa contradição, na verdade, já estava colocada e não resolvida no conceito de nação difundido pelo Iluminismo, herdado mais tarde pelos marxistas do chamado Terceiro Mundo. O recurso à inspiração primitivista permitiu às nossas vanguardas uma solução artística para esse problema.

À medida que as culturas e literaturas locais se constituíam e se afirmavam, as relações idílicas com a França começaram a azedar, e numerosas vozes se levantaram contra essa já então chamada dependência. Desde o fim do século XIX, polêmicas inflamadas eram travadas entre partidários de uma literatura autenticamente nacional e partidários de uma literatura aberta às influências européias. "Bárbaros" opunham-se a "Civilizados": o chileno Andrés Bello contra o argentino Sarmiento, Alencar contra Nabuco.

No decorrer do século XX, os discursos antifranceses dos intelectuais nacionalistas intensificaram-se e, paulatinamente, à medida que declinava em toda parte a influência francesa e crescia a norte-americana, transformaram-se em discursos contrários a toda influência emanada dos países hegemônicos, por definição opressivos. Constituiu-se então, em alguns intelectuais, um ideal cultural latino-americano, que ainda persiste em nossos dias e que se esteia em dois enganos: a pretensão a uma cultura própria, isenta de toda contaminação estrangeira, e a concepção de uma América Latina uniforme, culturalmente homogênea. O projeto de uma união latino-americana para fazer face às potências hegemônicas, perfeitamente compreensível quando se trata de política e de economia, produz amálgamas e equívocos quando se trata de cultura e de literatura.

Primeiramente, nenhuma cultura, nenhuma literatura — a começar pelas das nações hegemônicas — se constituiu sem contaminações. O que ocorreu foi exatamente o contrário, e isso é um universal antropológico. As culturas se constituem por empréstimos e assimilações.[18] As próprias metrópoles colonizadoras — Espanha e Portugal — tinham, no momento do Descobrimento ou Conquista, culturas resultantes de numerosas mesclas. Além disso, é preciso considerar que os americanos, desejosos de recuperar as fontes puras de antes do Descobrimento, se esquecem de que estas não eram puras (as culturas pré-colombianas eram resultado de confrontos, aniquilações e assimilações anteriores), e que a América, como um *continuum* geográfico e cultural, é uma invenção dos descobridores e conquistadores europeus. E que, por maior que seja nosso desejo reencontrar essas fontes, elas estão perdidas ou soterradas há séculos.

Ora, a América Latina é cria da cultura européia e, em vez de rejeitar essa filiação, deve reivindicá-la, reivindicando ao mesmo tempo tudo o que as culturas indígenas, africanas e outras, mais recentemente, trouxeram à sua constituição. A exaltação exclusiva ou a recusa de cada uma dessas constituintes de nossa identidade podem ter razões ideológicas, mas nunca terão fundamentação cultural. A diversidade é nossa riqueza. Querer fazer um bloco cultural homogêneo de regiões tão diversas como o Rio de la Plata, tão europeizado, o Caribe e o Brasil, tão africanizados, o México e o Peru, tão marcados por suas resistentes raízes índias, é querer reduzir essa magnífica complexidade cultural a uma falsa imagem.

O desejo de uma imagem homogênea da América Latina conduz, às vezes, à valorização do folclore e da pobreza como especificamente latino-americanos. Mas assim como a América Latina é complexa em sua constituição étnica e cultural, ela é diversa em seu desenvolvimento social e tecnológico, e a literatura demonstra tal aspecto. A Macondo de Garcia Márquez e o sertão de Guimarães Rosa são tão latino-americanos quanto a Paulicéia de Mário de Andrade, a Havana de Cabrera Infante ou a Buenos Aires de Borges.

A imagem de uma América Latina única, pobre mas alegre, ignorante mas vital, é a que convém, justamente, ao olhar das culturas hegemônicas. Desde o Descobrimento, sempre nos vimos pelo olhar do Outro. As primeiras descrições das terras americanas as identificavam ao Paraíso; os europeus se espantavam com a grandiosidade e a exuberância da natureza americana, que só é prodigiosa em comparação com a natureza européia, desde há muito domesticada, mas não para os nativos da América que, em seu cotidiano, deviam lutar com essa natureza todo-poderosa. O real americano só é maravilhoso se o considerarmos do ponto de vista não americano; para os americanos, é apenas o real.

A mesma obrigação imposta pela Europa aos latino-americanos — a de ser uma reserva vitalizada de sua antiga cultura — pesou e pesa sobre a natureza americana, que deve ser protegida, já que a da Europa foi há muito sacrificada. Se é óbvio, para a preservação do próprio homem, que a natureza deve ser protegida, não é porém justo que tal obrigação (e a culpa decorrente) nos seja imposta. A natureza, como se sabe, é um conceito cultural, pois é a cultura que constitui uma *natureza*, através de mediações ideológicas e da atribuição de sentido às coisas que nos cercam. A natureza americana, vista pelo olhar europeu, foi concebida como *natureza natural*, e como tal foi aceita pelos latino-americanos. Assim, numa nova oposição, somos inclinados a nos identificar com a Natureza, deixando à Europa o privilégio da Cultura. Pouca história e muita geografia, assim nos vêem e, pior, assim nos vemos. O grande problema é que esses lugares-comuns europeus sobre a América Latina são em parte verdadeiros. Apesar de todas as misérias, os países latino-americanos têm, de fato, uma natureza exuberante, e seus habitantes, uma vitalidade, uma imaginação e um gosto pela festa que se devem a certos arcaísmos preservados, ao simples desejo de sobreviver ou a uma venturosa inconsciência. A questão não é nos desfazermos dessas características, que agradam aos outros, mas vivê-las com lucidez, e não como uma compensação do que falta ao outro.

As dificuldades identitárias manifestaram-se e manifestam-se na historiografia literária latino-americana. Nossas jovens literaturas nasceram em velhas línguas, em que já existia uma tradição literária. Como observa Octavio Paz:

> Em geral, a vida de uma literatura se confunde com a da língua na qual ela é escrita; no caso de nossas literaturas, sua infância confunde-se com a maturidade da língua. Nossos primitivos não vêm antes, mas depois de uma tradição de séculos. Nossas literaturas começam pelo fim.[19]

Se escrevermos a história das literaturas latino-americanas como um apêndice da história das literaturas das línguas-mães, mantendo-as como um paradigma a ser alcançado, estaremos dentro de uma concepção evolucionista da literatura e tenderemos a considerar as primeiras manifestações coloniais como infantis e canhestras. Se considerarmos que, em determinado momento, essa história se torna autônoma, teremos dificuldades em situar precisamente esse corte. Se situarmos esse começo no momento da independência política, por exemplo, apenas retardaremos sua *infância*. Ora, essas literaturas não tiveram um começo desprovido de tradição; por outro lado, o valor estético das obras não depende da situação política ou social dos seus produtores.

A história das literaturas latino-americanas, comparada com as das línguas-mães, apresenta constantes defasagens. Os anacronismos foram inevitáveis, mas estes não representavam sempre atrasos, pois se efetuavam em sincronia com outras informações, mais recentes, provocando curtos-circuitos originais, que abriam às velhas formas possibilidades de desenvolvimento abandonadas ou nunca exploradas pelas literaturas metropolitanas. As próprias línguas adquiriram, na América, esse caráter duplo de reserva arqueológica e prática revitalizante.

Se nossa história política e econômica pode ser contada de modo linear, nossa história cultural e literária acomoda-se mal à simples diacronia. Os melhores autores latino-americanos sempre foram, ao mesmo tempo, depositários das velhas formas européias e exploradores ousados do possível futuro das mesmas. Os anacronismos de nossos escritores foram, muitas vezes, anacronismos prospectivos.[20] Entre os numerosos autores que assinalaram tal aspecto estratificado ou aluvial das literaturas latino-americanas, podemos lembrar Alejo Carpentier,[21] que o explorou em sua ficção, e Angel Rama,[22] que o examinou em termos historiográficos.

A América (e não falo aqui apenas da América Latina) é, ao mesmo tempo, memória e projeto europeu. O espaço americano "prefigura e sente saudades", diz Lezama Lima no final de seu ensaio *La expresión americana*.[23] Mais recentemente, tais particularidades de nossa história literária foram reexaminadas por Haroldo de Campos. Opondo um *nacionalismo modal* ao *nacionalismo ontológico*, o autor propõe "o nacionalismo como movimento dialógico da diferença, e não como unção platônica da origem", e, conseqüentemente, uma historiografia fragmentária, e não homogênea.[24]

Considerando essas mesmas particularidades da história literária latino-americana, Ana Pizarro observa que tais literaturas são "sistemas que expressam tempos culturais diferentes e às vezes antagônicos", "linhas plurais em relação, em seus complexos movimentos de contato, em seus jogos de hegemonias e subalternidades, de paralelismos, de defasagens, de recusas ou de integração", "literatura de tempos diferentes que se articulam em espaços de outra coerência".[25]

DO PARADOXO À *PARA-DOXA*

A questão da identidade latino-americana é um *tópos* obsessivo de nossa ensaística. Minha intenção, aqui, não poderia ser discutir, nem ao menos referir as dezenas de autores que se debruçaram sobre a questão, e as milhares de páginas a ela dedicadas, mas simplesmente levantar alguns paradoxos nascidos dessa longa reflexão. Se as primeiras considerações dos latino-americanos sobre sua identidade se apresentavam em termos de comparação com a Europa, no decorrer de nosso século numerosos intelectuais a pensaram em termos de miscigenação cultural.

Um novo paradoxo aparece então. De modo geral, o nacionalismo, para se afirmar, é purista: rejeita o outro e acaba por tender ao racismo. Um nacionalismo que reconhece e exalta a mestiçagem defronta-se com o problema da definição dos limites na acolhida da alteridade. A mestiçagem, como ideologia, apresentou-se freqüentemente como racismo disfarçado. No fim do século XIX, certos pensadores latino-americanos encararam-na como possibilidade de "branqueamento" e "melhoria da raça". No Brasil, a aliança do branco com o índio, idealizada porque remota, era mais facilmente admitida do que a aliança com o negro, demasiadamente presente e visivelmente outro. No século XX, sobretudo depois da obra de Gilberto Freyre, *Casa-grande e senzala* (1933), a situação inverteu-se, e os intelectuais passaram a declarar suas origens negras. Essa assunção lhes dava boa consciência e os marcava como verdadeiros brasileiros, diversos dos novos imigrantes europeus ou orientais. Na busca de uma identidade totalmente liberada da Europa, alguns intelectuais inverteram o sinal, idealizando as qualidades dos índios e dos negros, até chegar a um racismo antibranco, declarando, por exemplo, que Argentina e Uruguai eram demasiadamente europeus para serem considerados América Latina. Foi o caso de Darcy Ribeiro, em um momento pouco feliz.[26] Como outros ensaístas latino-americanos, o peruano Cornejo Polar indaga:

> Podemos falar de um sujeito latino-americano único e totalizador? Ou deveríamos atrever-nos a falar de um sujeito que efetivamente é feito da quebra instável e da intersecção de muitas identidades dessemelhantes, oscilantes, heteróclitas?[27]

Independentemente do que possam especular os intelectuais a respeito dela, a mestiçagem é um fato permanentemente consumado na América Latina e, em termos culturais e artísticos, produz resultados originais.

Vários de nossos escritores encararam essa mistura de raças e de culturas como transculturação, como uma síntese que não seria, como propõe Hegel, a assunção soberana e tranqüila do Ser, mas uma síntese sempre provisória, em processo, aberta a novas aventuras do ser americano. Apenas a título de exemplo, lembrarei algumas dessas propostas.

Em 1928, Oswald de Andrade propôs uma solução para o problema das influências estrangeiras, que consistiria, não na sua recusa, mas na sua incorporação deliberada. A metáfora utilizada foi a da antropofagia, prática comum entre os primeiros habitantes do Brasil. Ao devorar ritualmente seus inimigos, os índios acreditavam assimilar suas qualidades; o que os obrigava a avaliá-las previamente, devendo isso resultar no reforço das capacidades do devorador (instância assimiladora).[28] Transpondo tal prática para o domínio cultural da modernidade brasileira, Oswald considerava que, pela dupla operação de assassinato e devoração do pai europeu, o filho resolveria seu complexo de Édipo e transformaria o Tabu em Totem. Essa proposta tinha a vantagem de substituir o que mais tarde seria chamado de "angústia da influência",[29] por uma apropriação voluntária da mesma.

Em seu desenvolvimento teórico, a metáfora de Oswald buscava resolver a contradição instaurada pelo duplo movimento da vanguarda brasileira, nacionalista e cosmopolita. Oswald não foi um pensador consistente, mas sua especulação de artista é astuciosa, cheia de humor e prenhe de sugestões que ainda hoje não se esgotaram. Mais tarde, ele prosseguiria nessas reflexões, fazendo o elogio do matriarcado das sociedades primitivas e atribuindo ao messianismo e ao patriarcado todas as infelicidades do Ocidente. Nesse elogio do matriarcado, Oswald também se revela um nacionalista atípico. Todos os estudos sobre o nacionalismo mostram que este, em geral, procede de um imaginário masculino, cujos valores são a força, o trabalho e a guerra. O imaginário que Oswald gostaria de recuperar seria, ao contrário, feito de doçura e de ócio.

Em tom bem diverso, mas no mesmo espírito, Octavio Paz sempre tratou a questão das influências européias em termos de assimilação e transformação. Em *El laberinto de la soledad*,[30] ele representava o nascimento do México como o resultado da violentação de uma índia por um europeu. Qualquer que fosse o rancor com relação ao pai, o parricídio nunca pareceu a Octavio Paz uma solução. Segundo ele, o filho deveria não apenas reconhecer essa filiação mas exigir a herança. Renunciar à influência européia seria renunciar a uma parte de nós mesmos, porque sem ela nossa arte e nossa literatura não seriam o que são.[31]

No mesmo sentido, observou Ernesto Sabato:

46

Corremos o risco de substituir os males que nos trazem freqüentemente a simples imitação da cultura européia pela rejeição da grande e preciosa herança que essa cultura supõe, o que seria uma calamidade quase pior do que a precedente.[32]

E o romancista argentino retoma a antiga questão da barbárie para inverter seu enfoque:

> É provável que nossa própria *barbárie*, e a convicção dos doutores de nossa Organização de que devíamos olhar para a Europa como para um paradigma, nos tenha mantido mais lúcidos com relação a seus valores culturais do que os próprios europeus.[33]

Lezama Lima, em *La expresión americana*, ensaio em que a ficção se funde à análise e o imaginário ao real, concebe a literatura ocidental como um banquete ao qual o homem americano viria trazer o toque final e refinado do tabaco. A América é vista por Lezama como um "espaço gnóstico", aberto à "fecundação" dos elementos hispânicos, eles mesmos resultado de inúmeras fecundações anteriores.

Jorge Luis Borges, finalmente, encarou essa questão com sua peculiar ironia. Lembrando que os irlandeses, sentindo-se diferentes, inovaram a literatura inglesa, ele acrescenta:

> Creio que os argentinos, os sul-americanos em geral, estamos numa situação análoga. Podemos tratar todos os temas europeus sem superstições, com uma irreverência que pode ter, e já tem, conseqüências afortunadas".[34]

Borges também observa que podemos ser europeístas, enquanto os europeus só podem ser europeus. Os nacionalistas, em geral, são desprovidos dessa auto-ironia. É o que observa Terry

Eagleton: a auto-ironia seria o reconhecimento lúcido do condicionamento conceitual de todo nacionalismo, de sua dependência da existência e da força do Outro.[35] Malgrado as diferenças, tais propostas têm traços comuns. São inclusivas e não exclusivas, acolhedoras e pacíficas. Como se sabe, os nacionalismos tendem a exacerbar-se até a guerra. Mas desde as guerras de independência, os discursos nacionalistas latino-americanos deixaram de ser belicosos; as bombas são aí puramente retóricas. As metáforas identitárias latino-americanas são, no mais das vezes, eróticas, evocam a "cena primária" da união Europa-América. Permanece, porém, em algumas dessas metáforas, a lembrança de uma violência — a invasão, o estupro — que provoca uma resposta igualmente agressiva — o canibalismo, a apropriação ilícita.[36] A questão dolorosa de nossas origens é abordada com vistas a uma solução, mas não é esquecida. Existe sempre, nos ensaios sobre nossa identidade, uma tensão de base: nossa relação com o Velho Mundo que nos invadiu no século XVI, com o colonizador que nos explorou, e agora com o Primeiro Mundo que nos mantém em situação de dependência. A comemoração da origem é problemática: comemorar o Descobrimento é comemorar um massacre, comemorar a Independência é lembrar o quanto esta é factícia.

Apesar de tudo, uma cultura ou, mais precisamente, várias culturas se constituíram nos países latino-americanos. Tendo ultrapassado há muito, no terreno da política formal, as etapas do nacionalismo libertador, falta-nos adquirir uma verdadeira atitude pós-colonial no que se refere à cultura. Resta-nos assumir "uma *terceira* natureza, que não é arcaica e pré-histórica, mas que deriva historicamente e por abdução das privações do presente".[37]

Dependendo do Outro,* como todo o desejo, o desejo dos

---

*A partir daqui, a ortografia lusitana e a provável melhora de estilo se devem ao seguinte: estes dois parágrafos finais foram traduzidos por José Saramago, mais nacionalistas dos latino-americanos é, a miúdo, que a sua cultura seja, não só reconhecida, mas admirada pelo Primeiro Mundo. Isto afecta a própria produção da literatura latino-americana, na medida em que a recepção internacional lhe é mais favorável quando ela responde aos desejos de evasão, de exotismo e de folclore das culturas hegemónicas. Os escritores menos típicos (*typés*) não alcançam mais que um êxito de estima e atingem um público muito mais restrito. O grande público do Primeiro Mundo quer que os latino-americanos sejam pitorescos, coloridos e mágicos, têm dificuldade em vê-los como iguais não completamente idênticos, o que, diga-se, nos autorizam as nossas origens e a nossa história.

Condenados ao paradoxo, os melhores escritores latino-americanos compreenderam que podiam e deviam tirar partido dele. Não tendo já curso as teorias evolucionistas do homem e da sociedade, a diversidade e a pluralidade podem afirmar-se sem complexos. Encontrando-se a doxa hegemónica actualmente em crise de legitimidade e de eficácia, a para-doxa latino-americana pode constituir uma instância crítica e libertadora para as próprias culturas hegemónicas. Inventada pela Europa como um mundo ao lado, a América teve sempre essa tendência, voluntária ou involuntária, de ser a paródia da Europa. Como toda a antiga colónia, a América é necessária à Europa como um espelho. Que o espelho adquira uma perturbadora autonomia, tornando-se deformante, que devolva uma imagem ao mesmo tempo familiar e estranha, é esse o risco ou a fatalidade de toda a procriação ilegítima. O desforço do filho não consiste em ruminar indefinidamente o ressentimento relativo à sua origem, mas em reivindicar a herança e gozá-la livremente, em fazê-la prosperar, acarreando para ela preciosas diferenças lingüísticas e culturais.

---

que me deu a honra de os verter e citar em *Cadernos de Lanzarote — Diários II*, Lisboa: Editorial Caminho, 1995, pp. 179-80. Saramago estava presente, como escritor homenageado, no congresso em que fiz essa conferência.

3. Galofilia e galofobia na cultura brasileira[*]

É fato bem conhecido que, desde o fim do século XVIII, a cultura brasileira recebeu forte influência francesa, e que essa influência incorporou-se de tal modo à nossa cultura que esta não pode ser compreendida sem levar em conta tal incorporação. Disso teria resultado uma "secreta afinidade", evocada sobretudo nos discursos diplomáticos. Sabe-se também que, por todas as razões, a relação França-Brasil sempre foi assimétrica: nessa história de amor, o Brasil assumiu o papel do parceiro mais apaixonado, freqüentemente admirativo diante da inegável superioridade do objeto

[*] "Gallophilie et gallophobie dans la culture brésilienne (XIXe et XXe siècles)". Conferência de abertura do colóquio "Modèles politiques et culturels au Brésil", na Université de Paris 4 — Sorbonne, em março de 1999. Publicado em Katia Queirós Mattoso; Idelette M. Fonseca dos Santos; Denis Rolland (Org.), *Modèles politiques et culturels au Brésil: emprunts, adaptations, rejets, XIXe et XXe siècles*, Paris: Presses de l'Université de Paris-Sorbonne, 2003, pp. 23-53. Publicado em português na revista *Gragoatá* n⁰ 11, Niterói: Universidade Federal Fluminense, 2001, pp. 41-59. Uma versão um pouco diferente foi apresentada no colóquio "Between cultures: Brazil-Europe", na Yale University, New Haven, USA, em março de 2004. Texto revisto e referências atualizadas em 2006.

amado. Todos os que estudaram essa relação têm mostrado, em seus trabalhos, a atração imoderada que a cultura francesa exerceu sobre os intelectuais e artistas brasileiros durante todo o século XIX e parte do XX. Entretanto, tem sido menos observado que essa história (como todas as histórias de amor) conheceu muitos momentos de esfriamento e mesmo de rejeição.

O que pretendo mostrar é que a história das relações culturais do Brasil com a França é menos tranqüila do que geralmente se diz, e que, mesmo nos momentos mais idílicos, houve tensões e discordâncias. Cada momento forte de influência francesa foi igualmente um momento de recusa dessa influência, por parte da intelectualidade brasileira. Analisarei esse duplo movimento, mostrando que as reações pontuais de rejeição têm estado quase sempre ligadas à busca da identidade nacional e à assunção de um projeto mais vasto, um projeto pan-americanista ou latino-americanista. O nacionalismo e o americanismo se manifestam, ao longo da história cultural brasileira, desde a primeira metade do século XIX até os dias de hoje, e as razões que os sustentam se transformam em função da história política e econômica do país. Enquanto isso, a atração exercida pela França, durante muito tempo atribuída às qualidade essenciais e imutáveis de sua cultura, tende a enfraquecer-se e, talvez, a desaparecer por completo.

Examinarei o duplo movimento de recepção e de recusa dos modelos franceses em momentos-chave de nossa história cultural, do fim do século XVIII até o presente. A atenção maior concedida a escritores se deve ao fato reconhecido do papel fundamental exercido pela literatura na formação da nação brasileira. Como diz Antonio Candido:

> A literatura do Brasil, como a dos outros países latino-americanos, é marcada por esse compromisso com a vida nacional no seu conjunto, circunstância que inexiste nas literaturas dos países de velha

cultura. Nelas, os vínculos neste sentido são os que prendem necessariamente as produções do espírito ao conjunto das produções culturais; mas não a consciência, ou a intenção, de estar fazendo um pouco a nação ao fazer literatura.[1]

AS "IDÉIAS FRANCESAS" NOS MOVIMENTOS PREPARATÓRIOS DA INDEPENDÊNCIA

As "idéias francesas" chegaram ao Brasil no momento em que fermentavam os movimentos preparatórios da Independência. Sabe-se que os participantes de um desses movimentos, a Inconfidência Mineira, liam autores franceses proibidos pela Metrópole portuguesa, o que lhes trouxe sérios dissabores. O seqüestro das bibliotecas de alguns desses letrados demonstrou que estes possuíam muitos livros franceses proibidos.[2] Da mesma forma, alguns anos depois, os membros do grupo que se reunia na "Sociedade Literária" do Rio de Janeiro ocupavam seus saraus lendo livros repletos de "idéias francesas". Segundo os autos, esse grupo afirmava que "as leis pelas quais é hoje governada a nação francesa são justas e que aquilo que se pratica nessa nação deveria ser praticado neste continente"; e, ainda mais: "que os franceses deviam vir para conquistar esta cidade" (*Devassa ordenada pelo vice-rei conde de Rezende*, 1794).

Convém, entretanto, não supervalorizar o papel dessas leituras francesas e lembrar que a Independência não foi o resultado de um processo revolucionário "à francesa", e que ela se efetuou por razões menos ideológicas do que pragmáticas, em conseqüência de pressões políticas e econômicas internas e externas. Os inconfidentes tinham, sem dúvida, leituras francesas, mas essas leituras permaneciam no círculo restrito dos letrados. Ideologicamente mais afrancesado do que a Inconfidência Mineira foi o movimento baiano de 1798, a Conjuração dos Alfaiates, cujos chefes, leito-

52

res de Voltaire e Condillac, realizaram um trabalho de divulgação que atingia as camadas populares.[3]

É preciso também lembrar que, se as idéias revolucionárias entusiasmavam os insurretos brasileiros, estes eram freqüentemente bons católicos e monarquistas. A proclamação da Independência por d. Pedro I, em 1822, foi saudada por vivas à religião, ao príncipe e à união luso-brasileira. A Igreja, o Partido Conservador, assim como numerosos pensadores e políticos brasileiros independentistas, mas não republicanos, não cessarão de condenar, do fim do século XVIII até o fim do XIX, o ateísmo dos revolucionários franceses e a "democracia caótica dos jacobinos" (José Bonifácio).

Na preparação da Independência, os dois grandes modelos entre os quais oscilariam a partir de então os países ibero-americanos estavam presentes e conjugados: a França e os Estados Unidos. A Independência norte-americana foi a grande inspiradora dos inconfidentes mineiros, que desejavam uma república regida por uma constituição igual à dos Estados Unidos. Como a ideologia e a história da Independência americana e as da Revolução Francesa estavam interligadas, o modelo americano e o modelo francês se fundiram naquele momento da história do Brasil. É curioso notar que o acesso ao modelo americano se efetuava pelo viés da língua francesa, muito mais praticada pelos letrados do que a língua inglesa. Um especialista desse período, Eduardo Frieiro, escreve: "Tudo vinha da França ou por via francesa. A hora da América era-nos dada pelo meridiano de Paris".[4]

D. JOÃO VI E A MISSÃO FRANCESA

Considera-se que a influência francesa entrou no Brasil com toda a força (e paradoxalmente) no momento em que d. João VI, expulso de seu país por Napoleão, em 1807, instalou a corte no Rio.

De fato, em 1816, aconselhado por seu ministro, o conde da Barca, o rei português fez vir uma Missão Francesa, destinada a desenvolver as artes na jovem nação que acabava de inaugurar sua Academia de Belas-Artes.

A idéia corrente a respeito dessa Missão é que ela foi acolhida com entusiasmo, e que os ensinamentos neoclássicos de seus membros tiveram uma influência decisiva sobre as artes no Brasil. Na verdade, a "missão civilizadora" desses artistas não se exerceu sem problemas, e sua influência não foi recebida passivamente pelos artistas locais. A prova é que vários desses missionários voltaram para a França, em decorrência de disputas com os luso-brasileiros. Joachin Lebreton, diretor da Missão, e o pintor Nicolas Taunay foram vítimas das intrigas dos artistas locais. O gravurista Simon Pradier foi destituído da Academia recém-fundada pelo novo diretor, o pintor português Henrique José da Silva, que despediu em seguida todos os professores franceses.

Vale lembrar, com Sérgio Buarque de Holanda, que nesse início do século XIX, quando a corte portuguesa estava instalada no Rio, o Brasil, "elevado afinal a Reino, deixara de ser nominalmente colônia, mas sem alcançar rigorosamente o estatuto de nação soberana".[5] Os dirigentes não eram brasileiros natos, mas portugueses. Os brasileiros cultos estavam ainda umbilicalmente ligados a Portugal, por sua formação e seu gosto, e os princípios neoclássicos trazidos pela Missão Francesa contrariavam os princípios barrocos dominantes na Colônia. A admiração por aqueles mestres franceses só podia ser mesclada de hostilidade, ou de despeito, por parte dos artistas luso-brasileiros.

Assim, a entrada da influência francesa em todos os domínios (e não apenas no artístico) efetuou-se de maneira muito mais difusa do que aquela fixada na história oficial das relações Brasil-França, que destaca sempre a chegada da Missão Francesa como o marco inicial. A verdade é que os próprios portugueses já estavam, nessa época, "colonizados" pela cultura francesa, e que as resistências episódicas opostas pelos luso-brasileiros aos artistas da Missão seriam submergidas por uma vaga muito mais poderosa e menos pontual do que essa iniciativa oficial de d. João VI.

Muito esclarecedor, para essa questão, é o estudo feito por Maria Beatriz Nizza da Silva em *Cultura e sociedade no Rio de Janeiro (1808-1821)*.[6] Tomando por fontes os catálogos das bibliotecas privadas, os jornais, os programas de ensino, os arquivos das ordens religiosas, os folhetos publicitários etc., essa historiadora dá menos atenção à Missão Francesa ou às leituras francesas dos intelectuais do que à onipresença da cultura francesa na formação de militares, médicos, no ensino das humanidades, em folhetins e peças de teatro consumidas pelo grande público. Ela assinala também a presença real e crescente de franceses instalados no Rio e aí oferecendo seus produtos e serviços, que se concentravam no domínio da vestimenta e dos cuidados pessoais, do comércio de livros e de gravuras, das "artes mecânicas" ou aplicadas. Assim, é curioso saber que, no mesmo momento em que Nicolas Taunay enfrentava problemas na Academia, um pintor francês chamado Goulu, "conhecido pela exata semelhança" de seus retratos, prosseguia com êxito sua carreira de freelance, instalado na rua da Ajuda e colocando anúncios na *Gazeta*.

Tão numerosos eram os artistas, os artesãos, os comerciantes franceses que se aventuraram no Brasil desde aquele momento, e durante todo o século XIX, que o viajante Adolphe d'Assier observará, em 1867:

> Essa população francesa de origem tão incerta fez, do ponto de vista do progresso e da influência francesa, mais do que as frotas da velha monarquia, mais do que todos os cientistas e artistas vindos com grande aparato.[7]

A importância cultural das "trocas simbólicas", no campo do comércio e dos serviços, atrai atualmente a atenção de vários historiadores e antropólogos, como Serge Gruzinski: "A compra [de objetos], esse laço físico, é grande parte da relação que mantemos com outra entidade cultural".[8] A concorrência comercial acabou, porém, por produzir também uma reação negativa; as atividades desses aventureiros eram vistas com desconfiança por certos brasileiros, que criaram a expressão "negócio afrancesado" para qualificar os negócios escusos e desleais.[9]

Um capítulo do livro de Maria Beatriz Nizza da Silva ilustra bem esse contraponto de galofobia que acompanhava a "invasão" francesa do Brasil, no tempo de d. João VI. Trata-se dos inúmeros opúsculos e folhetos destinados a combater e denegrir o imperador dos franceses, publicados inicialmente em Lisboa e depois no Rio de Janeiro. É verdade que, nesses panfletos, Napoleão é raramente qualificado como francês. Chamam-no "ditador gaulês" e "gaulês mentiroso", mas no mais das vezes ele é designado como "bárbaro usurpador", "dragão corso" ou "argelino". Considerado como o anticristo em pessoa, Napoleão é identificado às "idéias francesas" e à maçonaria. A rejeição de Napoleão tem, como contrapartida, uma simpatia pelos ingleses. Em 1811, a Imprensa Régia do Rio publica versos em honra de lord Wellington, contra Masséna. Na mesma tendência, a lista das gravuras oferecida pelos comerciantes mostra bem que, se a sociedade do Rio se sentia ainda atraída pelas personalidades francesas do Antigo Regime (todos os Bourbon, em preto-e-branco e em cores), ela consagrava igual admiração às personalidades inglesas da atualidade (Wellington, o general Black, o príncipe de Gales).

A influência francesa, nesse começo do século XIX, foi portanto independente da Missão Francesa e exerceu-se tanto com força quanto com resistência local. A atração mesclava-se à desconfiança. E, no fim do século, os historiadores da arte brasileira considerariam francamente negativa a influência da Missão Francesa, porque ela teria desviado os artistas locais para assuntos mitológicos ou de história antiga, quando estes tinham "o dever moral" de inspirar-se em assuntos nacionais. Segundo Duque Estrada (*A arte brasileira*, 1888), os artistas da Missão Francesa, "frios e maneiristas", não legaram nenhum "caráter definido" às obras brasileiras de seu tempo. Na mesma época, Alfredo d'Escragnolle Taunay, o neto brasileiro de Nicolas Taunay, criticava aqueles que só liam obras francesas, freqüentemente medíocres, e ignoravam o que se fazia de bom no Brasil. Falando do romance *Senhora*, ele qualificava esse livro como "excelente no seu gênero, e que assinado por Otávio Feuillet, em vez de sê-lo por José de Alencar, teria feito, em breves meses, a volta do mundo literário" (*Estudos críticos*, 1897). O nacionalismo romântico havia feito o seu caminho, atingindo até mesmo os descendentes dos franceses no Brasil.

O NACIONALISMO ROMÂNTICO

O período que corresponde ao romantismo na literatura, e à pós-Independência na política, é talvez o mais idílico nas relações Brasil-França. Todas as razões convergiam, então, para produzir uma imagem totalmente positiva da França. A França era o novo modelo que a jovem nação opunha ao modelo colonial português, na qualidade de país da liberdade (recentemente conquistada por nós), das Luzes (desejadas) e da própria idéia de nação. Em vez de estudar em Coimbra, como antes, os jovens brasileiros começam a ir para Paris.

Assim, Gonçalves de Magalhães e Araújo Porto-Alegre descobrem o romantismo na França e publicam em Paris, em 1836, a revista *Nitheroy, Revista Brasiliense de Ciências, Letras e Artes*, que desencadeia o movimento romântico brasileiro. No primeiro número da revista, Gonçalves de Magalhães assina um ensaio sobre a literatura brasileira, no qual são visíveis as marcas deixadas pela leitura de Madame de Staël e de Chateaubriand. Ele aí declara que o Brasil é "filho da Civilização francesa" e, como nação, "filho dessa revolução famosa que abalou todos os tronos da Europa, e repartiu com os homens a púrpura e o cetro dos reis" ("Ensaio sobre a história da literatura no Brasil").

Dois franceses que tinham vivido no Brasil exerceram uma influência decisiva sobre os jovens românticos brasileiros: Ferdinand Denis, bibliotecário da Sainte-Geneviève, e Eugène de Monglave, fundador do Institut Historique de Paris, local onde ocorreu a primeira manifestação do grupo, em 1834 (uma comunicação sobre o estado da cultura brasileira naquele momento). Ferdinand Denis encorajou os brasileiros a seguirem a trilha indigenista já existente em nossa literatura colonial, e que acabava de receber seu atestado de nobreza internacional com os romances de Chateaubriand.[10] Inspirados por Denis, nossos românticos se concentraram nos valores locais que correspondiam aos temas de Chateaubriand: a natureza selvagem e os índios.

O nacionalismo romântico se voltou, então, para a natureza e para os "naturais" da terra, os índios. Como diz Antonio Candido,[11] o objetivo era mostrar à Europa que tínhamos antepassados tão nobres como os cavaleiros da Idade Média européia, e uma natureza ainda mais bela e grandiosa do que a dos países europeus. Quanto à natureza, ela era, de fato, o que tínhamos para contrapor, com orgulho por sua grandiosidade e exuberância, aos delicados cenários europeus. O francesismo romântico foi, assim, uma emulação.

A adesão aos modelos franceses efetuou-se "naturalmente", sem muita contestação no Brasil e com a simpatia e o estímulo dos amigos parisienses. Mas, na verdade, a reação já existia desde o início. O próprio Porto-Alegre, na comunicação inaugural proferida no Instituto Histórico de Paris, em 1834, fazia algumas críticas aos indianistas exaltados, que pretendiam equiparar a cultura indígena brasileira à dos antepassados dos europeus. Dizia ele: "Apesar desses belos romances com que se costuma embalar a credulidade européia, os indígenas não possuem, no geral, o tipo de originalidade poética que lhes é aqui liberalmente atribuída".[12] As considerações de Porto-Alegre se opunham às da comunicação anterior, feita por Gonçalves de Magalhães.

Enquanto isso, a prolífica e ilustrada família Taunay, instalada definitivamente no Rio de Janeiro, já instaurara um movimento pré-romântico que Antonio Candido chama de "franco-brasileiro". Em 1830, Théodore Taunay publicara seus *Idílios brasileiros*, poemas neoclássicos que tematizam a Independência do país e são ilustrados por paisagens tropicais. E outros franceses, Daniel Gavet e Philippe Boucher, haviam publicado o primeiro romance indianista de temática brasileira, *Jakaré-Ouassou ou Les toupinambas*.

Analisando as particularidades do romantismo brasileiro, Antonio Candido considera esse movimento como "uma convergência de fatores locais e de sugestões externas". O resultado positivo, segundo o crítico, se deveu ao bom uso das sugestões externas na "estilização das tendências locais", de tal forma que esse movimento "ainda hoje parece a muitos o mais *brasileiro*, o mais autêntico dentre os que tivemos". O objetivo dessa geração, repetido em todos os manifestos, era a construção de uma literatura nacional. Como diz o crítico, o nacionalismo (exaltação da nação), que substituía então o nativismo (sentimento da natureza), "independe do romantismo, embora tenha encontrado nele o aliado decisivo".[13]

Ferdinand Denis e Eugène de Monglave exerceram uma influência benéfica sobre a cultura brasileira porque seu interesse pelo país era real, porque sua postura diante da jovem nação não era arrogante mas receptiva, e porque nossos jovens românticos souberam aproveitar suas sugestões em benefício de seus próprios projetos.[14] Mas o nacionalismo encorajado por esses franceses simpatizantes do Brasil trazia também um germe contrário ao bom entendimento entre as duas culturas. Esse germe, inerente a todo nacionalismo, era a rejeição do outro, complementar de toda afirmação do "si mesmo".[15] Essa rejeição decorria do medo do colonialismo cultural, que inspirava um movimento de retração perante a cultura estrangeira dominante. Assim, desde esse primeiro momento romântico, aparecem sinais de resistência à influência européia, e à fascinação francesa em particular.

A visão depreciativa do Brasil, transmitida por numerosos viajantes franceses em seus escritos, feria o amor-próprio desses primeiros intelectuais, que se sentiam totalmente brasileiros e desejavam reforçar essa identidade ainda em formação. Assim, Araújo Porto-Alegre, que terminara seus estudos em Paris e integrara o grupo de *Nitheroy*, contestou com indignação o julgamento negativo sobre o Brasil que o jornalista Louis de Chavagnes publicara na *Revue des Deux Mondes*, em 1844.[16] Em sua réplica, Porto-Alegre assumia sua diferença brasileira e americana de modo orgulhoso. Imbuído do mesmo espírito americanista, ele publicaria, mais tarde (em 1866), o poema épico *Colombo*, que teria por objetivo "despertar o fundo da poesia americana". As respostas irritadas de outros intelectuais brasileiros às más opiniões de outros tantos viajantes franceses repetiram-se e estenderam-se até o fim do século XIX.[17]

Para a segunda geração romântica, o elogio da natureza e do homem americanos se definiu, cada vez mais, como um supranacionalismo americanista, oposto ao europeísmo. Em *Macário* (1855), Álvares de Azevedo diz: "Esse americano não sente que ele é filho de uma nação nova, não a sente o maldito cheia de sangue, de mocidade e verdor?". Na *Revista Mensal* do grupo Ensaio Filosófico Paulistano, fundada por Álvares de Azevedo e seus amigos, podia-se ler:

> Andamos embebidos com a literatura francesa; Victor Hugo, Lamartine, Sainte-Beuve e os mais atraem toda a nossa atenção,

enquanto entre nós, no nosso país e nas demais partes da América o gênio americano se desenvolve e se eleva às alturas dos gênios europeus; e nós, descuidados de tudo o que é nosso, os ignoramos ou os lemos com tal desleixo que passam despercebidas as suas belezas.[18]

Assim, à medida que as nações americanas se consolidavam, sentiam a necessidade de se afirmar, não apenas aos olhos da Europa, como antes, mas freqüentemente contra a Europa. A "Europa" ora são os antigos colonizadores (Espanha e Portugal), ora é a França, metrópole cultural de fato. Nos países hispano-americanos, a Europa inclui a Espanha e sua tradição cultural, enquanto os brasileiros se esquecem, cada vez mais, de Portugal. Assim, nos discursos culturais brasileiros do século XIX, Europa é, quase sempre, sinônimo de França.

Em todo o continente americano, travaram-se debates opondo o Novo Mundo ao Velho Mundo, opondo os defensores de um americanismo independente e original aos defensores da manutenção do vínculo com a Europa. No âmbito hispano-americano, onde esses debates tiveram maior fôlego e maior coerência do que no Brasil, essa oposição cifrou-se de modo exemplar na fórmula "barbárie vs civilização", introduzida pelo argentino Domingo Faustino Sarmiento, autor de *Facundo* (1845), e manifestou-se na polêmica entre esse escritor e o chileno Andrés Bello, que defendia a especificidade da cultura americana, contra o europeísmo de seu adversário.

No Brasil, polêmica semelhante foi travada, em 1875, entre Joaquim Nabuco e José de Alencar. O jovem Nabuco, formado na Europa e autor de obras em francês, resolveu provocar Alencar, romancista já consagrado, declarando que este não fazia mais do que copiar (mal) o que fora feito na França. Enquanto Nabuco se apresenta como "antes um espectador do meu século do que do meu país", assumindo uma pose cosmopolita e "civilizada", Alencar se declara orgulhoso de ser um brasileiro escrevendo "no seio das florestas virgens". Como outros escritores nacionalistas, Alencar lembra que a literatura indigenista já existia, na América, muito antes de Chateaubriand (*Araucania* de Ercilla, no século XVI). Ele chama Nabuco de "folhetinista parisiense" e "cidadão do Faubourg Saint-Honoré", considera que o "sabor nativo" de seus próprios livros ofende o "gosto parisiense" do crítico, e termina assumindo, com orgulhosa ironia, a condição de "bárbaro". Acusa ainda Nabuco de querer "desnacionalizar seu país" e faz uma profissão de fé americanista: "Sou americano de raiz e de fé".[19]

FIM DE SÉCULO E *BELLE ÉPOQUE*

No fim do século XIX, a influência francesa sobre os intelectuais, e em todos os domínios da vida cotidiana das elites, é maior do que nunca.[20] O positivismo de Auguste Comte é a ideologia inspiradora de nossa República, instalada ao som da *Marseillaise*. A viagem a Paris torna-se obrigatória no currículo de toda pessoa civilizada. Entretanto, na medida em que essa mesma elite persiste em seu desígnio de consolidar a nação brasileira e de dar a esta uma cultura própria, manifesta-se cada vez mais a recusa da imitação pura e simples da França.

A fundação da Academia Brasileira de Letras, em 1896, é um dos exemplos mais claros dessa submissão, alternada com recusas. Fundada com um objetivo nacionalista, que consistia antes de mais nada na fixação da língua nacional, já emancipada do português metropolitano, nossa Academia foi no entanto criada como uma cópia fiel da Academia Francesa. E o Institut de France a reconheceu imediatamente como sua "filha espiritual" (artigo de L. Guilaine, in *Petit Temps*, 20/10/1897).[21]

Os discursos pronunciados na jovem Academia eram tão recheados de citações francesas que alguém não familiarizado com essa língua seria incapaz de compreendê-los. Mas as discussões dos acadêmicos incluíam freqüentes críticas a essa submissão cultural. Enquanto alguns, como Nabuco e Valentim Magalhães, preferiam escrever diretamente em francês, outros, como Sílvio Romero, protestavam:

A influência estrangeira, francesa em particular, é infelizmente muito forte no encaminhamento de nossa literatura. Essa influência se faz sentir não apenas na adoção das doutrinas científicas, filosóficas e literárias, mas chega até o recurso vergonhoso do plágio. Se nos aconselham a abandonar a imitação dos portugueses, é para nos impelir a macaquear os franceses.[22]

O crítico José Veríssimo adotava uma atitude mais prudente. Ele não considerava negativo o fato de a Academia seguir o "glorioso modelo" da Academia Francesa, contanto que ela o fizesse sem imitá-la de maneira servil, "mas acomodando seus objetivos a nosso temperamento e a nossa tradição nacional".[23] A grande questão da recepção dos modelos estrangeiros foi apresentada por Veríssimo em termos que permaneccem atuais.

O purismo lingüístico, de que Rui Barbosa é o representante ilustre, tornou-se uma obsessão dos intelectuais dessa época, e fez com que partissem em luta contra a influência da língua francesa. O gramático Castro Lopes dedicou-se a combater os numerosos galicismos que contaminavam a língua portuguesa no Brasil e sugeriu neologismos no lugar desses "barbarismos dispensáveis" (*Neologismos indispensáveis e barbarismos dispensáveis*, 1889). O ridículo desse purismo lingüístico não escapou a Machado de Assis, que publicou, a esse respeito, uma crônica cheia de humor:

Pego na pena com bastante medo. Estarei falando francês ou português? [...] e se descubro que muita coisa que dizia até aqui não tem foros de cidade, mando este ofício à fava, e passo a falar por gestos (*Gazeta de Notícias*, Rio de Janeiro, 7 de março de 1889).

Nessa crônica leve, Machado de Assis mostra que via a nacionalidade de modo muito mais nuançado, o que ele havia explicitado no artigo "Instinto de nacionalidade" (*O Novo Mundo*, Nova York, 1873). Nesse famoso artigo, ele afirma que o nacionalismo estreito empobrece as obras literárias, que a nacionalidade não reside na temática ou na cor local, e que os grandes autores são universais. Afirmação teórica cuja justeza ele provou com sua obra romanesca, nacional e universal.

Embora ainda dominante, a galofilia começava a ser combatida não apenas em virtude do nacionalismo, mas também em razão da escolha de outros modelos filosóficos, políticos e literários. Os pensadores da República brasileira não se inspiravam apenas em Comte, mas também em Spencer e Haeckel. Em Pernambuco, os intelectuais tinham escolhido a Alemanha como modelo filosófico e cultural. Por volta de 1880, Tobias Barreto escrevera uma carta ao diretor de redação do jornal *Deutsche Zeitung*, do Rio, na qual declarava sua adesão à "modernidade" da cultura alemã e sua recusa do que ele chamava de "senda até hoje trilhada, e que muitas vezes perde-se na areia, a velha senda do francesismo".[24] No que era apoiado por Sílvio Romero:

> O germanismo de Tobias Barreto [...] contribuía à aplicação do princípio de seleção natural entre as nações, fazendo-nos deixar de lado as migalhas da civilização francesa e mergulhar na grande corrente da cultura alemã.[25]

Entretanto, o germanismo não se tornou uma tendência dominante no conjunto do país.

Ao mesmo tempo, o nacionalismo de origem romântica fazia sua autocrítica e se tornava um projeto mais realista e menos restrito às fronteiras nacionais. A América deixa de ser uma alegoria, um imaginário ligado à exaltação da natureza e do bom selvagem, para ser vista como uma realidade política e econômica complexa, à qual era necessário dar uma forma, uma ordem, uma identidade e um destino político. Alguns intelectuais brasileiros, comprometidos com os problemas nacionais, tomam consciência das semelhanças e diferenças existentes entre os diversos países americanos. A América cindira-se em duas: uma América anglo-saxônica, poderosa, independente e moderna, e uma América Latina balcanizada, arcaica, desordenada e ainda dependente, em muitos aspectos, de países europeus. Diante da América do Norte, os ibero-americanos se dividem entre a tentação de segui-la e o medo de cair sob seu domínio. A política anexionista praticada pelos Estados Unidos com relação ao México, a Cuba, a Porto Rico, às Filipinas e ao Panamá confirma essas inquietações. A doutrina Monroe, vista de início como positiva para as Américas, revela cada vez mais os desígnios imperialistas dos Estados Unidos. Os latino-americanos sentem a necessidade de unir aquela que José Martí chamara de "*nuestra América*" num projeto político e cultural autônomo. Esse projeto latino-americanista seduz alguns intelectuais brasileiros, mas na prática política e diplomática as posições assumidas pelo governo brasileiro são ambíguas. Defendendo ciosamente suas fronteiras, a República brasileira desconfia de seus vizinhos, contra os quais estivera recentemente em guerra, e vê nos Estados Unidos um aliado virtual e poderoso, contra o qual também é necessário manter-se alerta. Esse comportamento ambíguo com relação aos Estados Unidos se manteve, adaptando-se às novas situações internacionais, até os nossos dias.[26]

Os intelectuais brasileiros, na virada do século XIX para o XX, examinaram essas questões de um ângulo que não era apenas o da estratégia política, mas também e sobretudo cultural. Publicaram-se então obras como *A ilusão americana*, de Eduardo Prado (1893);

Balmaceda, de Joaquim Nabuco (1895); *A América Latina:* males de origem, de Manoel Bonfim (1905), uma resposta a este por Sílvio Romero (1906); *O pan-americanismo*, de Oliveira Lima (1908), obras muito variadas em sua inspiração teórica e em suas propostas, mas tratando todas das relações do Brasil com a Europa e com os outros países americanos.

A reflexão sobre a identidade latino-americana já estava mais desenvolvida nos países hispano-americanos. O Brasil, particularizado pela grandeza e pela situação de seu território, isolado na língua portuguesa, seria mesmo um *"hermano"* dos outros? Mais mestiço do que seus vizinhos, seria ele um país "latino"? O conceito de "latinidade" e suas aplicações constituem um ponto crucial nas reflexões culturais dessa época, e foi sobretudo no Brasil que esse conceito encontrou uma grande receptividade, incentivada pelos defensores franceses dessa ideologia.[27] A América Latina, essa invenção de Napoleão III, destinada a apoiar os franceses contra o poderio germânico e anglo-saxão, engendraria, paradoxalmente, uma ideologia latino-americanista que ora seria simpatizante do modelo francês de latinidade, ora cioso de sua autonomia, com tendências xenófobas e portanto galófobas. E o projeto latino-americano começa, então, a viver uma história embaralhada, que ainda não terminou, como veremos a seguir.

Na *Belle Époque*, as reações dos brasileiros ao modelo francês são divididas e divergentes, como a própria sociedade da época. No começo do século XX, o Brasil experimenta uma "inserção compulsória" na civilização,[28] isto é, na modernidade e na elegância. A cidade do Rio se transforma, da noite para o dia, em uma pequena metrópole "européia", cujo modelo é Paris. O centro da cidade, urbanizado, saneado e embelezado, assim como as pessoas que por ali circulam, copiam bem o modelo parisiense. Mas essa europeização do centro da cidade efetua-se pela expulsão dos pobres para a periferia e para os flancos das montanhas, onde aparecem as primeiras favelas. A imitação de Paris tinha, portanto, algo de falso, de teatral, de cenográfico.[29] Os brasileiros "civilizados" viviam no temor de que o cenário desmoronasse e de que os estrangeiros, cuja opinião eles tanto prezavam, vissem o seu avesso.

Assim como havia duas cidades, lado a lado, os intelectuais estavam divididos entre duas posições: manter o olhar voltado para Paris e buscar, a qualquer preço, a semelhança com essa cultura ideal, ou refletir sobre a inadequação e a falsidade desse modelo. A primeira posição, mais fácil, encontrava mais adeptos. Mas alguns espíritos lúcidos não deixaram de assinalar o ridículo, e mesmo a vergonha, dessa "macaquice": João do Rio, em suas crônicas, Lima Barreto, em seus romances satíricos. Essas críticas eram bem fundadas porque a influência francesa não era mais, na *Belle Époque*, a dos grandes pensadores e escritores, como nos séculos anteriores, mas a imitação dos aspectos mais superficiais: o *chic* parisiense, os cafés, o *music-hall*, o teatro de *boulevard* e os romances de pacotilha que a França produzia expressamente para esse público de ultramar.

Não se olha mais para a natureza e os índios, porque o ideal era então o progresso civilizatório. O primeiro objetivo é a cidade, que deve ser o mais parecida possível com Paris. Como todas as cidades novas, o Rio de Janeiro imitava a Cidade-Luz, em seu urbanismo, na arquitetura, no modo de se vestir e nos costumes em geral.[30] São Paulo não ficava atrás. José de Freitas Valle, milionário e político, fez de sua residência — a Villa Kyrial — uma sucursal de Paris. Banquetes com cardápios em francês e saraus em que se declamavam os poemas de Jacques d'Avray (pseudônimo do próprio Freitas Valle, que só escrevia em francês) atraíam a nata da sociedade paulistana.[31]

O francesismo da *Belle Époque* era uma imitação servil, por vezes ridícula. Os brasileiros abastados queriam vestir-se com a última moda de Paris e ler os livros que lá se editavam. Companhias teatrais francesas, desde o século XIX, faziam turnês periódicas no Rio e em São Paulo,[32] e conferencistas franceses eram acolhidos com entusiasmo nas duas cidades. A passagem de Anatole France pelo Rio de Janeiro, em 1909, foi triunfal. O conceito cultural de *latinidade*, responsável pela própria denominação *América Latina*, foi invocado por ele, por Paul Adam e outros, para reforçar os laços de uma suposta afinidade entre os dois países.[33]

A obra literária que mostra, de modo exemplar e irônico, a reação nacionalista a essa rendição incondicional à França, é *Policarpo Quaresma*,[34] de Lima Barreto. Nesse romance, encontramos todas as posições e todos os problemas criados pelo afrancesamento do Rio de Janeiro na *Belle Époque*. A questão é colocada por todas as personagens do romance. Ricardo Coração dos Outros, tocador de violão, não conseguia impor seu talento e, ainda por cima, arranjou um rival. Raciocina então:

> A *réclame* já não bastava; o rival a empregava também. Se ele tivesse um homem notável, um grande literato, que escrevesse um artigo sobre ele e a sua obra, a vitória estava certa. Era difícil encontrar. Esses nossos literatos eram tão tolos e viviam tão absorvidos em cousas francesas... (p. 107).

Armando Borges, médico e rico, quer ficar famoso como intelectual. Para tanto, põe-se a ler.

> Deu em procurar os livros da mulher. Eram romances franceses, Goncourt, Anatole France, Daudet, Maupassant, que o faziam dormir da mesma maneira que os tratados [...] Tratou de encomendar algumas novelas de Paulo de Kock, em lombadas com títulos trocados e afastou o sono. (p. 197)

Entretanto, reações como as de Lima Barreto eram raras na *Belle Époque*. A própria República fora criada sob forte influência do positivismo, e nossa bandeira, um dos maiores símbolos da pátria, traz estampada a divisa de Auguste Comte, "Ordem e progresso".[35] O dia nacional da França, 14 de julho, era largamente comemorado no Brasil. E durante a Primeira Guerra Mundial, as pessoas se cumprimentavam, no Rio de Janeiro, dizendo: "Viva a França!".[36]

José Veríssimo, crítico de formação européia e tributário das lições de Brunetière, deixou numerosas reflexões sobre a recepção dos modelos franceses no Brasil. Ele considerava a influência francesa como inevitável e mesmo benéfica, ao mesmo tempo que preconizava a necessidade, para os países latino-americanos, de se libertar progressivamente desse modelo. Comentando, em 1900, a ignorância recíproca na qual viviam, até então, as nações americanas, ele dizia:

> De fato, não nos interessávamos reciprocamente. Nada tínhamos a aprender umas das outras, senão maus exemplos de vida pública. A cultura em todas era rudimentar; a inteligência, em todas, somenos; a produção espiritual em todas, de segunda ordem e de segunda mão. De nenhuma haveria a aprender ou a receber nada. Os seus mais altos espíritos apenas se aproximariam dos bons da cultura européia. Idéias, concepções da vida, sensações, princípios, noções, emoções, sentimentos, tudo nelas, de fundo e de forma, era de empréstimo, de imitação, tudo era reflexo.[37]

Entretanto, as conclusões de Veríssimo não se encaminhavam para uma condenação pura e simples dessas atitudes, nem para a exaltação decorrente de uma América Latina unida e pura de toda contaminação estrangeira. Ele achava que a tomada de consciência dos problemas comuns dos países latino-americanos, o trabalho de seus intelectuais, o progresso das comunicações e o tempo poderiam corrigir essa situação, subtraindo-nos à triste condição de "povos comparsas". Segundo ele, em vez de "criar ficticiamente um interesse americano que não existe", era preciso esperar que esse interesse nascesse de forma natural, em virtude de "uma aproximação prática entre os povos". E concluía: "O problema de um espírito americano, de uma consciência americana, de uma internacionalidade americana [...] é eminentemente um problema econômico".

Veríssimo foi, portanto, extremamente atento aos problemas culturais da América como um todo, e do Brasil nesse contexto.[38] Notou "um movimento de opinião" latino-americanista no continente, mas permaneceu cético quanto a um projeto comum com chances de aplicação concreta, tendo em vista a fragilidade de nossas democracias, de nossas economias, e o estado de ignorância e de pobreza da maior parte das populações. Precursor e comentador de um livro-chave desse debate, o *Ariel*, do uruguaio Enrique Rodó, Veríssimo manifestava, como este, uma grande desconfiança com relação à influência crescente da cultura norte-americana, que ambos declaravam admirar mas não amar. Ele evitava, porém, a demonização dos Estados Unidos, atribuindo a maior parte da responsabilidade pela fraqueza dos países latino-americanos a seus próprios dirigentes.

Veríssimo encarava o modelo norte-americano com interesse e prudência.[39] Sua formação o inclinava, contudo, a ver com melhores olhos a cultura européia, e a fazer previsões otimistas a seu respeito:

A Europa, é a minha convicção, manterá ainda por larguíssimos séculos, senão para sempre, a sua supremacia espiritual, mas dentro de dois ou três séculos a América, ou pelo menos, alguns países da América, competirão com ela na disseminação da cultura.[40]

Ele não podia saber que isso aconteceria em menos de um século, e que seria a façanha realizada por um único país, os Estados Unidos da América.

O NACIONALISMO MODERNISTA

Os anos 20 do século passado constituem, depois da Independência e do romantismo, o segundo momento forte do que Antonio Candido chama de "dialética do localismo e do cosmopolitismo", que é, segundo ele, "a lei de evolução da nossa vida espiritual".[41] Os principais componentes do grupo modernista eram os mesmos *socialites* paulistas que freqüentavam a Villa Kyrial. Apreciavam as coisas francesas e faziam suas viagens anuais a Paris. Oswald de Andrade ali esteve repetidas vezes, de 1912 a 1929. Tarsila era a "caipirinha vestida por Poiret" e a discípula, *in loco*, de Fernand Léger.[42] Não vou refazer, aqui, o histórico e a análise das características do nacionalismo modernista brasileiro, que foram estudadas por vários especialistas desse movimento.[43] Relembrarei, apenas, as principais manifestações galófilas e galófobas dos escritores e pensadores modernistas.

Enquanto Oswald de Andrade foi buscar sua primeira inspiração nos movimentos de vanguarda parisienses e jamais cortou seus vínculos intelectuais e afetivos com a França, Mário de Andrade, que consagrou toda a sua existência e sua obra à busca da "identidade brasileira", teve reações mais tensas com a cultura francesa. Desde o primeiro poema de seu primeiro livro, *Paulicéia desvairada* (1921), o poeta brasileiro manifestava a consciência de uma inadequação dos modelos franceses à realidade americana. A cidade de São Paulo é aí qualificada como "galicismo a berrar nos desertos da América". Enquanto Oswald buscava o reconhecimento do Brasil pela França, pronunciando na Sorbonne sua conferência "L'effort intellectuel du Brésil contemporain" (1923), Mário jamais fez a viagem ritual a Paris. Embora nutrido de cultura francesa, como todos os seus contemporâneos, ele se mantinha a uma distância prudente, enviando, em suas cartas, "um sorriso irônico à cidade de Paris".

Três anos após a Semana de Arte Moderna (1922), ele escrevia, num artigo: "O novo!... Eis o pensamento estético que nos agitou aqui, durante a guerra. Onde estava esse novo? Fomos buscar — que macacos! — o novo na Europa. E imitamos os *ismos* europeus" (*Jornal do Commercio*, 24/5/1925). Ele considera esse momento como passado: "Já mandei às favas todos os expressionismos e outros ismos europeus. Jovens, a Europa é nosso Oriente. Ela dissolve". Ele se declara "inteiramente voltado para o Brasil" e engajado no projeto de "realizar o brasileiro", na língua, no amor, na sociedade, na tradição e na arte. Esse projeto implica o abandono de várias atitudes anteriores, entre as quais a imitação da França: "Deixaremos de ser afrancesados".

Nos anos seguintes, à medida que aprofundava sua busca da "identidade brasileira", Mário de Andrade afastou-se da Europa, interessando-se pelas produções literárias dos países hispano-americanos.[44] Entretanto, sua simpatia pelos escritores hispano-americanos não o levou a aderir à ideologia pan-americanista ou latino-americanista. Ele desconfiava de todo patriotismo, nacional ou continental:

> Todo e qualquer alastramento do conceito de pátria que não abranja a humanidade inteira, me parece odioso. Tenho horror a essa história de "América Latina" muito agitada hoje em dia [...] Tenho horror ao Pan-americanismo [...] Não existe unidade psicológica ou étnica continental.

Ele lembrava, sobretudo, que "no rincão da Sulamérica o Brasil é um estrangeiro enorme" (*Diario Nacional*, 22/4/1928).

Mário de Andrade reconhecia que os latino-americanos "debatiam-se" entre duas tendências: "atração da França e atração nacional". E o que lhe parecia desejável era o equilíbrio entre essas duas tendências, porque as influências são inevitáveis e "o artista pode escolher mais livremente as influências que acomodam-se com o temperamento dele", sendo isso uma "questão de afinidade eletiva" (*Diario Nacional,* 20/5/1928). A aceitação da influência francesa não implicava a aceitação de opiniões sobre o Brasil e sobre a América Latina vindas dos franceses. Em 1934, ele escreveu um artigo contra o livro de André Siegfried, *Amérique Latine* (Paris, Colin), recusando o conceito de latinidade à francesa. Segundo ele, "a noção de 'América Latina' não corresponde a nenhuma identidade sul-americana", porque ela ignora os componentes índios e negros de nossa identidade. André Siegfried tinha visto uma América Latina simples e selvagem. Mário considerava, ao contrário, que as culturas latino-americanas são extremamente complexas, e que é antes a França, "derradeiro reduto da civilização burguesa" que é "clara, simples, redutível a fórmulas, que nem visão antediluviana, muito antiga", "uma civilização que já passou" (*Boletim de Ariel,* ano 4, n° 1, Rio de Janeiro, out. 1934).

Se dedico, aqui, um grande espaço a Mário de Andrade, é não apenas porque ele foi um grande pensador da identidade brasileira, mas principalmente porque sua reflexão acerca das relações do Brasil com a América Hispânica, e da América Latina com a França, vai ao fundo do problema e expõe toda a sua complexidade, levando-o a uma atitude que não é nem galófila, nem galófoba, mas realista e lúcida. Como ele, e na mesma época, o peruano José Carlos Mariátegui (que Mário não leu) propunha um americanismo não essencialista mas virtual, um pensamento hispano-americano que era preciso "elaborar", sem rejeitar os elementos europeus constitutivos.[45]

Em 1935, Mário de Andrade publicou um artigo intitulado "Decadência da influência francesa no Brasil".[46] Nos anos 40, ele acrescentou a esse artigo uma nota manuscrita, na qual observava, com preocupação, "a desmedida avançada cultural dos Estados Unidos sobre nós". Comparando essa influência à influência francesa, ele acaba por afirmar que esta é preferível, porque é "a que menos exige de nós a desistência de nós mesmos", enquanto a americana, que é também uma servidão econômica, "não se contentará de ser influência, será domínio".

Como todos os grandes escritores, Mário de Andrade nunca foi um nacionalista estreito. Do lado oposto, entre os nacionalistas ferrenhos do modernismo brasileiro, encontraremos manifestações de galofobia explícita. Plínio Salgado, representante do integralismo de inspiração fascista, ao expor as diretrizes do movimento Anta, manifesta um antieuropeísmo raivoso: "Vivemos, desde nossa independência política, como miseráveis escravos da cultura européia". Ele declara que seu grupo está "em guerra" contra tudo o que é estrangeiro e foi inculcado no brasileiro. E amplia essa proposta para toda a América: "Romperemos todos os compromissos que nos prendem aos preconceitos europeus", para "oferecer ao Mundo uma Arte e uma Política autenticamente americanas".[47] A ideologia americanista se encontrava, assim, na extrema direita.

Bem diversa dessas posturas nacionalistas estreitas foi a proposta de Oswald de Andrade, em seu *Manifesto antropófago* (1928).[48] Embora também nacionalista, essa proposta de devoração crítica dos aportes estrangeiros não era xenófoba, mas integrativa. A metáfora do antropófago supõe, como na prática indígena, a admiração pelo objeto devorado e a assimilação de suas qualidades. A questão dos modelos europeus é assim subvertida, numa proposta que não tem a forma de uma reflexão aprofundada mas a de uma *boutade*, cuja força sugestiva se comprovou no grande número de práticas artísticas que inspirou posteriormente.

Ainda nos anos modernistas, é preciso assinalar um caso particular de galofobia, o de Monteiro Lobato. Lobato, que era antimodernista, tinha sido formado, como todos os escritores de seu tempo, por abundantes leituras francesas. Engajado, durante toda a sua vida, num projeto de modernização do país, foi inicialmente fascinado pelos Estados Unidos e, em seguida, pelos países hispano-americanos, com os quais, segundo ele, o Brasil devia ter relações privilegiadas. As manifestações contrárias à influência francesa exclusiva, que apareciam já em seus primeiros escritos, multiplicaram-se em sua obra, de modo que poderíamos compor uma antologia de opiniões galófobas expressas por Lobato. Lembremos apenas algumas delas: "Formamos, os escritores, uma elite inteiramente divorciada da terra, pelo gosto literário, pelas idéias e pela língua. Somos um grupo de franceses que escrevem em português".[49] "A literatura francesa infeccionou-nos de tal maneira que é um trabalho de Hércules remover suas sedimentações."[50] "De que maravilhosas coisas não seria capaz o brasileiro se não fincasse no domínio do pastiche o inibitório terror à mofa escarninha do francês. O que nos mata é o francês. Essa obsessão leva uma sociedade que se diz culta a atitudes ridículas, a macaquices inacreditáveis."[51] Num artigo contra a influência da língua francesa, ele nos qualifica de "colônia mental da França", "espécie de Senegal antártico".[52]

A reflexão sobre a identidade cultural brasileira prosseguiu, depois do modernismo, e a questão dos modelos estrangeiros continuou em pauta. Foi então a vez dos universitários, historiadores e antropólogos, que refinaram esse discurso com base em conceitos recebidos de mestres estrangeiros, mas utilizados de modo original. Nos anos 30, enquanto Sérgio Buarque de Holanda, em *Raízes do Brasil* (1936), nos definia como "exilados em nossa própria pátria", conformados a modelos europeus que determinavam "nossas formas de vida, nossas instituições e nossa visão do mundo",[53] Gilberto Freyre nos revelava, em *Casa-grande & senzala* (1933),[54] o que os portugueses, os índios e sobretudo os africanos nos haviam trazido, fazendo do brasileiro um povo mestiço, tanto do ponto de vista étnico como do cultural. A discussão sobre os modelos estrangeiros desembaraçou-se, então, dos preconceitos e amálgamas baseados na raça, e instalou-se no terreno da cultura. Mas ela continuaria a tomar as cores das ideologias políticas dos pesquisadores.

Em 1943, Antonio Candido apontou um tipo novo de galofobia, assim como um novo tipo de galofilia, que deviam ser repudiados por serem ideologicamente reacionários. Em "O 'grilo' françaeternista" (*Folha da Manhã*, São Paulo, 30/10/1943),[55] dizia ele que, diante da França vencida e humilhada, "os cultores do sucesso, os devotos do fato consumado, os muniquistas de opa e vela se puseram a anatematizá-la e a desmerecê-la". E passaram a cultuar uma "França Eterna":

> Essa França Eterna, no entanto, se apresenta em geral de um modo muito significativamente antifrancês, isto é, anti-revolucionário. Foram buscá-la, em boa parte, nos princípios que representam os "slogans" da Reação francesa: a Donzela de Domrémy, a Igreja, o Rei. Uma França muito mais próxima do parafascismo maurrasiano do que dos princípios de 89.

Como a Mário de Andrade em 1932, não escapava, ao crítico, a contrapartida dessa nova "galofilia":

> Hoje estamos assistindo a uma forma nova de antropofagia — não mais profilática, mas propiciatória. Estão querendo, por aí, devorar os valores franceses para poderem ficar em estado de virgindade [...] diante dos valores norte-americanos — suficientemente ativos e expansivos para não respeitarem devidamente as virgindades.

E, galófilo progressista, o crítico concluía:

> Nada de grilagem com a França Eterna. Esta é uma França essencialmente revolucionária, que coloca de tempos em tempos alguns dos marcos mais significativos da luta pelas liberdades: a religiosa, a econômica, a do pensamento, a política. Da Liberdade, numa palavra, porque só pode havê-la havendo todas essas.

DOS ANOS 60 À ATUALIDADE

Nos anos 60-70, depois da vitória da Revolução Cubana e durante a instauração das ditaduras militares na América do Sul, assistiu-se ao reforço e à disseminação do sentimento de latino-americanidade, cultivado então pelos pensadores de esquerda. A velha "latinidade" toma novas cores: os brasileiros se sentem "latinos", na qualidade de latino-americanos hostis ao imperialismo norte-americano e solidários com a Revolução Cubana. O modelo humano do revolucionário latino-americano é o transcontinental Che Guevara, e os festivais de música popular brasileira incorporam ritmos "latinos", com Caetano Veloso cantando "Soy loco por ti América".

O projeto de uma união política dos países latino-americanos provoca reações contrárias às influências estrangeiras. A "teoria da dependência", econômica e política, é rapidamente estendida ao domínio da cultura, provocando o fantasma da "dependência cultural". Enquanto o nacionalismo é usado pela ditadura militar em *slogans* como "Brasil, ame-o ou deixe-o", uma outra vaga de nacionalismo cultural atinge a intelectualidade brasileira, majoritariamente de esquerda. Assistem-se a batalhas verbais no domínio literário e musical, nas quais a acusação de submissão aos modelos do Primeiro Mundo (Estados Unidos e Europa) se torna uma constante da "patrulhagem ideológica". Hasteia-se a bandeira do "nacional popular" contra o "estrangeiro elitista". Com respeito à França, essas desconfianças são injustas, porque foi o país no qual o maior número de exilados latino-americanos buscaram e encontraram asilo.

Um exemplo típico das posições desse período se encontra no livro de Darcy Ribeiro, *As Américas e a civilização* (1977), no qual o autor exalta uma mestiçagem que, curiosamente, exclui o elemento europeu. Ele chega a não considerar latino-americanos países como a Argentina e o Uruguai, por serem demasiadamente brancos. E combate uma atitude "alienada", que consistiria em ver o mundo com valores europeus, verdadeiras "lentes deformantes" que nos impedem de ter "uma concepção autêntica de nós mesmos". Darcy Ribeiro conservou, até o fim de sua vida, essa visão eufórica de um povo mestiço para o qual apenas os índios e os negros teriam contribuído com valores positivos.[56] Enquanto isso, por razões que não concernem especialmente ao Brasil, mas às relações de força entre países "desenvolvidos", a língua e a literatura francesa foram perdendo, progressivamente, a hegemonia que exerceram no Ocidente durante mais de dois séculos. No começo dos anos 80, o governo Mitterrand tentou reforçar os vínculos culturais com a América Latina, ressuscitando uma latinidade que era, então, socialista. Jacques Lang, ministro da Cultura, pronunciou um discurso retumbante no México, no qual declarava que a França e a América Latina estariam unidas na luta contra a influência norte-americana.

Mas todos esses esforços não impediram as jovens gerações brasileiras, como as do mundo inteiro, de sofrer o domínio crescente da língua inglesa e da cultura norte-americana, transformada em cultura de massa global. Como um diplomata francês já pressentira, desde o início do século XX, a França tinha "perdido sua clientela".[57] Demasiadamente convencida da força essencial de sua língua e de sua cultura, demasiadamente confiante numa admiração e numa fidelidade que existiam há tanto tempo, a França cometeu erros em sua política cultural no Brasil.[58] De qualquer maneira, a maré montante da cultura norte-americana invadia o mundo todo.

É preciso reconhecer, agora, que a velha história de amor que ligava o Brasil à França corre o risco de chegar ao fim. Resta uma simpatia que se parece, nos brasileiros jovens, com a indiferença. A França, para as novas gerações brasileiras, é o que ela é para a maioria dos jovens de outros países: elegância, sofisticação, museu e, mais recentemente, futebol. Não há mais galofobia porque não há mais galofilia, e uma não existe sem a outra.

A união latino-americana, desejada desde o século XIX por políticos, intelectuais e artistas, tornou-se um projeto eminentemente econômico. A língua francesa desapareceu aos poucos do ensino secundário e minguou no ensino universitário. Recentemente, ela foi substituída, no secundário, pela língua espanhola, útil para os negócios do Mercosul. O que pode ser visto como uma ironia da história: a união dessa América Latina imaginada, pela França, como sua extensão espiritual transatlântica, provoca atualmente, no Brasil, o desaparecimento do francês em proveito do espanhol, na posição de segunda língua estrangeira (já que o primeiro lugar está garantido para o inglês, no Brasil como em toda parte).

Como se pode ver nos exemplos que recolhi, os maiores escritores e críticos brasileiros dos séculos XIX e XX — Machado de Assis, José Veríssimo, Mário de Andrade — tinham posições semelhantes com relação à questão dos modelos estrangeiros, posições reflexivas, ponderadas. Nenhum deles era um nacionalista xenófobo. Todos reconheciam que um país novo, como o Brasil, necessitava de modelos estrangeiros, e que era preciso dar tempo ao tempo para que esses modelos fossem assimilados de maneira original. Por conseguinte, esses escritores não foram nem galófilos, nem galófobos, mas simplesmente atentos à cultura francesa e ao valor dessa cultura na formação da cultura brasileira.[59]

Será que o problema da aceitação ou recusa dos modelos culturais estrangeiros, questão intimamente ligada à busca de uma identidade nacional, que apaixonou os intelectuais durante mais de um século, preocupa ainda os jovens brasileiros globalizados de hoje? Talvez a França só volte a interessar realmente a esses jovens se ela própria não ceder totalmente ao modelo neoliberal norte-americano e tiver a capacidade de mostrar, ao Brasil e ao mundo, que sua cultura representa um caminho alternativo.

As propostas nacionalistas na cultura brasileira foram inspiradas, num primeiro momento (o do romantismo), em idéias francesas. Num segundo momento (o do modernismo), manteve-se a abertura à cultura francesa, mas de modo "antropofágico". Num terceiro momento (o pós-guerras), um nacionalismo continental, visando à união da América Latina, opôs-se a tudo o que fosse estrangeiro. Entretanto, as marcas francesas tinham sido impressas e assimiladas em nossa cultura, de modo a não se poder mais distingui-las do que seria "autenticamente nacional". E, num quarto momento (o nosso), a adesão ou o repúdio à França perderam, na prática, sua função.

4. Machado de Assis e Borges: nacionalismo e cor local *

As afinidades entre Machado de Assis e Jorge Luis Borges têm sido ocasionalmente assinaladas por críticos que buscam uma visão integrada das literaturas latino-americanas. O primeiro a estabelecer esse paralelo foi Emir Rodríguez Monegal, que desde 1972 apontava as *Memórias póstumas de Brás Cubas* (1881) como um romance revolucionário, precursor do "novo romance" latino-americano do século XX e, em particular, antecipador "das mais audazes interpretações de Borges sobre a relação entre o autor, a obra e o leitor".[1] Essa avaliação se encontra disseminada em outros pontos da obra de Rodríguez Monegal e foi recentemente retomada e desenvolvida por Earl E. Fitz.[2]

Não pretendo aqui apontar semelhanças entre as obras ficcionais dos dois escritores, mas entre determinados textos teórico-

---

*"Machado de Assis y Borges: nacionalismo y color local". Publicado em *Cuadernos hispanoamericanos* n° 618, Madri, dez. 2001. Em português, foi incluído em Jorge Schwartz (Org.), *Borges no Brasil*, Unesp — Fapesp —Imprensa Oficial, 2000, pp. 101-4.

críticos por eles escritos acerca do nacionalismo literário. Evidentemente, as afinidades teóricas fundamentam certas similaridades na prática ficcional dos dois autores, mas aqui nos ocuparemos sobretudo das primeiras. Os ensaios em que Machado de Assis e Borges exprimem pontos de vista concordantes sobre a questão do nacionalismo são, respectivamente, "Instinto de nacionalidade" (1873)[3] e "El escritor argentino y la tradición" (1956).[4] Embora separados por oito décadas, por circunstâncias nacionais e literárias naturalmente diversas, os dois escritores reagem da mesma maneira, com argumentação semelhante, aos arroubos de nacionalismo literário que agitavam seus países naqueles dois momentos, e postulam a mesma concepção da literatura no que se refere à questão.

Antes de comparar as posições e os argumentos dos dois autores, é necessário relembrar, rapidamente, os contextos de seus ensaios. Em 1873, Machado de Assis já havia alcançado certa notoriedade como poeta e ficcionista, mas ainda não era o escritor invulgar que se tornaria a partir de *Memórias póstumas de Brás Cubas*, romance com o qual se inicia a segunda (e grande) fase de sua obra. O ensaio em pauta foi escrito no momento em que a literatura brasileira firmava-se como autônoma e buscava consolidar uma tradição própria a fim de assumir seu lugar no conjunto das literaturas ocidentais. O passo para a autonomia havia sido dado com o romantismo e, neste, com o romance e a poesia indianistas, praticados pelos já então reconhecidos José de Alencar (*O Guarani* e *Iracema*) e Gonçalves Dias ("Os timbiras", "I-Juca Pirama" e "Tabira") nas décadas de 1850 e 1860.

O nacionalismo romântico, como em quase todos os países latino-americanos, coincidira com a Independência do Brasil, conquistada em 1822, e encontrara sua expressão na exaltação da natureza local e de seus primeiros habitantes. Ao triunfo da temática indianista, junto à crítica e ao grande público, alguns escritores europeizantes opunham, no final do século, uma reação negativa. Enquanto isso, os mais jovens manifestavam um tal desejo de "vestir-se com as cores do país", que Machado de Assis inicia seu ensaio com a afirmação: "Quem examina a atual literatura brasileira, reconhece-lhe logo, como primeiro traço, certo instinto de nacionalidade". O ensaio demonstrará que o escritor não compactuava nem com a atitude nacionalista estreita, nem com o repúdio total a suas manifestações. Ele via, nessa atitude, determinadas qualidades que não deviam ser menosprezadas e, principalmente, determinados defeitos que era necessário combater. O fato de que o ensaio tenha sido escrito para uma revista publicada em Nova York (*O Novo Mundo*), circunstância ressaltada pelo próprio escritor em seu texto, também merece ser lembrado, na medida em que essa circunstância ampliava o horizonte de sua reflexão para além das fronteiras nacionais.

O famoso ensaio de Borges foi escrito numa fase já madura de sua produção literária, e é o resultado de uma longa e sinuosa reflexão acerca do assunto. Depois de ter experimentado, na década de 20, uma narrativa de tipo localista (a literatura do "*arrabal*") e de ter reagido, na década de 30, contra as tendências germanófilas e hispanófilas, Borges passou a pleitear para si mesmo uma identidade cultural múltipla (argentina, hispânica, mas também inglesa, portuguesa e judaica) e a praticar um tipo de ficção que foi insistentemente acusada de "alienada da realidade nacional", de européia e bizantina. "El escritor argentino y la tradición" é, segundo Rodríguez Monegal, "uma declaração final sobre um assunto que desencaminhou e continuaria desencaminhando a crítica argentina por décadas."[5] A questão foi cuidadosamente estudada por Jorge Panesi, no ensaio "Borges nacionalista, una identidad paradójica".[6] No ensaio de 1956, Borges se coloca contra os ferrenhos defensores da literatura gauchesca e a canonização do *Martín Fierro*, assim resumindo sua posição: "*La poesía gauchesca, que ha*

83

producido obras admirables — me apresuro a repetirlo — es un género literario tan artificial como cualquier otro".

Vejamos, ponto por ponto, os argumentos levantados por Machado de Assis e por Borges para recusar os excessos nacionalistas. A argumentação de Machado de Assis se baseia no pressuposto universalista expresso logo no início de seu texto: "Tudo é matéria de poesia, uma vez que traga as condições do belo ou os elementos de que ele se compõe". Disso decorre que considerar a temática indianista como patrimônio exclusivo da literatura brasileira é um erro equivalente ao de rejeitá-la. Aliás, observa ele, a temática indianista é "um legado tão brasileiro como universal" e, assim sendo, não deve ser a única fonte de inspiração dos escritores nacionais. "Não estabeleçamos doutrinas tão absolutas que nos empobreçam", aconselha o escritor.

Borges também se opõe a esse empobrecimento temático:

> *Los nacionalistas simulan venerar las capacidades de la mente argentina pero quieren limitar el ejercicio poético de esa mente a algunos pobres temas locales, como se los argentinos sólo pudiéramos hablar de orillas y estancias y no del universo.*

A reivindicação universalista de Borges vai além da simples declaração de princípio de Machado de Assis, em razão de evidentes diferenças de época e de temperamento. Borges considera que não apenas os latino-americanos têm direito aos temas universais (*"debemos pensar que nuestro património es el universo"*), mas, por sua constituição histórica, têm *mais* direito à tradição ocidental do que os próprios europeus: *"Creo que nuestra tradición es toda la cultura occidental, y creo también que tenemos derecho a esta tradición, mayor que el que pueden tener los habitantes de una o otra nación occidental"*. Machado de Assis não vai tão longe, mas a declaração de princípios é a mesma.

Esse universalismo dos dois escritores não é, em nenhum deles, um desenraizamento, uma perda da identidade nacional. Para o primeiro, o que liga fatalmente um escritor a sua nação é "certo sentimento íntimo, que o torne homem de seu tempo e de seu país, ainda que trate de assuntos remotos no tempo e no espaço". Note-se o uso feito pelo escritor das palavras "instinto" e "sentimento". O "instinto" da nacionalidade é aquele afã primário e superficial de ser ostensivamente brasileiro, que ele atribui a uma "opinião mal formada ainda" e à falta, no Brasil, de uma crítica literária "ampla" e "elevada". O "sentimento" da nacionalidade, pelo contrário, é a vivência da mesma como inerente ao indivíduo de determinada terra e que ele não necessita cultivar como escritor. Borges, de modo análogo, considera que "*ser argentino es una fatalidad y en ese caso lo seremos de cualquier modo, o ser argentino es una mera afectación, una máscara*".

A argumentação dos dois escritores segue por caminhos semelhantes. Para comprovar que a nacionalidade de um escritor não reside em sua temática, Machado de Assis dá exemplos de grandes escritores que trataram de temas estrangeiros e, nem por isso, deixaram de encarnar suas nações de modo indiscutível:

> Perguntarei simplesmente se o Autor de *Song of Hiawatha* [Longfellow] não é o mesmo Autor da *Golden legend*, que nada tem com a terra que o viu nascer, e cujo cantor admirável é; e perguntarei mais se o *Hamlet*, o *Otelo*, o *Julio César*, a *Julieta e Romeu* [sic], têm alguma cousa com a história inglesa nem com o território britânico, e se, entretanto, Shakespeare não é, além de um gênio universal, um poeta essencialmente inglês.

Borges argumenta com um exemplo semelhante e outro idêntico:

Sin ir más lejos, creo que Racine ni siquiera hubiera entendido a una persona que le hubiese negado su derecho al título de poeta francés por haber buscado temas griegos y latinos. Creo que Shakespeare se habría asombrado si hubieran pretendido limitarlo a temas ingleses, y se le hubiesen dicho que, como inglés, no tenía el derecho a escribir Hamlet, *de tema escandinavo, o* Macbeth, *de tema escocés.*

Quanto à "cor local", obtida pela adição enfática de motivos pitorescos, ambos são implacáveis. Apesar de sua benevolência para com a evocação da natureza americana, Machado de Assis considera a "cor local" como "uma funesta ilusão": "Um poeta não é nacional só porque insere nos seus versos muitos nomes de flores e de aves do país, o que pode dar uma nacionalidade de vocabulário e nada mais". Borges teria gostado da expressão "nacionalidade de vocabulário". Incomoda, sobretudo, ao escritor brasileiro, a hipérbole, a afetação, a perda da naturalidade de expressão. Da mesma forma, na poesia gauchesca (e não na autêntica poesia *gaucha*), Borges recusa "*una busca de palabras nativas, una profusión de cor local*".

Os contra-exemplos que os dois escritores apresentam são muito semelhantes. Diz Machado de Assis:

> Um notável crítico da França, analisando há tempos um escritor escocês, Masson, com muito acerto dizia que do mesmo modo que se podia ser bretão sem falar sempre do tojo, assim Masson era bem escocês, sem dizer palavra do cardo, e explicava o dito acrescentando que havia nele um *scotticismo* interior, diverso e melhor do que se fora apenas superficial.

É bem conhecido o exemplo dado por Borges, assim como a provocadora ilação que ele acrescenta ao argumento:

> *Gibbon observa que en el libro árabe por excelencia, en el Alcorón, no*

hay camellos; yo creo que si hubiera alguma duda sobre la autenticidad del Alcorón, bastaría esa ausencia de camellos para probar que es árabe. Fué escrito por Mahoma, y Mahoma, como árabe, no tenía porqué saber que los camellos eran especialmente árabes; eran para él parte de la realidad, no tenía por qué distinguirlos; en cambio un falsario, un turista, un nacionalista árabe, lo primero que hubiera hecho es prodigar camellos, caravanas de camellos en cada página; pero Mahoma, como árabe, estaba tranquilo: sabia que podía ser árabe sin camellos.

Machado de Assis teria apreciado a ironia borgesiana. O escritor brasileiro, assim como o argentino, não renega a temática nacional; apenas ambos recusam a obrigatoriedade de adotá-la e se reservam o direito de falar de outras coisas. Machado de Assis mostra que a temática indianista é uma fabricação piedosa, já que pouco restou, na cultura brasileira, das culturas autóctones. Considera, entretanto, que os traços conservados pelos cronistas e o bom uso deles feito pela "imaginação literária" dos escritores românticos brasileiros podem ser justificados não como a recuperação de uma origem, mas como reparação pela destruição dessas culturas:

> A piedade, a minguarem outros argumentos de maior valia, deverá ao menos inclinar a imaginação dos poetas para os povos que primeiramente beberam os ares destas regiões, consorciando na Literatura os que a fatalidade da História divorciou.

Fica claro que o escritor não vê razões essenciais, que seriam de fundamentação ontológica ou cultural ("argumentos de maior valia") para a adoção dessa temática, mas tão-somente uma razão sentimental ("a piedade"), ética (juntar o que a História divorciou) e estética (os bons resultados obtidos por Alencar e Gonçalves Dias). Por seu lado, Borges não renega as paisagens argentinas, os *gauchos* nem os *compadritos*; tendo alcançado a maturidade pessoal e artística, reconhece-os como formadores de sua identidade, mas não como temas exclusivos ou prioritários.

Como explica o autor, no próprio ensaio em questão, sua libertação e o conseqüente abandono da referencialidade explícita ocorreram no ano anterior, ao escrever o conto "La muerte y la brújula" [A morte e a bússola], espécie de pesadelo em que os bairros de Buenos Aires aparecem deformados e des-localizados pelo emprego de designações estrangeiras, como rue de Toulon e Tristele-Roy. Ora, diz ele, "*publicada esa historia, mis amigos me dijeron que al fin habían encontrado en que yo escribía el sabor de las afueras de Buenos Aires*". Machado de Assis, como o crítico francês que ele cita, diria que Borges havia encontrado sua argentinidade interior.

A questão da identidade "exterior" e "interior" seria tratada por Machado de Assis alguns anos mais tarde, num conto de 1882, "O espelho". Trata-se de um militar que só se vê nitidamente refletido num espelho quando veste sua vistosa farda, que constitui sua "alma exterior". "Cada criatura humana traz duas almas consigo: uma que olha de dentro para fora, outra que olha de fora para dentro", explica o narrador. Há casos, comenta ele, "em que a perda da alma exterior implica a da existência inteira".

O que aqui nos interessa, nesse famoso conto de Machado de Assis, é chamar a atenção para o fato de que ele aí coloca o patriotismo como uma alma exterior que, embora "enérgica e exclusiva", não deixa de ser postiça: "[...] certas almas absorventes, como a pátria, com a qual disse o Camões que morria" — exemplifica o narrador com certa irreverência, tanto no que diz respeito à própria pátria, como no que concerne ao grande épico da língua portuguesa. Fica evidente que Machado de Assis não se sente atraído por essa "alma" exclusiva e absorvente, o que o leva a duvidar, implicitamente, do patriotismo suicida de Camões: "*disse* o Camões que morria".

Quanto à simples referencialidade geográfica e social, o

romancista a considera com certo desdém. No ensaio de 1873, encontramos comentários sobre a produção literária contemporânea: "Não faltam a alguns de nossos romancistas qualidades de observação e de análise, e um estrangeiro não familiar com os nossos costumes achará muita página instrutiva". Esse tipo de observação e de análise, puramente sociológica, lhe parece útil apenas como documento para a instrução de estrangeiros, ou seja, guia para turistas. Em contrapartida, o tipo de romance por ele almejado ainda é quase inexistente:

> Do romance puramente de análise, raríssimo exemplar temos, ou porque a nossa índole não nos chame para aí, ou porque seja esta casta de obras ainda incompatível com nossa adolescência literária.

Das duas razões invocadas por Machado, tributárias do determinismo evolucionista de seu tempo, a primeira pode parecer verdadeira, já que mais de um século depois dessas palavras o romance de análise ainda é uma raridade na literatura brasileira. Mas tendo sido justamente ele quem deu à literatura brasileira, num momento subseqüente, o grande romance de análise que lhe faltava, a segunda razão (adolescência literária) se mostra inconsistente, tanto pelo fato do aparecimento de sua ficção naquele momento, quanto pelo fato de não se poder dizer que o romance brasileiro "evoluiu" ou "amadureceu" depois dele, ou comparado com ele. Excluídas essas injunções temporais do discurso machadiano, fica-nos como pertinente para nossas considerações o fato de sua argumentação implicar sempre o princípio de uma "alma interior" e de uma "alma exterior", sendo a primeira despojada, não da nacionalidade, mas das insígnias nacionalistas.

O nacionalismo cultural repousa sobre paradoxos. O primeiro consiste em desejar uma pureza originária e sem contaminações, quando toda e qualquer cultura se desenvolve no contato com outras culturas, em lentos e complexos processos de troca e assimilação. O segundo é que a afirmação nacionalista, visando mostrar ao mundo todo o seu valor (pois o nacionalismo tende a ser competitivo, da fanfarronice ufanista à xenofobia), acaba por reforçar o localismo, o provincianismo, até o fechamento ao mundo. O terceiro paradoxo (a ordem, aqui, é indiferente) consiste no desejo de uma identificação coletiva, quando a identidade tende sempre para o uno. Assim, o paradoxo de uma afirmação nacionalista inserida num projeto universalista prossegue sem solução, desde o Iluminismo.

No caso das culturas latino-americanas, os paradoxos se multiplicam, na medida em que estas são extensões exóticas das culturas colonizadoras. A adoção das línguas colonizadoras, o espanhol e o português, não foi, como no caso de certas colônias liberadas mais recentemente, a imposição da língua metropolitana em concorrência com antigas línguas locais coexistentes. Expressando-se, desde o século XVI, nas próprias línguas dos colonizadores, de há muito nossas culturas já se apropriaram dessas línguas, já as transformaram, enriquecendo-as com novos vocábulos e novas entonações. Nessas línguas, foram constituídas várias e seculares literaturas nacionais, continuadoras e independentes das metropolitanas. Assim, a instauração da identidade latino-americana vê-se impedida de seguir o rígido esquema de Hegel, que implica, no terceiro e sintético passo, a eliminação da alteridade e o retorno ao Um. Excluir o elemento europeu seria eliminar um "corpo estranho" que é parte constitutiva de nós mesmos, parte, por assim dizer, mais íntima do que as que nos restam dos índios ou dos africanos, já que a língua, como se sabe, é formadora e formatadora de toda visão do mundo, e portanto de toda cultura.

Assim, o escritor latino-americano do século XIX e da primeira metade do XX, ao definir sua identidade cultural, está sempre às voltas com essa dialética intrincada que consiste em se confrontar com uma alteridade européia que ao mesmo tempo o exclui e implica. No que se refere à tradição literária, o problema consiste em apropriar-se da tradição européia e trabalhar, ao mesmo tempo, na consolidação de uma tradição nacional incipiente mas já independente. Tanto Machado de Assis como Borges se preocupam com essa questão, e sabem que o nacionalismo é necessário para a formação de tradições nacionais que possam ser, num segundo momento, inseridas num contexto universal.

As contradições do nacionalismo latino-americano não escaparam a Machado de Assis e a Borges, escritores irônicos e mestres no trato de paradoxos e aporias. Comentando as censuras dos nacionalistas aos poetas brasileiros do século XVIII, considerados demasiadamente lusitanos, o romancista brasileiro pondera:

> Não me parece, todavia, justa a censura a nossos poetas coloniais, iscados daquele mal [o "mau gosto" arcádico]; nem igualmente justa a de não haverem trabalhado para a independência literária, quando a independência política jazia ainda no ventre do futuro, e mais que tudo, quando entre a metrópole e a colônia criara a História a homogeneidade das tradições, dos costumes e da educação.

O próprio Gonçalves Dias, exemplifica ele, conhecido como o poeta dos índios, tendo feito seus estudos em Portugal, compôs as *Sextilhas de frei Antão*, lusitanas tanto pelo assunto quanto pelo estilo arcaizante, obra que, ao ver de Machado, é tão importante quanto *Os timbiras*.

A mesma ilusão de uma criação edênica, ou de uma geração espontânea da cultura argentina, é recusada por Borges:

> *Llego a una tercera opinión que he leído hace poco sobre los escritores argentinos y la tradición, y que me há asombrado mucho. Viene a decir que nosotros, los argentinos, estamos desvinculados del pasado; que ha habido como una solución de continuidad entre nosotros y Europa. Según este singular parecer, los argentinos estamos como en los prime-*

ros días de la creación; el hecho de buscar temas y procedimientos europeos es una ilusión, un error; debemos comprender que estamos esencialmente solos, y que no podemos jugar a ser europeos. Esta opinión me parece infundada.

O paradoxo maior, que Machado de Assis não aponta, ou por não lhe ter ocorrido, ou por não desejar dar a seu artigo um tom mais polêmico, consiste no fato de que a própria temática indianista, com seus enfeites de cor local, foi incentivada no Brasil pelos franceses Ferdinand Denis e Eugène de Monglave, que aconselharam nossos poetas e romancistas a seguir os caminhos abertos por Chateaubriand em *Atala*. O nacionalismo literário ele mesmo é uma criação romântica européia. Paradoxo que não escapa a Borges, e que ele, com um humor feroz e irrespondível, aponta num dos momentos mais felizes (e por isso dos mais freqüentemente citados) de seu ensaio: "*El culto argentino del color local es un reciente culto europeo que los nacionalistas deberían rechazar por foráneo*".

Os ensaios de ambos os escritores contêm considerações acerca da língua. As de Machado de Assis são bastante convencionais. Lamentando que "entre os muitos méritos de nossos livros nem sempre figur[e] o da pureza da linguagem", o futuro fundador da Academia Brasileira de Letras condena os "solecismos" e a "excessiva influência da Língua Francesa". O escritor admite as inovações, contanto que essas "alterações da linguagem" se efetuem com cautela, ao longo do tempo e impondo limites à influência popular. Para os leitores de hoje, não é este o trecho mais interessante de seu ensaio. Mas a posição conservadora do escritor com relação à língua é perfeitamente conforme à sua prática da mesma, ao seu estilo sintético, incisivo, gracioso, rico em subentendidos, em suma, um estilo perfeitamente clássico.

As inovações de Machado de Assis estão em sua forma de narrar, no seu trato com o leitor, no cultivo moderno das ambigüidades e do sentido suspenso, e não na invenção verbal propriamente dita. Como em Borges, diríamos. A questão da língua também foi longamente refletida pelo escritor argentino que, segundo Jorge Panesi:

"[Borges] *siente su idioma español como un destino minusválido, como el tosco sedimento de una cultura cuyo élan literario se cierra, sin reabrirse, en las magnificencias verbales del siglo de oro; expansiones literarias de la lengua que son aceptadas para, immediatamente, ejercitar sobre ellas una crítica feroz*."[7]

Colocadas as posições dos dois escritores, que tinham algo ou muito de polêmico em suas respectivas circunstâncias, mas que hoje nos parecem esteadas em pontos pacíficos, podemos acrescentar outra consideração. As primeiras reflexões latino-americanas acerca da identidade cultural, no século XIX, se revelaram a partir da relação com a Europa. No século XX, essa reflexão se desenvolveu sobretudo em termos de mestiçagem cultural. O "nacionalismo mestiço" é outro, e maior, paradoxo. Pode haver identidade, como separação do Outro, num processo de mestiçagem?

Ora, no que concerne a nossos dois autores e seus notáveis ensaios, fica evidente o universalismo europeísta de ambos. Ser universal, para ambos, é sobretudo ser ocidental, o que é perfeitamente coerente com o fato de que a própria valorização do universalismo é um traço da cultura ocidental. Machado de Assis, embora mulato e pertencente a uma sociedade mestiça, era casado com uma portuguesa, fez uma carreira "de branco" e, sobretudo, viveu num momento histórico em que ainda não se levantava a questão do negro em termos de contributo cultural. Borges, numa sociedade predominantemente branca, reivindica uma identidade cultural múltipla, resultante de uma combinatória pessoal única e, em certa medida mítica, mas predominantemente européia.

O europeísmo dos dois escritores é assumido sem deixar de

93

ser problemático, não tanto porque os nacionalistas ferrenhos exijam deles uma identidade nacional mais exclusiva, mas principalmente porque eles sentem necessidade de elucidar essa questão. No ensaio já referido, Jorge Panesi sugere, com argúcia, que esse trânsito entre diversas culturas e nações está representado, na ficção borgesiana, pelas figuras obsessivas do traidor e do espião. O traidor, ameaça intrínseca à nação, tem entretanto uma função: "*El traidor genera alteraciones, es una marca de la mutabilidad que produce reacciones defensivas y puede consolidar los lazos del grupo*". A função do espião é ainda mais complexa:

> *El espía, ese traidor en potencia, ese foco de contaminación y de sentimientos ambiguos, por su parte, ilustra el drama de la nacionalidad: amante de su patria, está condenado a vivir en el anonimato y en la anomia que le impone el estranjero, tal como los individuos, no menos anónimos, vivem sujetos a los lazos de las comunidades imaginarias nacionales.*[8]

Na obra ficcional de Machado de Assis, também podemos encontrar a personagem que encarna as inquietações do nacionalismo: é a figura do diplomata, personificada no Conselheiro Aires (*Memorial de Aires*, 1908). O diplomata é aquele que representa a nação e que, ao mesmo tempo, vivendo fora dela, acaba por desnacionalizar-se. "Vi tudo por várias línguas", diz Aires. Transitando entre seu país e o estrangeiro, o diplomata vê o Brasil de dentro para fora e de fora para dentro. Sua "alma exterior" de *representante* da nação ameaça, paradoxalmente, sua "alma interior" nacional. Em *Memorial de Aires*, duas figuras de diplomatas encarnam as atitudes possíveis: Tristão, que adota a cidadania de um país europeu e abandona seu país, e Aires, que acaba por voltar "à [sua] terra, ao [seu] Catete, à [sua] língua", mas mantém uma visão distanciada de seu meio. "Alma interior" e "alma exterior" tornam-se nele indistintas, porque mescladas.

A tensão Brasil/exterior, que não é apenas a de uma personagem, mas emblematiza os dilemas da cultura brasileira, resolve-se textualmente num rico e irônico intertexto em que as referências literárias nacionais e estrangeiras se cruzam e têm sua significação alterada pelo contato e pela reciclagem. A questão do intertexto machadiano foi finamente analisada por Gilberto Pinheiro Passos. Esse crítico assim define a posição assumida no *Memorial de Aires*:

> Nem nacionalismo romântico, determinismo localista do realismo-naturalismo ou universalismo clássico, mas uma tensão dialética que discute e aprofunda a plasmação do nacional, isto é, repropõe o tema da *representação* do Brasil, fazendo-a complexa e aberta ao patrimônio haurido fora do país, sempre no intuito de refleti-lo de modo mais abrangente.[9]

Tal posição, conforme a que é expressa em "Instinto de nacionalidade", é assumida no texto ficcional pelo "uso do legado literário como contraposição aos ideais nacionalistas estreitos".[10]

Tanto Machado de Assis como Borges são demasiadamente lúcidos para aceitar a nacionalidade como uma essência ontológica. Perfilado por detrás da persona do Conselheiro Aires, tão finório quanto este, o romancista brasileiro encara o problema com ironia, lançando mão daquilo que Pinheiro Passos chama de "uma poética diplomática". A questão da nacionalidade permanece sem solução definitiva, porque esta é reconhecida como uma representação imaginária.

O ceticismo de Borges, explica o escritor logo no início de seu ensaio,

> *no se refiere a la dificuldad o imposibilidad de resolverlo, sino a la existencia misma del problema [...] más que de una verdadera dificuldad*

mental entiendo que se trata de una aparencia, de un simulacro, de un seudoproblema.

Ambos os escritores são finos cultores da ironia, justamente aquela que falta aos nacionalistas; uma falta de ironia decorrente de sua incapacidade de distanciamento e de seu apego a uma mitologia metafísica que conduz à guerra, ou simplesmente ao ridículo. A ironia, diz Terry Eagleton, deveria impor-se em qualquer reflexão acerca do nacionalismo, na medida em que este depende da existência do oponente estrangeiro: "Todas as políticas oposicionais [...] se movem sob o signo da ironia, reconhecendo-se como inelutavelmente parasitárias de seus antagonistas". Difícil de cultivar no terreno político, a ironia encontra um campo de ação privilegiado na literatura. É o que Eagleton exemplifica com a obra de Joyce. *Ulysses* é caracterizado como "uma solução estética para contradições históricas". Segundo ele, "a contribuição de Joyce à Irlanda foi a de inscrevê-la no mapa cosmopolita". Em *Finnegans Wake*, Joyce vai ainda mais longe, confundindo anarquicamente todas as identidades. Entretanto, observa Eagleton, "de qualquer maneira, a mediação dialética é rompida: o imediato e o universal estão ambos tão comicamente próximos que não podem ser separados".[11]

Como o escritor irlandês, e cada um à sua maneira, Machado de Assis e Borges encenaram ironicamente, em suas obras ficcionais, o inextricável paradoxo do nacionalismo. Enquanto os escritores menores cedem ao provincianismo ou, inversamente, à imitação e à influência, os maiores tecem um intertexto irônico, em que os elementos estrangeiros e os locais produzem uma combinatória inédita, que engrandece tanto a literatura nacional como a internacional.

5. Castro Alves e o aplicativo Victor Hugo*

É conhecida e indiscutível a influência exercida por Victor Hugo sobre Castro Alves. Nosso poeta admirava Hugo mais do que qualquer outro poeta romântico francês. Traduziu-o, glosou-o, louvou-o: "Velho Hugo — Mestre do mundo! Sol da eternidade!". Meu objetivo, aqui, é examinar um fenômeno intertextual que tem sido menos observado e que consiste na assimilação dos textos de um grande poeta, pertencente a uma literatura hegemônica, por outro, mais jovem e pertencente a uma literatura ainda emergente. Trata-se, para o segundo poeta, de uma educação escritural, de uma impregnação que vai além da influência, se considerarmos a influência apenas como a imitação tópica de temas e procedimentos poéticos, que se encontra nos poetas menores.

Castro Alves introjetou de tal maneira a inspiração e o enge-

*Conferência pronunciada no evento "Perspectivas da literatura francesa: 200 anos de Victor Hugo", na Faculdade de Filosofia, Letras e Ciências Humanas da Universidade de São Paulo, em maio de 2002.

nho do poeta francês que este passou a funcionar como um "aplicativo", um software, munido do qual o poeta brasileiro produziu muitos de seus textos. Assim, Victor Hugo não é simplesmente copiado por Castro Alves. Não é um modelo formal que ele repete. É um modo de sentir e de expressar que transforma, e às vezes *prefigura*, os procedimentos hugoanos. É o que pretendo demonstrar com alguns exemplos.

INFLUÊNCIA

Muitos poemas de Castro Alves têm clara influência hugoana: a temática social, a grandiloqüência, a enunciação de tribuno, o gosto pela palavra retumbante, pelos topônimos, o uso insistente das antíteses. São essas algumas das características da poesia condoreira, de filiação hugoana. O que a crítica tem apontado menos é que a filiação hugoana também é verificável na poesia lírico-amorosa de Castro Alves.

O poeta brasileiro nunca negou essa dívida. O poema "Murmúrios da tarde", por exemplo, leva esta nota: "Creio ter visto nas *Orientais* ou algures uma imagem semelhante". Trata-se dos versos:

Do céu azul na profundeza escura
Brilhava a estrela, como um fruto louro,
E qual a foice, que no chão fulgura,
Mostrava a lua o semicirc'lo d'ouro,
Do céu azul na profundeza escura.

Reminiscência evidente da imagem famosa de "Booz endormi", de *La légende des siècles* (1859):

Quel dieu, quel moissonneur de l'éternel été
Avait, en s'en allant, négligemment jeté
Cette faucille d'or dans le champ des étoiles.

Alguns poemas de Castro Alves são verdadeiras reescrituras de poemas de Hugo, como "A Boa Vista", que além de ter o mesmo tema de "Tristesse d'Olympio" (*Les rayons et les ombres*, 1840), reproduz algumas imagens deste último. A ligação está indicada numa versão em que ele incluiu, em epígrafe, alguns versos do poema hugoano. O tema é a volta do poeta, solitário e triste, ao lugar onde, no passado, foi feliz. Vejam-se alguns exemplos de reescritura:

Les champs n'étaient point noirs, les cieux n'étaient pas mornes;
Non, le jour rayonnait dans un azur sans bornes
Sur la terre étendu [...]
Pâle, il marchait. — Au bruit de son pas grave et sombre,
Il voyait à chaque arbre, hélas! Se dresser l'ombre
Des jours qui ne sont plus!

Era uma tarde triste mas límpida e suave...
Eu — pálido poeta — seguia triste e grave
A estrada que conduz ao campo solitário,
Como um filho, que volta ao paternal sacrário.

L'air joue avec la branche au moment où je pleure;
Ma maison me regarde et ne me connaît plus.

É nisto que tu cismas, ó torre abandonada,
Vendo deserto o parque e solitária a estrada.
No entanto eu — estrangeiro, que tu já não conheces —
No limiar de joelhos só tenho pranto e preces.

Nesse poema, o poeta baiano está tão impregnado do poeta francês que poderíamos dizer que ele se toma, literalmente, por Hugo. Não apenas dá à fazenda Boa Vista uma feição de ruína européia — "Longe o feudal castelo levanta a antiga torre" — mas atribui a si as grandiosas vivências históricas de Hugo — "Ai! Minha triste fronte, onde as multidões/ Lançaram misturadas glórias e maldições" — o que é um pouco exagerado para o contexto brasileiro e a curta biografia de nosso poeta. O que não impede "A Boa Vista" de ser um dos seus mais belos poemas, pela competência com que ele reformula os versos hugoanos:

> *Que peu de temps suffit pour changer toutes choses!*
> *Nature au front serein, comme vous oubliez!*

> Como tudo mudou-se!... O jardim 'stá inculto
> As roseiras morreram do vento ao rijo insulto...

> *Les feuilles qui gisaient dans le bois solitaire,*
> *S'efforçant sous ses pas de s'élever de terre,*
> *Couraient dans le jardin;*
> *Ainsi, parfois, quand l'âme est triste, nos pensées*
> *S'envolent un moment sur leurs ailes blessées,*
> *Puis retombent soudain.*

> Aqui... além... mais longe... por onde eu movo o passo,
> Como aves, que espantadas arrojam-se no espaço,
> Saudades e lembranças s'erguendo — bando alado —
> Roçam por mim as asas voando p'ra o passado.

O primeiro livro de Hugo, *Les Orientales* (1829), deixou fundas marcas no poeta baiano. Alguns de seus poemas são quase traduções livres de Hugo, como "O hóspede", que retoma a mesma situação dialógica de "Adieux de l'hôtesse arabe", no qual uma mulher se dirige ao hóspede que vai partir, lamentando a perda de seu amor. Da mesma forma, "Sara la baigneuse" e "La captive" ajudaram a moldar a imagem da "Hebréia" de Castro Alves. Na mesma postura em que o protagonista do primeiro poema se esconde, esperando Sara sair nua das águas, o poeta brasileiro, "no salgueiro oculto", deseja fitar a hebréia saindo do banho. E como a personagem de "La captive", que à noite fica sentada, sonhadora, "*l'oeil sur la mer profonde*", a hebréia de Castro Alves contempla melancolicamente o mar: "Por que descoras, quando a tarde esquiva/ Mira-se triste sobre o azul das vagas?". E, novamente, podemos observar o excelente uso que Castro Alves faz dessa e de outras imagens.

Em "Quem dá aos pobres empresta a Deus", ele repete, quase literalmente, imagens guerreiras de "Les chants du crépuscule" e de "L'enfant" (ambos de *Les Orientales*). Hugo: "*Et qui fit le berceau de qui lui fait sa tombe*"; "*Cette époque em travail, fossoyeur ou nourrice/ Qui prépare une crèche ou qui creuse un tombeau*". Castro Alves: "O berço é a barca que encalhou na vida/ A cova — é a barca do sidéreo porto". Hugo: "*Ami, dit l'enfant grec, dit l'enfant aux yeux bleus/ Je veux de la poudre et des balles*". Castro Alves: "Ai! Quantas vezes a criança loura/ Seu pai procura, pequenina e nua/ E vai, brincando co'o vetusto sabre,/ Sentar-se à espera no portal da rua".

Nos poemas marítimos, também as reminiscências de Hugo são numerosas. Essas reminiscências são difusas, isto é, assimiladas. Hugo: "*La mer! Partout la mer! Des flots, des flots encor./ L'oiseau fatigue en vain son inégal essor*" ("Le feu du ciel"). Castro Alves: "A pomba da aliança o vôo espraia/ Na superfície azul do mar imenso" ("Dedicatória"). Hugo: "*Mais um cercle d'airain ferme au loin l'horizon*" (idem). Castro Alves: "Medindo a curva do horizonte extenso [...] um disco se avista ao longe, a praia" (idem). Hugo: "*La mer semble un troupeau secouant sa toison*" (idem). Castro Alves: "O seu rebanho de vagas/ Vai o mar apascentar" ("O livro e a América"). O início de "O navio negreiro" contém imagens análogas.

Os exemplos poderiam multiplicar-se, mas detenho-me nestes, porque a influência, no caso, é consensual para os críticos e assumida pelo poeta brasileiro.

ACLIMATAÇÃO

Victor Hugo é freqüentemente "aclimatado" por Castro Alves — para usar a expressão utilizada por Glória Carneiro do Amaral ao falar dos baudelairianos brasileiros.[1] Entende-se por aclimatação a contextualização e a inflexão brasileira dada a temas e imagens européias.

Em Castro Alves, não apenas a paisagem brasileira é admiravelmente descrita, como sobretudo a mulher brasileira faz *pendant* às beldades louras e alvas dos românticos franceses, contrastando com estas por sua maior sensualidade. A mulher louvada por Castro Alves é quase sempre morena, tem os olhos "negros, negros, como as noites sem luar", e os amores com essas mulheres são muito mais sexualizados do que os amores dos românticos franceses, Hugo inclusive.

Veja-se este exemplo de aclimatação. Hugo, "Lazzara" (1829):

Comme elle court, la jeune fille! [...]
Elle est jeune et rieuse, et chante sa chanson.
Et, pieds nus, près du lac, de buisson en buisson,
Poursuit les vertes demoiselles.
Elle lève sa robe et passe les ruisseaux.
Elle va, court, s'arrête, et vole, et les oiseaux
Pour ses pieds donneraient leurs ailes.

Castro Alves, "Maria" (1870, publ. 1876):

Onde vais de tardezinha,
Mucama tão bonitinha,
Morena flor do sertão?
A grama um beijo te furta
Por baixo da saia curta,
Que a perna te esconde em vão...
Mimosa flor das escravas!
O bando de rolas bravas
Voou com medo de ti!

Mas os melhores resultados da adaptação dos temas hugoanos ao contexto brasileiro se encontram na poesia condoreira de Castro Alves. Ao transformar a águia em condor, as montanhas européias em Andes, e ao transpor os temas hugoanos referentes à situação política da França aos temas sociais brasileiros, longe de ser um imitador, o então juveníssimo poeta soube usar o "dispositivo" Victor Hugo em prol das causas locais. Com a veemência aprendida nos *Châtiments*, obra em que Hugo imprecava contra o ditador Napoleão III e exortava os franceses à revolta, Castro Alves defendeu a causa republicana e conclamou os brasileiros à luta contra a escravidão. Os dons oratórios de nosso poeta não eram, como se diz, apenas "naturais", mas foram cultivados pela leitura intensa e precoce de Hugo, assim como pelos ensinamentos de Abílio Borges, professor também de Rui Barbosa e formador da "oratória baiana". Mais do que a simples transposição de uma temática da Liberdade, da Revolução e do Progresso, a eficácia política dos textos de Castro Alves se devia a procedimentos retóricos como a enumeração, a antítese, a alegoria, a exclamação, a apóstrofe, a prosopografia, a cominação, a imprecação, aprendidas com Hugo e "aclimatadas" à situação brasileira.

CONFLUÊNCIA

Mais curioso do que o fenômeno da influência é o fenômeno da confluência, que pode ser definido como uma semelhança que não tem a anterioridade temporal como prova. Tendo Victor Hugo vivido muito mais e muito além de Castro Alves (aquele faleceu em 1885, com 83 anos, e este em 1871, com 24 anos), algumas vezes encontramos coincidências em versos de Castro Alves que são *anteriores* aos de Victor Hugo. Assim, "Quem dá aos pobres empresta a Deus", escrito por Castro Alves em 1867, tem não apenas ecos de poemas anteriores de Hugo (o próprio título remete a um verso de Hugo, "*Qui donne au pauvre, prête a Dieu*", em "Pour les pauvres", publicado em 1831), mas também outras imagens semelhantes às do poema "Nos morts", escrito por Hugo em 1870, e que o poeta brasileiro não deve ter tido a oportunidade de ler. Trata-se de imagens de mortos e de ossadas em campos de batalha, no caso de Hugo, referentes à Guerra Franco-Prussiana, no caso de Castro Alves referentes à Guerra do Paraguai.

Da mesma forma, "Aves de arribação", de 1870, tem imagens semelhantes às de "Cantique de Bethphagé", escrito por Hugo em 1886, quinze anos após a morte do poeta brasileiro:

L'eau coule, le ciel est clair [...]
Les agneaux sont dans la prairie.
Le vent passe et le dit: "*Ton souffle est embaumé!*"

E o riacho a sonhar nas canas bravas.
E o vento a s'embalar nas trepadeiras. [...]
No entanto Ela desperta... num sorriso
Ensaia um beijo que perfuma a brisa...

104

Tour à tour sur sa tête on peut voir
L'étoile du matin et l'étoile du soir.

E sobre a fronte d'Ela por diadema
Nascia ao longe a estrela vespertina.

Se o poema do brasileiro fosse posterior ao do francês, diríamos que houve uma aclimatação: a substituição da paisagem estrangeira pela paisagem brasileira. Mas, aqui, a aclimatação é prévia, resultante da aplicação do software "idílio à la Hugo" ao contexto brasileiro.

Como explicar essas coincidências prévias? A explicação está no fato de o estilo romântico em geral, e o estilo Hugo, em particular, funcionar como um programa. Por um lado, o velho Hugo produz, como variantes, imagens análogas às da sua juventude, e por outro, Castro Alves incorporou de tal forma o estilo Hugo que é capaz de produzir, *avant la lettre*, imagens hugoanas.

Portanto, antes de dizer que Castro Alves é apenas um epígono de Hugo, devemos considerar as diversas conseqüências que podem advir quando um poeta jovem introjeta outro, dotado da autoridade que lhe foi conferida por sua cultura, sua longevidade e seu prestígio mundial.

Primeiramente, é preciso lembrar que essa incorporação ocorre, não somente nos poetas de uma cultura "periférica", mas também dentro da mesma cultura hegemônica. À sua maneira, Baudelaire, Rimbaud e Mallarmé também assimilaram a existência prévia de Hugo. Assim como Hugo havia assimilado Byron e outros. Além disso, por detrás dos poemas análogos, existe freqüentemente uma fonte comum, mais antiga do que ambos. Certos temas e subgêneros fazem parte do *tesauro* da cultura.

Exemplifiquemos com os poemas, já citados, de Castro Alves. "Quem dá aos pobres empresta a Deus", antes de ser um verso de Hugo, é um antigo provérbio latino: "*Foeneratur Domino qui miseratur pauperis*". E tanto "Cantique de Bethphagé" como "Aves de arribação" são epitalâmios, cânticos nupciais de louvação dos amantes, que têm como ilustre antepassado o "Cântico dos cânticos". Certos versos de Hugo são simples transposição de trechos do poema bíblico. "*Quel est celui qui vient par le frais chemin vert?*" ou: "*Les agneaux sont dans la prairie*" são reproduções *ipsis litteris* de fragmentos do poema de Salomão. Quem pensaria em acusar Hugo de estar "plagiando" o "Cântico dos cânticos"?

Comprova-se assim, uma vez mais, que a literatura nasce da literatura, constituindo uma tradição, de modo que a busca das fontes primeiras (infinitamente recuadas) interessa menos do que o estudo da intertextualidade, isto é, do modo como cada poeta reinterpreta e renova essa tradição. A "angústia da influência" incomoda mais os nacionalistas das culturas mais jovens do que os poetas e críticos das culturas consolidadas. Como disse T. S. Eliot: "Os poetas imaturos imitam, os poetas maduros roubam; maus poetas desfiguram o que tomam, e bons poetas o transformam em algo melhor, ou pelo menos em algo diferente" (*The sacred wood*).

O que interessa são os resultados estéticos da retomada e da reinterpretação da tradição. Diferentemente dos poetas menores, que copiam mal e repetem de modo canhestro os achados dos maiores, as "reescrituras" de Castro Alves suportam o cotejo com os poemas hugoanos, porque a emulação, em seu caso, produz efeitos de grande qualidade poética. Não se trata de equipará-lo a poetas como Baudelaire, Rimbaud ou Mallarmé, os quais renovaram de tal forma o legado hugoano que este fica, em seus poemas, quase invisível. Mas trata-se de reconhecer que Castro Alves fez um uso bastante respeitável desse legado.

Como autêntico e talentoso poeta que era, ele não se limitou a copiar Victor Hugo. Machado de Assis disse a seu respeito:

O mal da nossa poesia contemporânea é ser copista — no dizer, nas idéias e nas imagens. Copiá-las é anular-se. A musa do Sr. Castro Alves tem feição própria. Se se adivinha que sua escola é a de Victor Hugo, não é porque o copie servilmente, mas porque uma índole irmã levou-o a preferir o poeta das *Orientais* ao poeta das *Meditações* [...] Como o poeta que tomou por mestre, o Sr. Castro Alves canta simultaneamente o que é grande e o que é delicado, mas com igual inspiração e método idêntico: a pompa das figuras, a sonoridade do vocábulo, uma forma esculpida com arte, sentindo-se por baixo desses lavores o estro, a espontaneidade, o ímpeto. Não é raro andarem separadas estas duas qualidades da poesia: a forma e o estro. Os verdadeiros poetas são os que as têm ambas. Vê-se que o Sr. Castro Alves as possui.[2]

Como tantas outras vezes, Machado estava certo.

6. A Torre Eiffel Sideral*

Nos anos 50 do século passado, um vizinho nosso do bairro de Higienópolis, senhor de meia-idade, casado, sem filhos e aparentemente acomodado, costumava dizer: "Quando eu me pilhar em Paris!...". Essa frase, que fazia sorrir meus pais, me intrigava, tanto pelo que ela deixava imaginar sem definir, quanto pelo verbo "pilhar" na forma passiva, pois esse verbo só me sugeria "ser pilhado" em situação irregular, talvez criminosa. Certifiquei-me, mais tarde, no Aurélio, de que, além de estar ligado a ações fraudulentas, "pilhar-se" também queria dizer, mais inocentemente: "conseguir encontrar-se (em certo lugar, estado ou condição)". O que sonharia aquele senhor, de que nunca mais tivemos notícias? Apenas ir a Paris, ou ali entregar-se às suas supostas festas e orgias? Teria conseguido, algum dia, "pilhar-se em Paris"? De qualquer modo, vejo hoje que seu desejo de Paris era, naquele momento, um dos últimos resquícios de um imagi-

---

*Comunicação apresentada no colóquio internacional "Blaise Cendrars", na FFLCH-USP, de 4 a 7 de agosto de 1997. Redigida posteriormente.

nário que afetava toda a burguesia paulista desde o início do século XX.

Uma das descrições mais completas desse fascínio do brasileiro por Paris se encontra na narrativa "A Torre Eiffel Sideral", de Blaise Cendrars.[1] Nesse texto, Cendrars reúne, de forma fantasiosa, algumas lembranças de suas viagens ao Brasil. Narra, entre outras coisas, uma excursão à fazenda Morro Azul, situada no interior de São Paulo, perto de uma cidade chamada por ele de Glaréola, nome inventado para substituir o da cidade real, Limeira. Em 1924, Cendrars esteve de fato na fazenda Morro Azul, pertencente a Luiz Bueno de Miranda (1869-1948). O nome da fazenda é verdadeiro, mas a descrição da mesma é fictícia, assim como a caracterização de seu proprietário, composta de traços de vários brasileiros que Cendrars conheceu. Trata-se, pois, de uma excursão ao mesmo tempo real e imaginária, construída a partir de lembranças e devaneios. Embora não possa, por isso, ser tomada como um documento histórico-sociológico sobre o Brasil e os brasileiros daquele momento, a narrativa de Cendrars fixa, de modo exemplar, a imagem que se tinha da França naquele momento.

O fazendeiro Oswaldo Padrosa[2] é um fanático pela França, o que explicita em sua fala subserviente, ao acolher o viajante:

Sinto-me glorioso de fazer-lhe as honras [de meu palácio], julgando que o senhor é duplamente digno dele, *primo*, como poeta e, *secundo*, como francês. Adoro a França, Senhor Cendrars, e nunca antes um francês veio a Morro Azul, o senhor é o primeiro. Como lhe agradecer? Este palácio é seu. Esteja como em sua casa. Disponha, disponha. Mas Caio, que é um dissimulado e um intrigante, não me tinha dito que o senhor é um mutilado de guerra.[3] Senhor Cendrars, a honra é grande demais para mim. Sucumbo. Sufoco. Sinto-me mal. Desculpe-me. Permita-me ir tomar um pouco de ar. [...] Sua presença me perturba. Não sei mais o que faço, o que digo. É tão inesperado! Um francês em minha casa... Um herói de Verdun... Dia para sempre memorável... (p. 436)

Palavras a que fazem eco paródico as do mordomo negro: "Eu também adoro a França. Batizei minha filha com o nome de Joffrinette, minha mulher queria chamá-la de Batalha-da-Marne, mas preferi o nome do grande general que salvou Paris" (p. 437). E Padrosa resumirá, mais tarde: "A França. Paris. A Torre Eiffel. Sarah Bernhardt. Uma mulher única. Um monumento luminoso. Uma cidade, a Cidade Luz, a capital do mundo. Um país, a pátria da Fraternidade Humana. Não se esqueça de que não sou cristão, sou positivista. E meu mestre Auguste France era também francês" (p. 464). O fazendeiro, que nunca esteve em Paris, reconhece que sua visão da França é imaginária:

> O conhecimento ideal que tenho de tudo isso é feito de nostalgia e dos detalhes crus colhidos à esquerda e à direita, vertiginosamente verdadeiros e irreais ou surreais como tudo o que nos vem da imaginação ou da leitura, ou por abstração, dedução, estudo, cotejos, poesia de um mapa da França afixado na parede de meu escritório, devaneios diante de um mapa de Paris ou folheando um panorama, ou um álbum de fotografias, ou de cartões-postais mostrando a cidade e os nus das atrizes célebres que encomendo a uma agência clandestina dos Grandes Bulevares. (p. 465)

O escritório de Padrosa é um mostruário de sua cultura superficial:

> Um monte de papéis se espalhava por todos os cantos e uma estante pouco firme continha todos os números da *Revue des Deux Mondes*, do primeiro ao mais recente, ainda fechado por uma cinta. Eu não descobria nenhum livro, em parte alguma. Nas paredes, esta-

vam penduradas uma foto ampliada de Auguste Comte, outra de Victor Hugo e uma terceira de Edmond Rostand, as três emolduradas em ébano. A de Victor Hugo estava um pouco torta. (p. 476)

Carregada de ironia, a descrição de Cendrars corresponde bem à "cultura francesa" comum aos burgueses brasileiros da época, "pouco firme" [branlante], como a estante, "um pouco torta" [un peu de travers], como o retrato de Victor Hugo. A admiração de Padrosa pela França encontra, na narrativa de Cendrars, sua manifestação mais notável na "descoberta astronômica" feita pelo fazendeiro, a de uma nova constelação intitulada Torre Eiffel Sideral ou, numa versão cabocla e capenga, a Mâa Eiffel [Mãe Eiffel] (p. 445).[4] Padrosa revela ao visitante sua descoberta, e a mostra, brilhando entre as folhas das palmeiras imperiais, que "atrapalham" a visão:

O senhor vê, ali, naquele emaranhado agitado de palmas que ventilam, há como que uma abertura, uma lucarna em forma de triângulo, um vidro que dá para o céu,... ali, o senhor pode contá-las, há quatro grandes estrelas que marcam os pilares da Torre Eiffel, depois um pouco acima, três estrelas que marcam a primeira plataforma da Torre Eiffel, depois mais duas, bem acima, um pouco menos brilhantes, que marcam a segunda plataforma e, no topo, a boa distância, aquela bela estrela luminosa mas sujeita a eclipse, o farol da Torre Eiffel, toda a pirâmide levemente inclinada sobre nós. (p. 472)

O narrador Cendrars não confirma ter visto a constelação; passa a outro capítulo e a outros assuntos.

Como a constelação foi "descoberta" na noite de 6 a 7 de setembro de 1914, quando a França se encontrava ameaçada e o resultado da guerra, incerto, Padrosa atribui sua visão a um sinal mágico de vitória. E todo o seu empenho, tristemente malogrado, consiste em fazer com que o Institut de France reconheça a descoberta. O Institut não responde a suas cartas e quando o viajante, mais tarde, a ela se refere em Paris, todos caçoam dele, nenhum jornal se dispõe a publicar a foto que lhe deu Padrosa, e um membro do Institut lhe diz: "O que o senhor conta de seu amigo brasileiro é tocante mas, permita-me dizê-lo, trata-se de um iluminado. Nossos arquivos estão cheios de relatórios de loucos" (p. 490).

A Torre Eiffel Sideral é a mais bela imagem, encontrada por Cendrars, para exprimir o fascínio dos brasileiros por Paris. A narrativa de Cendrars tem por subtítulo "Rapsódia da noite", e toda ela se passa na escuridão. A floresta brasileira é escura, assim como outros lugares do mundo em que o viajante lembra ter estado, principalmente nas trincheiras da guerra.[5] Há várias referências, na narrativa, ao Saco de Carvão, "nuvem de matéria cósmica escura, situada na proximidade do Cruzeiro do Sul e que se apresenta como uma mancha negra no céu".[6]

Nesse fundo escuro da narrativa, destacam-se luzes. A luz é, nela, um tema recorrente. Quando o viajante chega a Glaréola, à noitinha, a cidade acabava de receber, pela primeira vez, a eletricidade. "*A luz! a luz!*" [em português no texto], gritam as pessoas enquanto o viajante avança em seu automóvel Alfa-Romeo, que é ele mesmo um bólido de luz:

> [...] um torpedo de grande turismo, pontudo na frente e atrás, conversível, com uma lâmpada azul no painel, faróis de sinalização vermelhos e um sinal *Stop!* nos números, uma placa da França luminosa, faróis com raios alternativamente brancos ou alaranjados, um projetor móvel que eu fazia dar voltas e que lançava horizontalmente um cone ofuscante e que varria até longe, diante do carro. (p. 303)[7]

Os habitantes locais o aclamam, como se ele fosse "o gênio da festa". Note-se que o carro leva, em suas luzes, as cores da bandeira francesa.

A paixão de Padrosa pela França se personifica na pessoa de Sarah Bernhardt, de cuja visita ao Brasil, em 1909, ele se lembra. O relato do encontro de Padrosa com Sarah Bernhardt, que Claude Leroy considera um acréscimo na narrativa, parece ser uma mistura de um episódio protagonizado por um tio de Oswald de Andrade, quando a atriz veio ao Brasil, com o malogrado encontro de Oswald com Isadora Duncan, em 1916.[8] Oswald conta que, tendo sido recebido pela bailarina após o espetáculo, na "Rotisserie Sportman", "estonteado", "desarticulado", não tem "a imoral coragem de beneficiar-se do convite", comete uma rata e fracassa: "Vão comigo as taras da negatividade e do fracasso", diz ele.[9] Padroso, recebido por Sarah Bernhardt em iguais circunstâncias, "paralisado de emoção" é "acometido de frigidez" (*Le lotissement du ciel*, p. 456). Teria Oswald contado a Cendrars a aventura do tio com Sarah Bernhardt, e sua própria desventura com Isadora Duncan?

Os episódios daquela visita triunfal, narrados por Padrosa, ocorrem à noite e são pontuados de luzes. Depois do espetáculo, a "estrela" é carregada e seguida por jovens levando tochas, e em seguida recebe Padrosa no "salão iluminado *a giorno*" da "Rôtisserie Française". O próprio narrador conheceu a atriz durante uma filmagem, e lembra-se dela obediente ao grito do diretor: "Luzes, ação!" (p. 448). Sarah Bernhardt, para Padrosa, é o "símbolo da França" (p. 470). França que é o país das Luzes, e cuja capital é a Cidade Luz.

E tudo se junta no ícone da Torre Eiffel, visto no céu tropical. A Torre Eiffel, como se sabe, depois de ter sido contestada e quase demolida, tornou-se um ícone de Paris e uma imagem cara aos artistas de vanguarda. Ela aparece, inclusive, em outras obras de Cendrars. O amigo de Cendrars, Robert Delaunay, referido no texto (p. 340), mantinha inicialmente seu ateliê escuro, para nele estudar os raios de luz, e acabou por abri-lo à plena luz, para pintar suas famosas Torres Eiffel.

O contraste luz e sombra tem também, como contraponto, a oposição étnica branco negro, constante obsessão do autor de *Anthologie nègre*. Padrosa é positivista, mas trata seus empregados negros como escravos. De fato, vários positivistas brasileiros do século XIX eram escravagistas, e Padrosa se parece com eles. A mentalidade escravagista, evidentemente desaprovada por Cendrars, é expressa pelo caboclo Chavin: "O negro é um feiticeiro. Deve-se desconfiar dele. Ele gosta de apanhar [...] É uma raça que não é desse mundo"(p. 480).

Ora, todas as luzes da narrativa de Cendrars se caracterizam por serem falsas. As luzes do carro são artificiais e deslocadas, na cidadezinha paulista. A Torre Eiffel Sideral é uma ilusão de ótica de Padrosa, que acaba por libertar-se de seu "encantamento", esquece sua *diva* e se casa com uma conterrânea: "Depois da derrota da França em junho de 1940 e o armistício de Pétain, o dr. Padrosa tinha perdido a confiança e não acreditava em mais nada"(p. 491).

A *diva*, aliás, era tão enganosa quanto a constelação. Primeiramente, por sua condição de atriz, profissão fingidora por natureza. Além disso, como simples ser humano promovido a *diva*. Afinal, Sarah Bernhardt era, na origem, uma singela jovem chamada Rosine Bernard. E o narrador Cendrars contrapõe, à visão magnificada de Padrosa, sua lembrança da atriz real. Tendo sido convidado, por Jean Cocteau, a vê-la no palco, envelhecida e amputada de uma perna, Cendrars se recusou: "Esse espetáculo teria sido horrível para mim" (p. 450). A *diva* teve um fim patético:

> Posso dar testemunho de que Sarah Bernhardt morreu no batente, em pleno trabalho, drogada, dopada, esporeada, chicoteada como uma égua que se destaca nitidamente na linha de frente, vai ganhar

a prova com uma passada segura, com mais uma e outra ainda, e cujo coração estoura a um passo da chegada, e que cai e morre... (pp. 448-9).

Cendrars e Padrosa, afinal, são semelhantes, como observa Claude Leroy: "No coração do Brasil, ele [Cendrars] não encontra um confrade desafortunado, mas seu duplo" (p. 19); "Um 'sonhador acordado' e 'um vigia noturno profissional' são feitos para se entenderem" (p. 388). O escritor, como a personagem, sofria de insônia. O escritor era um visionário, assim como Padrosa é "sublunar" (p. 437). Cendrars via o Brasil como uma "Utopialand"; Padroso via a França na figura de uma atriz e na miragem de uma falsa constelação. Segundo Colette Astier, "dois falsos valores, privilegiados entre os mais esnobes, e que ele tende a considerar como *as duas projeções espirituais da França*".[10]

As imagens que Padrosa tinha da França eram deformadas, mas não o eram menos as imagens que o "francês" guardou de sua viagem ao Brasil. As descrições que este faz da casa da fazenda e da natureza brasileira são fantasiosas: aquela, um palácio construído inteiramente em mármore cor-de-rosa; esta, infestada de cobras e aranhas, numa proporção nunca vista, e assombrada por um animal fantástico, o "bicho" (p. 443) etc. Assim, ambas as imagens são falsas, e é nesse mútuo engano que reside a graça da estória, revelando involuntariamente a verdade ideológica da relação França-Brasil naquele momento.

O mútuo engano começou pelo fato de Cendrars ter sido recebido no Brasil como poeta francês de vanguarda, quando ele era suíço e estava farto de Paris e das vanguardas. Na narrativa, em que ele figura com seu próprio nome, oferece de si mesmo uma imagem declaradamente postiça, construída para corresponder às expectativas brasileiras:

Como toda mulher exige de um francês no estrangeiro, eu queria seduzir por algo de particular na toalete, pela conversa, pela tagarelice, as fofocas de Paris, os ecos da moda, um pouco de impertinência ou de espírito, divertir e mesmo brilhar aos olhos da velha amante ou da louca empregada do Doutor. (p. 440)

Na verdade, o viajante-narrador tem uma visão negativa do Brasil e dos brasileiros. Impregnado da leitura do *Retrato do Brasil*, de Paulo Prado, Cendrars vê, na natureza e nos homens, uma grande melancolia, sinais de abandono e de decadência precoce. Com relação à natureza tropical, assim como ao deslumbramento de Padrosa pela França, ele é sarcástico: "Ah! que beleza e que tristeza! pois toda aquela macaqueação da Europa não fazia o menor sentido na vastidão do sertão" (p. 313). Sobre o palácio de Padrosa, diz ele: "Era bastante feio, nu, maciço, pesadão, sólido e, embora construído para a eternidade, não parecia terminado, faltava nele um não sei quê [...] Era rico e grosseiro" (p. 438). Com o passar do tempo, o viajante se aborrece na fazenda e se encontra com o fazendeiro o menos possível, "trocando palavras vagas" (p. 473). O único assunto que os liga eventualmente é o que se refere aos passarinhos.

Assim, as relações de Cendrars com o Brasil foram um "vasto mal-entendido", segundo reconheceu o escritor após a viagem.[11] O capítulo V, intitulado "O mundo é minha representação", tinha como título original, riscado no manuscrito: "O mundo é uma câmara escura",[12] e o capítulo X se intitula "A câmara escura da imaginação". É nessa câmara escura que nascem e vivem as imagens ilusórias das pessoas e das nações. O romance termina com a desistência de seus sonhos, por Padrosa:

Felicitei-me por esse fim prosaico, marcando para meu amigo o fim de uma grande hipnose, de um encantamento, sua libertação, mas eu não podia me impedir de considerá-la e senti-la como uma abdicação — humilhante para a Poesia. É a vida."[13] (pp. 491-2)

A Poesia, por intermédio de Oswald de Andrade, acolheu porém a aventura, num poema de *Pau Brasil*:

Morro Azul

Passarinhos
Na casa que ainda espera o Imperador
As antenas palmeiras escutam Buenos-Aires
Pelo telefone sem fios
Pedaços de céu nos campos
Ladrilhos no céu
O ar sem veneno
O fazendeiro na rede
E a Torre Eiffel noturna e sideral[14]

Afinal, talvez tenha sido melhor que aquele nosso vizinho de Higienópolis nunca tenha "se pilhado" em Paris. A Torre Eiffel Sideral de Padrosa era mais bonita do que seu modelo: "Venha, saia, vou mostrá-la ao senhor. É a hora em que ela brilha com um fulgor incomparável, com todos os seus fogos iluminados. O senhor me dirá se a Torre Eiffel de Paris é tão bonita?..." (p. 468).

7. Lautréamont e as margens americanas*

Em memória do grande crítico uruguaio
Emir Rodríguez Monegal, que também foi
um migrante.

Dos três poetas franceses nascidos no Uruguai,[1] Lautréamont (Isidore Ducasse) é aquele que manifesta mais claramente as marcas de uma dupla origem e uma dupla cultura. Esse aspecto dividido de sua personalidade e de sua obra foi entretanto negligenciado pela crítica, que durante longo tempo preferiu atribuir sua estranheza à loucura ou à impostura, em vez de encarar seriamente sua condição de migrante.

Ninguém ignora que Isidore Ducasse nasceu em Montevidéu. Como se poderia ignorar esse dado biográfico, se é um dos

---

*"Lautréamont sur les rives américaines", comunicação apresentada no colóquio "Encuentro entre dos culturas: Lautréamont y Laforgue", Montevidéu, outubro de 1992. Publicada em: Lisa Block de Behar, François Caradec; Daniel Lefort (Org.), La cuestión de los orígenes, Lautréamont & Laforgue, La quête des origines, Montevidéu: Academia Nacional de Letras, 1993, pp. 43-50.

poucos de que dispomos a respeito do poeta, e está declarado com todas as letras em sua própria obra, *Les chants de Maldoror* [*Os cantos de Maldoror*] (1868)? Mas o fato de que Ducasse tenha nascido no Uruguai, para a maior parte dos críticos, foi apenas um acidente. Ducasse teria sido uruguaio por acaso, e francês por inteiro. Quando o nascimento e a infância uruguaios de Ducasse eram lembrados, na maior parte das vezes essas circunstâncias eram consideradas como tendo deixado traços negativos na personalidade de Isidore. Montevidéu, para ele, não teria sido senão a experiência da orfandade materna e das crueldades da Guerra do Prata.

As primeiras pesquisas efetuadas pelos franceses, sobre as origens uruguaias de Ducasse, privilegiaram o exotismo. Respondendo à demanda do pitoresco, os irmãos Guillot-Muñoz, franco-uruguaios, forneceram aos surrealistas informações sob medida para alimentar o mito de um Lautréamont selvagem, maldito e finalmente inapreensível. Os testemunhos recolhidos pelos Guillot-Munõz, junto a franceses estabelecidos no Uruguai, ou uruguaios advertidos da demanda francesa de informação, abundam em cor local: cavalgadas nos pampas, touradas, rinhas de galos, encontros com feras, botas com esporas, cuia de mate etc.[2]

Ora, existem na obra de Lautréamont traços culturais e literários latino-americanos que ultrapassam o simples folclore. Em 1983, Emir Rodríguez Monegal e eu publicamos um estudo mostrando as marcas do bilingüismo e da dupla cultura na obra de Lautréamont-Ducasse.[3] Em 1977, Jacques Lefrère havia descoberto um volume da *Ilíada*, em espanhol, pertencente a Ducasse e portando uma inscrição manuscrita, igualmente em espanhol: "*Propriedad* [*sic*] *del señor Isidoro Ducasse, nacido en Montevideo* (*Uruguay*). *Tengo tambiem* [*sic*] *Arte de hablar del mismo autor. 14 de abril* [*sic*] *1863*".[4] Seguindo essas pistas, chegamos às seguintes conclusões: 1) a leitura de Homero em espanhol, na tradução fiel e crua de Gómez Hermosilla, deixou nos *Cantos de Maldoror* certas marcas que as traduções francesas edulcoradas, lidas pelos liceanos franceses da época, não poderiam ter deixado; 2) a extravagância das metáforas de Lautréamont pode ser explicada pelo conhecimento que Ducasse tinha do barroco espanhol, através das citações de Lope de Vega, Balbuena, Rioja e outros, que se encontram no manual *Arte de hablar*, de Gómez Hermosilla, referido na inscrição manuscrita; 3)que esse mesmo Hermosilla, como retórico neoclássico ditatorial, podia figurar entre os modelos parodiados nas *Poésies* de Ducasse; 4) que os erros de francês do escritor, ora negligenciados, ora censurados por seus críticos e editores, decorrem freqüentemente da contaminação da língua espanhola.

Monegal e eu podíamos ser suspeitos de um *parti-pris* americanista. Mas, recentemente, foi um crítico francês que, sem conhecer nosso trabalho, teve a coragem de encarar Ducasse como "um jovem poeta não verdadeiramente nosso" [*"un jeune poète pas vraiment de chez nous"*], como alguém que tinha "um olhar iconoclasta de estrangeiro" [*"un regard iconoclaste d'étranger"*].[5] E ele acrescenta:

> A estranheza de seus escritos remete menos à sua pretensa loucura do que à sua qualidade de apátrida rico, de deslocado [...] Ducasse permanece um *gaucho* de Maldonado, um 'rastaqüera' inspirado, literalmente um estrangeiro [*"L'étrangeté de ses écrits renvoie moins à sa prétendue folie qu'à sa qualité d'apatride aisé, de déplacé* [...] *Ducasse demeure un gaucho de Maldonado, un 'rastaquouère' inspiré, un étranger à la lettre"*].

Ouçamos, pois, deste lado do "Velho Oceano", as palavras de um Isidoro americano. Eu me proponho, sem ficar emocionada,[6] examinar sob esta luz austral a célebre passagem dos *Cantos de Maldoror*:

> O fim do século XIX verá seu poeta [...] Ele nasceu nas margens americanas, na embocadura do Prata, ali onde dois povos, outrora

rivais, esforçam-se atualmente em ultrapassar-se pelo progresso material e moral. Buenos Aires, a rainha do Sul, e Montevidéu, a coquete, estendem-se uma mão amiga, através das águas argênteas do grande estuário. Mas a guerra eterna plantou seu império destruidor nos campos e colhe, com alegria, numerosas vítimas.[7]

O que sempre interessou aos críticos, nesse trecho, é seu valor documental: a confirmação, na própria obra, de um fato biográfico. Mas ninguém se perguntou acerca do próprio gesto de Ducasse, de sua insistência em assinalar o lugar de seu nascimento, o mesmo gesto que se encontra na inscrição deixada no volume da *Ilíada*: "*nacido en Montevideo (Uruguay)*". Tendo escolhido, definitivamente, o francês como sua língua, tendo decidido ingressar na literatura como escritor francês, Isidore teria podido omitir esse acidente de nascimento. Mas ele insiste em assinalá-lo, assim como em outro trecho dos *Cantos de Maldoror*: "Não é o espírito de Deus que passa: é apenas o suspiro agudo da prostituição, unido aos gemidos graves do Montevideano".[8]

Ora, esse gesto é característico de autores que pertencem a uma comunidade minoritária, a um país ainda não reconhecido como tal, a uma cultura periférica. E a obra na qual esse autor registra sua origem é destinada, ela mesma, a provar que esse país existe e a ilustrá-lo por seu valor. É um gesto patriótico que encontramos em numerosos escritores latino-americanos do século XIX.

O nacionalismo romântico teve, na América Latina, uma ênfase maior do que a que recebeu na Europa. E isso é compreensível, já que o romantismo literário coincidiu, na América Latina, com as guerras de independência e o estabelecimento das fronteiras nacionais. Dos campos de batalha às tribunas, dos jornais aos livros, havia então uma intensa circulação de fórmulas patrióticas, de clichês que nos parecem, hoje, ingênuos ou excessivos, insossos ou grandiloquentes, mas que eram vivos e funcionais em seus contextos.

Que Lautréamont insira num lugar privilegiado de sua obra (o fim do Canto Primeiro) esse fragmento com referências geopolíticas é perfeitamente coerente com o clima em que se encontravam os escritores latino-americanos de seu tempo. E que as referências tomem logo a forma de uma alegoria, isso se deve à grande circulação de imagens patrióticas no Uruguai, naquele momento. A Guerra do Prata ou "grande guerra" (1838-53), contra a Argentina, produziu uma infinidade de discursos nos quais o que se punha em relevo era a tragédia de um conflito entre "países irmãos" e, finalmente, a alegria de os ver reconciliados.

Em 1853, os montevideanos assistiram à volta triunfal dos batalhões uruguaios. Os jornais estavam, então, cheios de discursos como este:

La bandera Oriental despedazada por balas que arrojaran manos argentinas! ... ¡Maldito tirano que asi torció em pueblos hermanos los generosos sentimientos que a entrambos animan! Pero el sol despedazado no pudo ser oscurecido, y lució más brillante al lado de la verdadera enseña de la patria de Belgrano y la auriverde generosa.[9]

Tendo crescido nesse banho discursivo, era natural que Isidore não o esquecesse, e que, no momento em que se afirma como *o* poeta do século XIX, ele queira associar o Uruguai à sua presumida grandeza pessoal. O fim do Canto Primeiro é portanto revelador do americanismo de Ducasse, não somente pelo que ele contém como informação, mas por sua própria enunciação. Por seu gesto patriótico e pela forma de seu discurso — mistura de figuras oratórias e clichês locais —, Isidore atesta sua origem.

Entretanto, há mais do que isso, naquele arroubo final do Canto Primeiro. Há muito tempo se desconfiava da influência de Homero nos *Cantos de Maldoror*.[10] A descoberta do volume da *Ilíada* em espanhol o confirmou, ao mesmo tempo que abriu novos caminhos à crítica. No momento do sítio de Montevidéu pelo tirano Rosas (durante o qual nasceu Isidore Ducasse), Alexandre Dumas publicou um livro em apoio aos sitiados: *Montevideo ou Une nouvelle Troie*.[11] Esse livro foi escrito em colaboração com o general uruguaio Melchor Pacheco y Obes e teve uma grande repercussão, sendo imediatamente traduzido em espanhol e em italiano. Num artigo de 1946, Enrique Pichon-Rivière sustenta que Isidore leu o livro de Dumas e Pacheco, e que essa leitura teria reforçado suas lembranças das atrocidades do sítio; essa opinião foi recolhida por François Caradec, em sua biografia de Ducasse.[12] De qualquer maneira, a semelhança dessa guerra entre "povos irmãos" com a guerra de Tróia não teria escapado ao jovem leitor de Homero. No início do quarto canto da *Ilíada*, assiste-se a uma deliberação dos deuses. Na tradução de Hermosilla, que Ducasse possuía, a dúvida dos deuses é quase transformada em augúrio: "[...] *que la guerra y la paz a los mortales distribuye a su arbitrio, en duradera amistad unirá las dos naciones*".

Buenos Aires e Montevidéu estendendo-se as mãos, na evocação de Lautréamont, realizariam esse voto e dariam um final feliz à nova guerra de Tróia. Mas a experiência de Ducasse, tanto na América como na Europa, foi a de um "guerra eterna". Nascido numa cidade sitiada (em 1846), ele morreria em outra cidade sitiada (Paris, em 1870). O que justifica, em suas *Poesias*, este grito terrível, por sua inesperada irrupção e por sua brevidade: "Esconde-te, guerra!" ["*Cache-toi, guerre!*"].

Naquele trecho dos *Cantos*, que agora retomarei, a Argentina e o Uruguai são caracterizados como "dois povos outrora rivais". A rivalidade é natural nos povos ribeirinhos. Vale lembrar a etimologia das duas palavras utilizadas por Lautréamont: "*rives*", de *ripa*, e "*rivaux*", de *rivalis*, isto é, ribeirinhos autorizados a usar o mesmo curso de água, *rivus*. Sabemos que os maiores conflitos ocorrem entre nações próximas, tanto nas culturas complexas como nas chamadas primitivas.

Na alegoria de Lautréamont, as duas capitais tomam o aspecto de duas mulheres: "Buenos Aires, a rainha do Sul, e Montevidéu, a coquete". Isidore reconhece a diferença de tamanho entre as duas cidades, mas declara-as iguais em termos de sedução. O conflito entre as duas, que então estava terminado como guerra, se transforma em emulação: "ultrapassar-se pelo progresso material e moral". O "progresso" era então uma obsessão dos países latino-americanos, que se reconheciam atrasados com relação à Europa. É uma palavra-chave da doutrina de Auguste Comte, que teve discípulos ferventes em nossos países, e era um dos autores favoritos do pai de Isidoro, o chanceler Ducasse. Quanto à emulação, esse era um sentimento exacerbado no jovem montevideano que tinha ido educar-se na França e que devia provar, a seus professores, aos colegas e ao mundo, seu valor. A Guerra do Prata estava terminada, mas a guerra de Isidore estava em seu auge.

Com uma audácia sem limites, Isidore pretendia ganhar essa guerra: "O fim do século XIX verá seu poeta [...] ele nasceu nas margens americanas". "Margens" [rives], aqui, não é apenas a expressão poética que significa, em francês, "país" ou "terra". Devemos tomar essa palavra ao pé da letra. As culturas dos países sul-americanos, no século XIX, eram literalmente litorais: era pelos portos atlânticos que se recebiam, das metrópoles, as mercadorias, os viajantes, os livros, as idéias e a moda. Isso é particularmente verdadeiro para o Uruguai, país criado tardiamente por europeus desejosos de ter um porto na foz do Prata. E ainda mais: foi exatamente numa casa situada à beira do estuário que nasceu Isidore Ducasse. Na margem da margem.

Diante da cultura européia em geral, e da francesa em particular, Ducasse se comportou como um estrangeiro, um bárbaro, um antropófago. Sem se deixar intimidar pela imensa riqueza da literatura francesa, ele decidiu pilhá-la através do plágio, e deixá-la em desordem pela prática da paródia. E essa desordem dinamizou o que estava imóvel, fixo, e lhe permitiu encarar o conjunto de um modo novo e crítico. Foi isso que inspirou ao poeta Francis Ponge a comparação de Lautréamont com um condor dos Andes, sobrevoando ameaçadoramente a Biblioteca Nacional de Paris e todo o patrimônio cultural francês, para aliviar sua "câimbra no maxilar" [*"crampe à la mâchoire"*].[13]

A atitude de Ducasse é dialógica, e sua literatura é essencialmente intertextual. A apropriação e a transformação dos textos anteriores, para produzir um novo texto, não é evidentemente um privilégio das literaturas latino-americanas. Mas o intertexto é, para estas, uma espécie de fatalidade, o destino daqueles que vieram tarde demais, quando tudo já parecia ter sido dito.[14] E a arrogância manifestada por Ducasse nessa prática não é rara nas culturas recentes ou periféricas, que transformam a submissão e o complexo de inferioridade em desafio insolente. A imitação é então substituída por um exercício voluntário e abusado de plágio e de colagem. As pesquisas sobre os *Cantos* e as *Poesias* têm mostrado, ao longo do tempo, o quanto dessas obras provêm de outras, lidas e pilhadas pelo jovem Ducasse, ora como simples colagem, ora sob a forma da paródia. "O plágio é necessário", diz ele em suas *Poesias*. Assim como o "gongorismo metafísico dos autoparodistas de meu tempo heróico-burlesco". A situação de marginalidade e de dependência é vivida de modo carnavalesco: canto paralelo, paródia. As margens desafiam o centro.

O bilingüismo de Ducasse teve, por outro lado, efeitos literários surpreendentes. Esse *handicap*, que lhe valeu humilhações nos liceus franceses e deixou marcas nas incorreções de sua escrita,[15] foi por ele transformado em vantagem estética, sob a forma de expressões originais. A posição de estranhamento na qual ele se encontrava o levou a um exercício de metalinguagem e lhe permitiu, ao mesmo tempo, saborear significantes recentemente aprendidos (eruditos, científicos), misturar impudentemente diversos registros disponíveis (o francês familiar com aquele, totalmente artificial, dos discursos escolares de distribuição de prêmios) e, enfim, experimentar com paixão e liberdade uma língua cujo código não estava tão rigidamente fixado, para ele, como estava para os franceses da França. Assim como as crianças e os autodidatas, Isidore mantinha uma relação lúdica com o código que pretendia conquistar.

O resultado foi aquela obra de caráter metalingüístico, na qual os enunciados são sempre vigiados por um discurso iminente e eminente: o dos mestres da língua, que ele acaba por interiorizar; aquele texto escrito num estilo ao mesmo tempo incerto e arrogante; aquela obra cheia de "imperfeições" que abriu, à literatura francesa, caminhos que o curso "normal" da língua literária não permitia adivinhar.

Atravessando o Atlântico, Isidore Ducasse enfrentou a "Europa dos antigos parapeitos".[16] A identidade cultural do jovem montevideano, diferentemente daquela de seus colegas de liceu, não era evidente nem tranqüila. Mais tarde, em Paris, ele soube o que era ser verdadeiramente *desconhecido*. Sua solidão de repatriado deixou-o, paradoxalmente, numa *no man's land*, onde a extrema liberdade favorecia o delírio, e as lágrimas se desfaziam em risadas. Isidore teve sua revanche. Sua obra espantou e continua espantando os leitores das duas margens, que há mais de um século o admiram, sem conseguir de fato assimilá-la, classificá-la.

8. Passagens: Isidore Ducasse, Walter Benjamin e Julio Cortázar*

O conto "El otro cielo" pertence ao volume *Todos los fuegos el fuego*, publicado por Julio Cortázar em 1966. Como em outras ficções do autor, trata-se ali de passagens: do real ao imaginário, do sonho à vigília, do mundo dos vivos ao mundo dos mortos. Já no início do conto, diz o narrador: *"Me ocurría a veces que todo se dejaba andar, se ablandaba y cedía terreno, aceptando sin resistencia que se pudiera ir así de una cosa a outra".*[1] O que torna esses deslocamentos parcialmente verossímeis, nesse caso, é que o próprio cenário do conto predispõe a eles: a ação se situa em "passagens", aquelas ruas internas criadas em Paris no século XIX, para abrigar o comércio. Um *Guia ilustrado de Paris* assim as descrevia:

> Essas passagens, invenções recentes do luxo industrial, são corredores de teto envidraçado, com cornijas de mármore, que atravessam quarteirões inteiros de prédios cujos proprietários se associaram

---

*"Passages: Isidore Ducasse, Walter Benjamin et Julio Cortázar", artigo publicado em *Littérature* nº 136, Paris: Larousse, 2004, pp. 99-110.

para promover esse tipo de especulação. Dos dois lados da passagem, que recebe luz do alto, alinham-se as lojas mais elegantes, de modo que tal passagem é uma cidade, um mundo em miniatura.[2]

Ingressando em algumas dessas passagens, o narrador-personagem de Cortázar se desloca, não apenas no espaço, mas também no tempo. Esses deslizamentos são sugeridos ao leitor de maneira muito sutil por índices parciais, fazendo com que este os aceite pouco a pouco, apesar de sua estranheza. Depois da leitura de algumas páginas, compreendemos que o narrador é um argentino que trabalha na bolsa de Buenos Aires, nos anos 40 do século XX. Ficamos sabendo que ele vive com a mãe, que tem uma noiva chamada Irma e uma vida que lhe parece muito tediosa. Felizmente (e é o que constitui a própria matéria do conto), andando ao acaso nas ruas de sua cidade e enveredando por certas galerias, em especial a Pasaje Güimes, via urbana construída à imagem daquelas de Paris, ele se transporta para o outro lado do oceano, nas passagens da capital francesa. Nesse outro espaço ele tem outra vida, muito mais intensa do que a vivida na Argentina. Ele aí encontra não apenas outro espaço, mas também outro tempo: em Paris, estamos no fim do século XIX, nos últimos dias do Segundo Império (1870). Também ali o narrador trabalha na bolsa; além disso, tem uma amante francesa, a prostituta Josiane. Com Josiane e outras personagens típicas dessa época e de certos bairros parisienses, ele freqüenta a Galerie Vivienne e outras passagens.

Esse conto de Cortázar é muito referido, mas no final pouco analisado pelos leitores críticos do autor.[3] Jorge H. Wolff, em *Julio Cortázar, a viagem como metáfora produtiva*,[4] estabelece com pertinência a relação entre certos textos teóricos de Walter Benjamin e o conto de Cortázar. Entretanto, não encontrei referência de que ele ou outros críticos tenham recorrido ao *Livro das passagens*, cujas relações com o conto são as mais pertinentes. O *Livro das pas-*

sagens era um projeto enorme, que englobaria e sobrepujaria todos os textos de Benjamin sobre "Paris capital do século XIX". Esse *Livro* teve sua edição alemã iniciada em 1972 e terminada em 1989; a tradução francesa data de 1986, e a anglo-americana, somente de 1999.[5] Os textos mais curtos, anteriormente conhecidos, apresentavam coincidências temáticas com o conto de Cortázar: a metrópole como "caverna de tesouros", reino da mercadoria; as passagens parisienses e sua fauna de *badauds*, comerciantes, jornalistas, prostitutas e outros representantes da *bohème*; a atmosfera política opressiva e a impressão de sonho desperto, experimentada pelos habitantes da cidade, divididos entre a fascinação e o medo. Em suma: "a fragmentação da experiência moderna, a fragmentação da experiência pessoal e coletiva no contexto da industrialização, da economia capitalista e da instrumentalização da vida".[6]

Meu objetivo, entretanto, não é apenas mostrar as semelhanças temáticas entre a fábula imaginada por Cortázar e as reflexões de Benjamin, mas tentar levar um pouco mais longe esse paralelo, à luz de certas propostas do *Livro das passagens*.

"EL OTRO CIELO" COMO "IMAGEM DIALÉTICA"

O *Livro das passagens* apresenta, para além da reflexão sobre a cidade moderna e seus habitantes, a proposta de um método original de conhecimento histórico. Esse livro, que não chegou a ser composto pelo autor, é um volumoso conjunto de fragmentos escritos de 1927 a 1940, ano da morte do escritor. Segundo ele, o livro sobre Baudelaire seria um "modelo em miniatura" do *Livro das passagens*. A inspiração dessa obra lhe veio da leitura de *Le paysan de Paris*, de Louis Aragon, "o melhor livro sobre Paris".[7] Essa fonte surrealista é, sem dúvida, uma das razões da curiosa aliança estabelecida por Benjamin entre o conhecimento pela via da cons-

129

ciência e o conhecimento pela via do inconsciente, entre a crítica dialética marxista e o sonho:

> E assim apresentamos o novo método dialético da historiografia: atravessar o passado com a intensidade de um sonho, a fim de experimentar o presente como o mundo da vigília, ao qual o sonho se refere. (*GS*, v, 1006)[8]

É bem conhecida a fé depositada pelos surrealistas no conhecimento contido nos sonhos. Entretanto, Benjamin toma distância de Aragon: "Enquanto Aragon persiste em ficar no domínio do sonho, importa aqui encontrar a constelação do despertar [...] Trata-se, aqui, de dissolver a 'mitologia' no espaço da história" (*LP*, p. 474). Susan Buck-Morss oferece preciosas observações sobre as relações de Benjamin com o surrealismo: "A resposta entusiástica de Benjamin a Aragon não o impediu de reconhecer, desde o início, os perigos do surrealismo como modelo para o seu próprio trabalho".[9] Enquanto os surrealistas ficaram "colados ao domínio do sonho", Benjamin pretendia "penetrar tudo isso através da dialética do despertar".[10]

O "novo método" de Benjamin implicava um novo conceito, o de "imagem dialética":

> A imagem dialética contém o tempo, o qual já se encontra na dialética hegeliana. Mas esta só conhece o tempo como tempo do pensamento propriamente histórico, ou psicológico [...] O momento temporal na imagem dialética não pode ser obtido integralmente, a não ser pela confrontação com outro conceito: o do *agora da conhecibilidade* (*Jetzt der Erkennbarkeit*). (*LP*, p. 474)

Essa proposta de Benjamin, que parecia bastante nebulosa a alguns de seus companheiros da Escola de Frankfurt, entre os quais

Adorno, corresponde, de modo espantoso, ao "método" de Cortázar em "El otro cielo".

"Cada época sonha a seguinte", escreve Benjamin. Numa espécie de sonho, o narrador-personagem de Cortázar se desloca no espaço e no tempo. Ele o faz através de passagens urbanas, das quais Benjamin diz: "As passagens são casas ou corredores que não têm lado de fora — como o sonho" (*LP*, p. 224). Além do deslocamento espacial, ele atravessa, de uma só vez e nos dois sentidos, 75 anos de história (de 1870, em Paris, a 1945, em Buenos Aires). O momento em que se situa o narrador é o da data mais recente, que corresponderia ao *agora da conhecibilidade* proposto por Benjamin: "O passado subsumido pelo presente" (*LP*, p. 488). O olhar que ele lança sobre o passado tem, como contraponto, o futuro desse passado; assim, ele poderia compreender seu presente à luz daquilo que se anunciava (que se preparava) no ventre do passado. Seria um passado "revivido como futuro anterior".[11]

A ficção fantástica de Cortázar parece realizar, do modo mais eficaz, o que Benjamin concebia como "imagem dialética". O narrador personagem de Cortázar não olha simplesmente o passado, como faria um historiador do século XX. Ele vai ao passado, já que o momento da enunciação se situa nos anos 40 do século XX, e volta, num piscar de olhos, como se se tratasse de dois espaços contemporâneos:

[...] las cosas me sucedian cuando menos pensaba en ellas, empujando apenas con el hombro cualquier rincón del aire. En todo caso, bastava ingresar en la deriva placentera del ciudadano que se deja llevar por sus preferencias callejeras, y casi siempre mi paseo terminaba en el barrio de las galerías cubiertas, quizá porque los pasajes y las galerías han sido mi patria secreta desde siempre. (TF, p. 129)

Ele não sabe como isso acontece, mas a "chegada" a Paris e ao século XIX é sempre um deslumbramento: "[...] *hasta que otra vez fué el deslumbramiento*" (*TF*, p. 148). O que nos faz pensar na definição de Benjamin:

A imagem dialética é uma imagem fulgurante. É pois como imagem fulgurante no *agora da conhecibilidade* que o Outrora deve ser retido. O resgate que se cumpre dessa maneira — e unicamente dessa maneira — só pode se cumprir com o que será perdido, sem esperança de salvação, no segundo seguinte. (*LP*, p. 491)

Ou, em outro fragmento: "Nos domínios que nos ocupam, não há conhecimento a não ser fulgurante. O texto é o trovão que faz ouvir seu rugido muito tempo depois" (*LP*, p. 473).

O que acontece em Paris é revisto, em pensamento (ou em sonho?), pelo habitante de Buenos Aires: "As imagens oníricas só se tornam legíveis na medida em que o presente é percebido como um 'despertar' num 'agora da conhecibilidade', ao qual aqueles sonhos se referem".[12] O que acontece, nos dois lados do oceano, é uma espécie de pesadelo histórico: "[...] *habíamos entrado en malos tiempos*" (*TF*, p. 140). Nas duas cidades, e nas duas épocas, o ambiente político é sombrio, e ameaças de toda ordem pesam sobre os cidadãos. Em Paris, são as ameaças prussianas: "*Habría guerra, era fatal, los hombres tendrían que incorporar-se a las filas, la gente tenía miedo y rabia*" (*TF*, p. 142). Faz frio, as ruas estão escuras e as mulheres vivem aterrorizadas por um bandido que já matou algumas prostitutas. Além disso, o caráter nitidamente repressivo do Segundo Império se faz sentir na execução de um condenado, à qual as personagens do conto assistem.

Assim, a cidade do "deslumbramento" é também a cidade do "grande terror". Em suas reflexões, Benjamin mostra como a história se encarrega de fazer com que o citadino da sociedade mercantil passe, facilmente, do encantamento ao desencanto:

> Esse brilho e esse esplendor de que se cerca a sociedade produtora de mercadorias, e o sentimento ilusório de sua segurança, não estão ao abrigo das ameaças; o desmoronar do Segundo Império e a Comuna de Paris o trazem de volta à memória. (*LP*, p. 47)

Não devemos nos esquecer de que o *agora da conhecibilidade* em que se situava, historicamente, a vida de Benjamin permitia-lhe pensar em outra "passagem" da História, mais recente e particularmente trágica para ele:

> O estudo histórico sobre a Paris de Baudelaire se propunha, em última instância, tornar legível um processo histórico-político muito próximo: a passagem de um estado republicano burguês (a República de Weimar) para uma ditadura fascista (o Terceiro Reich).[13]

O narrador de "El otro cielo" registra o que acontece em seu *agora* de 1945. Em Buenos Aires, chegam os ecos do fim da Segunda Guerra Mundial e experimenta-se, a distância, o medo da bomba atômica. Ao mesmo tempo, localmente, vive-se sob um governo que sofre intervenções cada vez mais freqüentes dos militares: "*Estábamos por ese entonces en plena dictadura militar, una más en la interminable serie*" (*TF*, p. 147). Em breve, haveria eleições (que levariam Perón ao poder). E sabemos, em nosso *agora*, aquilo que a personagem não podia saber, mas que Cortázar já sabia muito bem em seu *agora* de 1970: a ascensão de Perón realizou-se segundo um esquema que lembra o caminho percorrido por Louis Bonaparte: eleições democráticas em contexto republicano, esperança popular, centralização e endurecimento progressivos do poder até o estabelecimento de um governo militarizado e repressivo.

No conto, dois cavalos — seriam o mesmo? — aparecem nos dois lugares da Terra e do tempo. Na metrópole francesa de 1870, enquanto as pessoas são empurradas na multidão, e esta, pela cavalaria militar, há "*un caballo que relinchaba al oler la sangre*" (*TF*, p. 146). Em Buenos Aires, ouvem-se "*los cascos de los caballos de la policía cargando contra el pueblo que festejaba los triunfos aliados*" (*TF*, p. 148). Essa imagem duplicada corresponde exatamente às considerações de Benjamin:

> Não se deve dizer que o passado ilumina o presente, ou que o presente ilumina o passado. Uma imagem, pelo contrário, é aquilo onde o Outrora encontra o Agora, num relâmpago, para formar uma constelação. Em outros termos, a imagem é a dialética parada. (*LP*, p. 478)

Dir-se-ia que a ferocidade militar que reinava na França, no fim do século XIX, alegorizada na imagem do cavalo, se desloca, no século XX, para a América Latina, sob a forma das ditaduras que aí dominarão no decorrer desse século. Assim como há um atraso temporal na adoção das modas indumentárias, dos hábitos e dos modelos urbanos (as galerias francesas do século XIX são imitadas em Buenos Aires no começo do XX), há um atraso na conquista da democracia. A colocação dessas duas cidades e desses dois tempos em "contato imediato" parece mostrar, no conto de Cortázar, que o futuro está no ventre do passado, e que, visitando o passado, poderemos compreender o presente.

A concepção benjaminiana da História, no *Livro das passagens*, parece, à primeira vista, extremamente pessimista. O passado não ensinaria nada, e o presente estaria fadado a repeti-lo. É a idéia do "eterno retorno", tal como ela se encontra em Nietzsche e em Blanqui (*L'éternité par les astres*):

O historicismo do século XIX derruba a si mesmo na idéia do eterno retorno, idéia que traz toda tradição, inclusive a mais recente, a alguma coisa que já se desenrolou na noite imemorial dos tempos anteriores. A tradição toma, assim, o caráter de uma fantasmagoria, na qual a pré-história (*Urgeschichte*) é representada com uma vestimenta ultramoderna. (*LP*, p. 141)

A teoria de Benjamin exclui explicitamente a idéia de progresso:

Pode-se considerar que um dos objetivos metodológicos deste trabalho é fazer a demonstração de um materialismo histórico que anulou em si mesmo a idéia de progresso. O materialismo histórico tem aqui, precisamente, toda razão de se distinguir dos hábitos de pensamento burguês. Seu conceito fundamental não é o progresso, mas a atualização. (*LP*, p. 477)

Entretanto, Benjamin não abraça sem crítica o conceito de "eterno retorno":

O que é mais específico à experiência dialética é que ela dissipa a aparência ilusória do sempre-o-mesmo, e, de fato, até a mais simples repetição da história. A experiência política autêntica é absolutamente livre dessa ilusão.[14]

A substituição da noção de "progresso" pela de "atualização" não nega a dialética, mas pressupõe a síntese não como algo de fatal e predeterminado, mas como algo de novo e inesperado. É o que revela a "imagem dialética". E, o que nos interessa particularmente como estudiosos da literatura, para Benjamin as "imagens dialéticas" se encontram na linguagem: "Só as imagens dialéticas são imagens autênticas (isto é, não arcaicas); e o lugar onde as encontramos é a linguagem" (*LP*, p. 479).

A CIDADE, O ESTRANGEIRO E O CRIMINOSO

A cidade moderna é um lugar ao mesmo tempo deslumbrante e aterrorizador. A multidão, a competição mercantil, o salve-se-quem-puder cotidiano, tudo isso faz pesar sobre cada cidadão uma série de ameaças psicológicas e físicas. A metrópole é o teatro de vários crimes; o criminoso e o policial são ali personagens muito presentes. Não é por acaso que a ficção policial foi inventada em 1840, por Edgar Allan Poe. Benjamin estava muito atento a esse aspecto criminoso da cidade moderna. Como escreve Willi Bolle: "Numa época em que os maiores crimes são praticados por Estados totalitários, o crítico-historiador assume o papel do detetive". Ainda segundo Bolle, Benjamin pretendia radiografar a cidade, desvendar sua "figura oculta", ou sua "escrita secreta". Mergulhar nos sonhos e terrores do século passado era, para ele, uma maneira de realizar esse objetivo.[15]

O conto de Cortázar tem, ele mesmo, um caráter policial. No enredo, há um assassino misterioso (uma espécie de Jack, o Estripador) que espreita as prostitutas nas ruas sombrias e desertas. Ignorando sua identidade verdadeira, um jornalista imaginativo e uma vidente chamaram-no de Laurent. "*Después supe que en esos días Josiane no se alejaba de la galería porque no se hablaba más que de los crímenes de Laurent y la pobre vivía aterrada*" (*TF*, p. 132).

"Laurent" pode ser qualquer um, dentre os freqüentadores das galerias e de seus cafés, "aquela massa indefinida, inarticulada, que os franceses chamam de *la bohème*".[16] Josiane desconfia que o narrador possa ser Laurent (*TF*, p. 132), e o próprio narrador projeta suas suspeitas sobre outro estrangeiro, solitário e silencioso, que aparece e desaparece nos cafés do bairro. Esse estrangeiro é jovem ("*casi un muchacho*", "*casi un chico*", "*un colegial que ha crecido de golpe*" — *TF*, pp. 135-6) e é chamado de "o Sul-americano", segundo informação fornecida por uma mulher que teve relações com ele e que afirmava, porém, que ele falava francês sem sotaque. Ele é alto, tem um belo rosto de traços regulares, mas seus olhos gelam aqueles que, por acaso, os contemplam. Outros índices, e sobretudo as duas epígrafes do conto, levam o leitor culto a identificar esse estrangeiro como sendo Isidore Ducasse, em literatura Conde de Lautréamont e autor dos *Cantos de Maldoror*.

É sabido que Isidore Ducasse nasceu em Montevidéu, em 1846, e morreu em Paris, em 1870. Ignora-se quase tudo de sua biografia, mas sabe-se que era filho do chanceler da embaixada da França no Uruguai e que passou sua curta existência entre este país e a França. Em Paris, viveu no bairro da bolsa e freqüentava as galerias, sobretudo a Galerie Vivienne, evocada em sua obra. Bilíngüe e bicultural, Ducasse efetuou uma fusão de tradições literárias que não é uma síntese, mas um "dispositivo explosivo" (a expressão é de Francis Ponge). Por seu caráter de desenraizado, desterritorializado e errante, sua escritura perturbou todas as referências espaciais e temporais, prefigurando não apenas as vanguardas históricas do século XX, mas também as escritas des-localizadas do século XXI.

Na verdade, esse texto de Cortázar parece destinado aos leitores de Lautréamont. A omissão do nome do autor, e mesmo da obra (substituído por um pontilhado) nas epígrafes, além dos índices esparsos para identificação do Sul-americano, dão à própria leitura do conto um caráter policial: o leitor tem de descobrir que se trata de Lautréamont. A primeira epígrafe é truncada e, assim, ainda mais inquietante do que na obra de origem: "*Ces yeux ne t'appartiennent pas... où les as-tu pris?..........., IV, 5*" [Esses olhos não te pertencem... onde os pegaste?]. A segunda, pertencente à parte folhetinesca dos *Cantos*, é mais impessoal: "*Où sont-ils passés, les becs de gaz? Que sont-elles devenues, les vendeu-ses d'amour?.............., VI, 1"* [Para onde foram os bicos de gás? O que aconteceu às vendedoras de amor?]. A primeira remete ao olhar do Sul-americano, que tinha *"una expresion distante y a la vez curiosamente fija, la cara de alguien que se ha inmovilizado en un momento de su sueño y rehusa dar el paso que lo devolverá a la vigilia"* (*TF*, p. 136). Trata-se, afinal, do olhar do Sul-americano ou do olhar do próprio narrador, que se encontra ele mesmo "num momento de seu sonho"? A segunda epígrafe, que precede à volta definitiva do narrador-personagem a Buenos Aires, reme-te ao desaparecimento das experiências parisienses e, com estas, à perda de Josiane, a amante francesa.

Quando se fala das galerias parisienses do século XIX, é difícil não pensar em Ducasse, sobretudo quando se é escritor e rio-platen-se como Cortázar. A obra de Lautréamont se presta, mais do que qualquer outra, a evocar o ambiente sinistro que reinava na cidade e em suas galerias, no ocaso do Segundo Império. Isso não escapou a Benjamin. Num curto fragmento do *Livro das passagens* (estranha-mente ausente da tradução francesa), ele se refere a Lautréamont: "As passagens como *milieu* de Lautréamont" [*Die Passagen als Milieu von Lautréamont*] (*GS*, V, p. 1015). Benjamin aponta, em outro fragmento, a semelhança entre o universo criado por Ducasse, nos *Cantos de Maldoror*, e os desenhos fantásticos de Grandville, caricaturista francês do início do século XIX. Tanto Ducasse como Grandville são considerados precursores do surrealismo.

O conto de Cortázar põe em contato, não apenas dois mo-mentos da História, como imaginava Benjamin, mas também duas cidades situadas em continentes separados por um oceano. O título — "O outro céu"— remete ao "céu" falso das galerias envi-draçadas, mas lembra também que as aventuras do narrador-per-sonagem se passam, ora sob o céu de um hemisfério, ora sob outro. Paris, durante todo o século XIX e na primeira metade do XX, era, para os sul-americanos, o modelo acabado da civilização e do luxo. No imaginário latino-americano, a capital francesa era a cidade dos prazeres proibidos, da *bohème*, das mulheres fáceis e desejáveis, de um modo de vida que se opunha fortemente à existência regrada, familiar e puritana (pelo menos em aparência) das antigas colônias ibéricas.

Os habitantes de Buenos Aires e Montevidéu, em virtude da forte imigração européia que está na origem dessas cidades, eram particularmente atraídos por Paris. O narrador-personagem de "El otro cielo" representa bem esse rio-platense fascinado pela metrópole. Asfixiado, em sua vida cotidiana, entre a mãe doente e a noiva insípida, ele foge para a capital francesa, onde, apesar do frio e do perigo de guerra, encontra Josiane e a felicidade. Quando está em Buenos Aires, queixa-se do calor, dos pernilongos e de outros incômodos, perguntando-se até quando poderá suportá-los (*TF*, p. 147). Quando está em Paris, o frio e a neve são referidos sem qualificativos ou comentários, e são rapidamente esquecidos em razão da felicidade experimentada junto a Josiane.

A afinidade entre as passagens e a prostituta é sublinhada por Benjamin: "[...] as passagens, que são ao mesmo tempo casa e rua; e a prostituta, que é ao mesmo tempo vendedora e mercadoria" (*GS*, v, 55). A prostituta, segundo Benjamin, é o emblema do capitalismo: "Como uma imagem dialética, ela 'sintetiza' a forma e o conteúdo da mercadoria. Ela é 'mercadoria e venda de uma só vez'".[17] Além disso, "a prostituição inaugura a possibilidade de uma comunhão mística com a massa" (Benjamin, *GS*, v, 216-7).

A aspiração parisiense não era exclusiva dos rio-platenses. Paris foi, de fato, a "capital do século XIX". Até a Segunda Guerra Mundial, toda a América Latina considerava Paris como a cidade ideal, e numerosos escritores e artistas ali viveram, temporária ou definitivamente. Dentre essas centenas de exilados, voluntários ou forçados, encontraram-se Isidore Ducasse, no século XIX, e Julio

Cortázar, no XX. Evidentemente, o caso de ambos não é idêntico. Isidore Ducasse vinha de uma daquelas numerosas famílias francesas instaladas no Uruguai em meados do século XIX, sua língua materna era o francês, e sua obra foi escrita nessa língua. Apesar disso, tudo nos leva a crer que ele se sentia solitário e exilado em Paris, exatamente como descrito pelo narrador de "El otro cielo".[18] A semelhança de situação cria uma relação especular em abismo: o Sul-americano, o narrador-personagem, o próprio Cortázar. A identificação com Isidore Ducasse se fundamenta em várias razões, invertidas como num espelho: o nascimento do escritor argentino na Bélgica, por razões diplomáticas. A escolha da língua materna como escritor e a adoção da língua do país de nascimento, como segunda língua.

Vários elementos também permitem considerar o narrador-personagem desse conto como um duplo de Julio Cortázar. A rejeição da vida familiar e política que lhe oferecia sua nação, a opção por Paris como domicílio definitivo, e até a experiência de passar de um mundo a outro utilizando o pensamento como meio de locomoção. Numa entrevista, ele se referiu a esse fenômeno:

> Comecei a sentir, por vezes, que estava atravessando as barreiras de tempo e de espaço [...] em certas esquinas [...] os estados de distração (daquilo que chamam de distração) são, para mim, estados de passagem, e favorecem esse tipo de experiência.[19]

Cortázar era um leitor fiel de Lautréamont. As informações dadas pelo narrador do conto revelam que ele conhecia bem os testemunhos e especulações relativos à vida de Ducasse em Paris. Sua aparência física, no conto, é uma mistura de depoimentos de contemporâneos (a alta estatura) com o retrato imaginário feito por Dali (a beleza de seu rosto). A amante chamada La Rousse (a

Ruiva), o apartamento e o piano, assim como sua morte num quarto de hotel, estão registrados em testemunhos ou documentos. O narrador-personagem se sente naturalmente atraído pelo Sul-americano, como por um compatriota:

> *Yo la dejaba hablar, mirando todo el tiempo hacia la mesa del fondo y diciéndome que al fin y al cabo hubiera sido tan natural que me acercara al sudamericano y le dijera un par de frases en español. Estuve a punto de hacerlo, y ahora no soy más que uno de los muchos que se preguntan porqué em algún momento no hicieron lo que habían pensado hacer. (TF, p. 139)*

Mais tarde, ele lamentará não haver feito esse gesto:

> *no me acuerdo bien de lo que sentí al renunciar a mi impulso, pero era algo como uma veda, el sentimiento de que si la transgredía iba a entrar em um territorio inseguro. Y sin embargo créo que hice mal, que me estuve al borde de um acto que hubiera podido salvarme. Salvarme de qué, me pregunto. (TF, pp. 139-40)*

Seria um encontro consigo mesmo? O que remete à primeira epígrafe, e à sensação de que seus olhos pertencem a um outro.

Na vida "real", mais do que uma questão psicológica individual, o encontro com um compatriota numa cidade estrangeira é sempre delicado. O duplo movimento de simpatia e rejeição, em face de um compatriota, é uma experiência corrente dos exilados, na medida em que eles sentem falta de seu país, de sua língua, mas querem, ao mesmo tempo, esquecê-los, para se integrar totalmente ao novo meio, reconhecido como mais elegante, mais desenvolvido do que seu meio originário, aquele meio colonial do qual eles têm um pouco de vergonha. O exilado, como o imigrante, sofre a rejeição provocada por todo estrangeiro em terra alheia. "*No me gustan sus ojos — se obstinó Josiane* [...] — *Tienes miedo de un chico. O todos los sudamericanos te parecemos unos orangutanes?"* (*TF*, p. 138)[20]

A imagem do estrangeiro é associada, desde o romantismo (isto é, desde o século XIX e a origem do racismo), à do "selvagem", do "renegado", e daí à imagem do criminoso é apenas um passo. Essa imagem, ao mesmo tempo negativa e glorificadora do estrangeiro (criminalidade, poder, coragem, mistério), aparece no romance gótico, no folhetim e na própria obra de Lautréamont. Maldoror é o criminoso que ronda o bairro da bolsa à cata de vítimas. Assim, a estranheza do Sul-americano conduz, facilmente, a associá-lo com Laurent, o assassino. O qual, no fim das contas e do conto, revela-se como sendo outra pessoa, um "marselhês". Note-se que o marselhês, para os parisienses, é quase um estrangeiro. No fim do conto, diz o narrador: *"Algunos días me da por pensar en el sudamericano, y en esa rumia desengañada llego a inventar como un consuelo, como si él nos hubiera matado a Laurent y a mí con su propria muerte"* (*TF*, p. 151).

"IMAGEM DIALÉTICA" E COLONIZAÇÃO

O confronto efetuado, em "El otro cielo", de dois espaços apresentando uma defasagem temporal de 75 anos, permite-nos pensar a "imagem dialética" de Benjamin numa dimensão póscolonial. A história da América — pelo menos a história institucional — se apresenta como um capítulo tardio da história da Europa. A colonização dos países americanos fez com que estes tenham estado sempre na rabeira da história européia, imitando as formas de vida do Velho Mundo com um ligeiro atraso.

Como os escritores sul-americanos do século XIX, Isidore Ducasse, que não era um genuíno francês, mas um repatriado, tinha atraso de informação com relação à metrópole. Surpreendentemente, esse atraso de informação lhe permitiu introduzir inovações no sistema literário metropolitano. O conhecimento que tinha do barroco espanhol encorajou-o, nos *Cantos de Maldoror*, a praticar audácias retóricas, que foram vistas, mais tarde, como prenunciadoras do surrealismo. A recusa intempestiva do romantismo e a defesa tardia do neoclassicismo lhe permitiram, em sua segunda e breve obra intitulada *Poesias*, escrever fragmentos modernos — e até, se considerarmos seus aspectos de citação e colagem, pós-modernos.

Entretanto, se do ponto de vista artístico e literário a defasagem temporal de informação entre a Europa e a América permitia, por vezes, a latino-americanos como Ducasse, a prática de um "anacronismo prospectivo", do ponto de vista político, a América Latina correu e continua correndo o risco de viver simples anacronismos.

O narrador de Cortázar está atento ao que acontece no contexto histórico, político e econômico dos fatos que narra, e fornece abundantes dados a esse respeito. Como personagem, porém, ele parece não ser receptivo à mensagem política das "imagens dialéticas" que lhe são oferecidas por sua viagem no tempo e no espaço. Ele é individualista, realista, *terre-à-terre*, em suma, conservador. Na condição de corretor da bolsa, que é a sua nas duas situações temporais e espaciais que vive, a bomba atômica o preocupa apenas na medida em que ela pode afetar as cotações dos valores:

> *La bomba cayó sobre Hiroshima y todo fue confusión entre mis clientes, hubo que librar una larga batalla para salvar los valores más comprometidos y encontrar un rumbo aconsejable en ese mundo donde cada día era una nueva derrota nazi y una enconada, inutil reacción de la dictadura contra lo irreparable.* (*TF*, pp. 150-1)

Na ficção como na realidade, a bolsa é a instituição que não apenas resiste à passagem do tempo, mas aquela que, cada vez mais, comanda os rumos da História. No fim do conto, a personagem se acomoda numa atitude passiva e imobilista, numa vida (e numa cidade) real, sem utopia:

> *Y entre una cosa y otra me quedo en casa tomando mate, escuchando a Irma que espera para diciembre, y me pregunto sin demasiado entusiasmo si votaré por Perón o por Tamborini, si votaré em blanco o si sencillamente me quedaré en casa tomando mate y mirando a Irma y a las plantas del patio.* (*TF*, p. 151)

A noiva portenha grávida e as plantas do pátio sugerem a repetição e a imobilidade. Ao escrever *Paris, capitale du XIXᵉ siècle*, *exposé* que está na origem do *Livro das passagens*, Benjamin estava impressionado por aquilo que Blanqui escrevera em *L'Éternité par les astres*:[21] "O universo se repete sem fim e patinha no mesmo lugar. A eternidade representa imperturbavelmente, no infinito, as mesmas representações". O que o impressionava era que "aquela resignação sem esperança" tenha sido "a palavra final do grande revolucionário". Ele atribui essa resignação ao fato de que o século XIX não tinha sabido responder às novas virtualidades técnicas com uma nova ordem social.

> É por isso — escreve ele — que a última palavra foi dada aos intérpretes desorientadores do antigo e do novo, que estão no coração dessas fantasmagorias. O mundo dominado por essas fantasmagorias é — para usar a expressão de Baudelaire — a modernidade. (*LP*, p. 59)

O narrador-personagem de Cortázar permanece imobilizado, em plena "fantasmagoria". E, segundo Benjamin, o que *continua sendo assim* é a catástrofe:

É necessário fundar o conceito de progresso sobre a idéia de catástrofe. Que 'as coisas continuem como antes': eis a catástrofe. Ela não reside no que vai acontecer, mas naquilo que, em cada situação, nos é dado. (*LP*, p. 491)

O segredo que transformaria sua vida estava talvez em posse do Sul-americano, que ele não tivera coragem de enfrentar; esse segredo talvez fosse apenas sua própria condição de sul-americano. No conto, o fato de o narrador-personagem finalmente renunciar a falar espanhol com o "compatriota" indica que ele conservava, em sua vida parisiense, a consciência de ser ele mesmo sul-americano e estrangeiro em Paris.

A personagem não explora, na sua existência portenha, os índices que lhe foram dados no "sonho" parisiense. Para Benjamin, o projeto das Passagens tinha duas faces: uma que iria do passado ao presente, e outra, que iria do presente ao passado, para tirar as lições deste último.[22] As passagens e os interiores, os halls de exposições e os panoramas, segundo Benjamin, "são os resíduos de um mundo de sonho". Mas para adquirir seu significado histórico, esses resíduos precisam ser explorados:

A exploração desses elementos do sonho ao despertar é o caso típico do pensamento dialético. Eis por que o pensamento dialético é o órgão do despertar histórico. Cada época, de fato, não sonha apenas com a próxima e em seu sonho procura, pelo contrário, arrancar-se ao sono. Ela traz em si mesma sua própria finalidade e a realiza — como Hegel já percebeu — pelas vias da astúcia. Com o abalo da economia mercantil, começamos a perceber os monumentos da burguesia como ruínas, muito antes de eles desmoronarem. (*LP*, p. 46)

O fim do conto é disfórico. Voltando a Buenos Aires, o narrador-personagem perde "*su mejor vida tan lejos de la sala de Irma, del patio de la casa, del menguado consuelo del Pasaje Güemes*" (*TF*, p. 149). Como observa Susan Buck-Morss:

> Uma imagem de sonho ainda não é uma imagem dialética, e desejo ainda não é conhecimento. Desejos e sonhos são categorias psicológicas que, para Benjamin, ainda não têm estatuto de verdades filosóficas.[23]

A personagem não explora os resíduos do sonho. Mas Cortázar, como Ducasse no século anterior, é extremamente sensível a esses resíduos. Embora sem conhecer essas considerações de Benjamin, Cortázar buscava, em sua obra como em sua vida, aliar um projeto político revolucionário com as intuições inconscientes e as figuras do sonho. Esse era, aliás, o projeto dos surrealistas Breton, Aragon, Éluard e outros, que deixaram sua marca na formação literária do escritor argentino.

Hoje, cabe também ao leitor, no seu *agora da conhecibilidade*, encarar essa ficção onírica com a lucidez do despertar. Se a personagem de Cortázar, no nível da narrativa, "desperta" tristemente para o "sempre-o-mesmo", o leitor do conto pode ser despertado para a significação histórica da repetição. Como observa Susan Buck-Morss: "As imagens do desejo não liberam a humanidade diretamente. Mas são vitais para esse processo".[24]

Em Benjamin, as relações entre a "imagem dialética" e a imagem onírica são sutis e complexas. Como explica Willi Bolle:

> Olhando bem, tratava-se para Benjamin não de um equacionamento entre imagem dialética e imagem onírica, mas de uma aproximação, de uma exploração do limiar entre o sonho e a vigília, como numa macrofotografia ou filmagem em câmera lenta. Apesar da objetividade, a imagem dialética não se opõe em termos absolutos à imagem onírica, mas guarda dela um resíduo mítico. O saber

obtido a partir do despertar tem raízes no inconsciente; o conhecimento é a revelação de imagens arcaicas.[25]

Resta-nos perguntar: esse tipo de saber não é, sempre, aquele que nos fornece, em suas melhores ocorrências, o sonho desperto da ficção, da arte em geral? Em "O autor como produtor", Benjamin enfatiza a "função organizadora" da obra literária. E Susan Buck-Morss comenta: "A tarefa estratégica mais importante do escritor não é tanto encher de conteúdo revolucionário as novas formas literárias, mas desenvolver o potencial revolucionário das mesmas formas".[26] Embora isso já seja um lugar-comum da crítica, sempre é bom lembrar: Cortázar não é revolucionário por ter sido um homem politicamente engajado, mas por ter criado formas literárias com potencial revolucionário.

9. Raymond Roussel e o multiculturalismo*

Raymond Roussel (Paris, 1877-Palermo, 1933) é um escritor famoso pela excentricidade de sua personalidade e de seu comportamento. Poucos leram seus livros, mas muitos sabem que ele foi um milionário dedicado à literatura, à música, ao teatro, e sujeito a surtos psicóticos. Um pormenor sempre lembrado, que não tem qualquer relevância ou conseqüência, é o fato de ele ter sido vizinho de Proust. As extravagâncias existenciais de Roussel são mais conhecidas do que sua obra. Ele percorria a Europa num luxuoso carro-moradia, precursor dos *trailers* modernos; comia as três refeições diárias de uma vez só, para não perder tempo; morreu num hotel italiano, onde estava hospedado com seu motorista e uma governanta, depois de ingerir uma dose excessiva de barbitúricos.

É também sabida a influência que Roussel exerceu sobre numerosos escritores e artistas do século XX. Seus romances e encenações teatrais fascinaram surrealistas, como André Breton, os

*Artigo publicado no suplemento *Mais!* da *Folha de S.Paulo*, em 25/11/2001, pp. 4-5.

"patafísicos" Raymond Queneau e Georges Perec, os "novos-romancistas" Michel Butor e Alain Robbe-Grillet. Suas obras inspiraram também importantes artistas plásticos, como Picabia, Salvador Dalí e Marcel Duchamp, que concebeu o seu "grande vidro" *La mariée mise à nu par ses célibataires, même* (1923) a partir de uma cena de *Impressions d'Afrique* (1910). Vários músicos de vanguarda criaram obras inspiradas por Roussel, e nos anos 60 o filósofo Michel Foucault escreveu um livro sobre ele.[1] Mais recentemente, filmes, óperas, peças de teatro e exposições têm sido realizados a partir de sua vida e sua obra, em vários países. Depois de um período de relativo esquecimento, Roussel tornou-se novamente um autor *cult*, especialmente nos EUA, onde foi recentemente publicada uma biografia sua.[2] Além disso, há milhares de referências ao escritor circulando atualmente na internet.

Os romances de Roussel, cujos títulos mais conhecidos são *La doublure, Locus solus* e *Impressions d'Afrique*, foram concebidos como meros jogos verbais. Como o próprio autor explicou, em *Comment j'ai écrit certains de mes livres* [Como escrevi alguns de meus livros], essas narrativas têm como ponto de partida ditos populares, trocadilhos, homofonias e paranomásias. São portanto livros que, em princípio, destinam-se a uma leitura lúdica, e não a uma análise semântica, simbólica ou ideológica. No entanto, como qualquer discurso verbal, o de Roussel está carregado de sentidos: sentidos depositados em sua memória por suas leituras e experiências, e sentidos produzidos, à sua revelia, pelo próprio texto.

A África referida em *Impressions d'Afrique* é um lugar imaginário, condizente com os clichês coloniais dos romances de aventuras do fim do século XIX: "calor acabrunhante", "admirável vegetação", "sol ofuscante", "animais ferozes" etc. A história começa com os preparativos da sagração de Talou VII, imperador do Ponoukélé, rei de Drelchkaff. Os nomes próprios são todos fantasiosos, e o cenário, convencional. "Ejur, a imponente capital for-

149

mada de inúmeras cabanas e banhada pelo oceano Atlântico", tem em seu centro a "praça dos Troféus", cercada de sicômoros cujos troncos "exibiam cabeças cortadas, ouropéis, enfeites de toda espécie ali acumulados por Talou VII ou por seus ancestrais, na volta de muitas campanhas triunfantes". Nesse cenário estereotipado vai ocorrer um grande espetáculo, cuja descrição ocupa a primeira metade do livro. É a "Gala dos Incomparáveis", festa preparada para comemorar a coroação do imperador. O "Clube dos Incomparáveis", explica o narrador, é "uma espécie de clube estranho no qual cada membro deve distinguir-se ou por uma obra original, ou por uma exibição sensacional".

O espetáculo, minuciosamente descrito, comporta números inesperados e heteróclitos, do ponto de vista geográfico e cultural. As primeiras estranhezas se vêem no palco, onde aparece a imagem de duas gêmeas espanholas usando a mantilha nacional e, a um canto, uma maca de ramagens sobre a qual repousa o cadáver do rei negro Yaour IX, "usando o traje clássico da Margarida de Fausto, um vestido de lã cor-de-rosa e uma farta peruca loura". Os números que se sucedem são variados: acrobatas, atiradores, máquinas e veículos estranhos, um show pirotécnico, exibições de esculturas e pinturas, um cigano húngaro com sua cítara, um coro que canta *Frère Jacques*, um bretão perneta tocando uma flauta feita de sua própria tíbia, uma grande atriz trágica italiana, uma índia huroniana do lago Ontário, um ancião cego representando o papel de Haendel, uma bailarina russa velha e obesa, um casal de jovens negros encarnando Romeu e Julieta etc. A descrição do espetáculo se estende por 160 páginas, e seria impossível resumi-lo.

Na segunda parte do romance, o leitor tem a explicação desse conjunto de cenas disparatadas. A explicação é a seguinte: um navio que se dirigia para "as curiosas regiões da América do Sul", transportando turistas, aventureiros e artistas em turnê, havia naufragado na costa africana, e os náufragos, aprisionados pelos nativos, deviam agora pagar sua libertação e sua vida com esse espetáculo em honra do rei africano. Outro naufrágio, anterior, havia já lançado, naquela mesma costa, destroços variados que tinham sido incorporados às tradições locais. E um terceiro naufrágio, posterior, trouxe novos integrantes para o "Clube dos Incomparáveis".

A lógica narrativa é assim mais ou menos assegurada, mas a intriga não é o elemento principal do romance. Este é sobretudo a descrição de um grande espetáculo, que parece, à primeira vista, gratuito e absurdo. Poderíamos dizer que aquilo que é dado à contemplação é a própria cabeça de um grande burguês francês da *Belle Époque*, uma cabeça na qual a educação, as leituras, as Exposições Universais, o *music-hall* e o próprio espetáculo diário da metrópole parisiense depositaram um estoque de imagens. Como procedimento estético, a representação do romance prenuncia as técnicas de colagem e reciclagem de elementos diversos que caracterizariam mais tarde a *pop art*.

Roussel havia lido muitos romances de aventuras, especialmente os de Jules Verne, e de viagens, sobretudo os de Pierre Loti. Os africanos de *Impressions d'Afrique* são tipos fixados pela imaginação colonial: "negrinhos ágeis", "temíveis canibais", "antropófagos ferozes", alegres, barulhentos, ingênuos, curiosos, em suma "indígenas maravilhados" diante dos prodígios da civilização européia. Algo que poderíamos chamar, em analogia aos "orientalismos" estudados por Edward Said, de "africanismos".

Seria entretanto demasiadamente fácil denunciar o caráter ideológico desses clichês, sobretudo porque os personagens europeus, com seus trajes típicos e seus costumes, são tão estereotipados, no romance, quanto seus correspondentes africanos. Europeus ou africanos, todos são tipos caricaturais, dotados de pensamentos e sentimentos convencionais. As personagens experimentam "vivas emoções", "saúdam com embriaguez a realização de seus sonhos", têm "sinistros pressentimentos", ficam "pálidas de cólera" etc. Não se encontra, no romance de Roussel, a mínima complexidade (ou verdade) antropológica ou psicológica.

São numerosíssimos os chavões relativos aos europeus sediados na África. O preposto Lécurou é "um bruto maníaco que se vangloriava com orgulho de sua ferocidade legendária". A exploradora Louise, trajada de militar, embarcara "cheia de exuberante otimismo" em direção a essas "terras perigosas". Como o próprio Roussel, Louise havia colhido informações sobre a África em livros:

> Lendo, em diversos relatos de exploradores, tantas descrições feéricas da flora tropical, a jovem sonhava percorrer as ardentes regiões do centro africano, certa de centuplicar, no seio dessa vegetação sem igual, suas parcas chances de sucesso.

Seria portanto inútil e mesmo ridículo tomar ao pé da letra as aventuras contadas por Roussel. Elas foram concebidas como um discurso programado, uma montagem mais ou menos aleatória de expressões verbais. Foi esse tipo de leitura, cujas chaves o próprio autor forneceu, que encantou os surrealistas, por sua semelhança com o jogo do "*cadavre exquis*" ou com a escrita automática, e que seduziu mais tarde todos os amantes da experimentação verbal, patafísicos, novos-romancistas e teóricos da "produtividade textual" dos anos 70.

O momento histórico atual, este início de um novo século, permite-nos uma outra leitura de Roussel, sobretudo no que se refere a *Impressions d'Afrique*. Esse romance, publicado às custas do autor, demorou 22 anos para ter esgotada a primeira edição. Mas, depois de 92 anos, não esgotou suas possibilidades de leitura. O que parece hoje notável é a premonição que o romancista teve de certas mutações históricas e culturais do século XX. Pretendendo realizar um simples jogo inconseqüente, Roussel acabou por encenar, em seu romance, as explosivas misturas resultantes das práticas modernas: colonização, migrações humanas, viagens de turismo, circulação desordenada de imagens, informações e mercadorias.

A rapidez e a superficialidade dos contatos culturais e da divulgação dos conhecimentos científicos, que se acentuariam depois com as viagens aéreas e a comunicação de massa, estão anunciadas no romance, assim como a finalidade mercantil universal desses deslocamentos e informações. A exploradora Louise já era uma mulher de negócios do século XX, pois suas pesquisas visavam à publicação de "um tratado de botânica curto, atraente e ilustrado, obra de divulgação destinada a pôr em relevo as espantosas maravilhas do mundo vegetal". Ela "terminou rapidamente esse opúsculo que, impresso num grande número de exemplares, trouxe-lhe uma pequena fortuna".

Os africanos do romance, que incorporam de modo fantasioso os usos e as vestimentas européias, não ficaram, infelizmente, apenas na imaginação de Roussel. A destruição das culturas locais pela colonização predatória, e os amálgamas resultantes, produziram, no século XX, personagens reais como o imperador Bokassa I, da República Centro-Africana, e o general Amin Dada, de Uganda, que, com seus tronos Luís XV dourados, seus uniformes e suas medalhas não foram menos absurdos do que o rei negro de Roussel, com seu vestido de Margarida de Fausto e sua peruca loura. Como os dirigentes nativos pós-coloniais fariam depois, o imperador Talou procurava imitar os europeus: "Querendo impressionar seus súditos, ele nos pedia que o informássemos de alguma tradição grandiosa dos brancos".

Os africanos do romance de Roussel recolhem os restos da cultura européia: "Os negros haviam, em menos de uma semana, graças a um vai-e-vem contínuo, transportado para Ejur todos os despojos de nosso infeliz navio". Não fosse o naufrágio, esses "despojos" teriam como destino final a Argentina, onde agentes financeiros pretendiam realizar negócios, cientistas duvidosos fariam conferências e artistas decadentes iam em busca de um novo público. Alguns deles destinavam-se a animar a festa de casamento de um novo-rico portenho. Todos esses tipos de viajantes tendo por destino a América do Sul eram comuns na *Belle Époque*, e se tornaram ainda mais comuns ao longo do século XX.

Não são apenas os africanos ou os sul-americanos que recolhem despojos. Os europeus da história, por sua vez, assemelham-se aos turistas de hoje, que percorrem rapidamente os países exóticos, levando de volta para casa um punhado de lembrancinhas e de fotos. Em sua existência errante, o próprio Roussel mostrava-se desencantado das viagens modernas. Ele ia de cidade em cidade para ficar fechado em seu *trailer* ou em algum hotel. Uma vez, fretou um navio para ir à China com alguns amigos. Quando o comandante anunciou a aproximação da costa, Roussel apontou-a aos convidados dizendo: "Eis a China!". E deu ordens ao comandante para voltar à Europa.

As viagens organizadas de turismo, que se tornaram tão fáceis e numerosas no século XX, mostram que o tédio do escritor tinha fundamento. Da mesma forma, as reportagens de viagem que se vêem atualmente na televisão a cabo oferecem, aos espectadores sedentários, uma coleção de imagens que formam um conjunto tão incongruente quanto o espetáculo oferecido pelos "Incomparáveis". As cerimônias de abertura dos Jogos Olímpicos, misturando trajes típicos e danças de várias culturas, também se parecem com o espetáculo rousseliano. Outra experiência atual que faz pensar nesse espetáculo é a do Teatro Intercultural, movimento internacional que teve sua última Olimpíada em Moscou e conta com grandes encenadores, como Peter Brook e Jerzy Grotowski. Shakespeare ou Sófocles encenados à moda *kabuki* nos lembram, de modo menos risível mas não menos surpreendente, a "Gala dos

Incomparáveis". E uma realização mais literal de uma das idéias de Roussel são as recentes e numerosas versões de *Romeu e Julieta* interpretadas por atores negros, no teatro e no cinema, nos Estados Unidos, na Inglaterra e na África do Sul.

Embora ela não tenha sido escrita com esse objetivo, a história maluca contada por Roussel nos mostra como se constituem as culturas na modernidade tardia. A vida de todas as sociedades sempre foi marcada pela interação com outras. Em todos os tempos, as culturas particulares se formaram pelo contato entre diferentes povos, pela assimilação de traços exógenos. Entretanto, no passado, essa assimilação era lenta e seletiva, e a cultura resultante garantia sua originalidade, ao mesmo tempo que incorporava traços de outras proveniências. O multiculturalismo atual, imposto, imediato, superficial, e sobretudo comercial, justapõe pessoas e costumes e tende a diluir toda originalidade numa "cultura" global uniforme, destruindo aquilo que Lévi-Strauss chamou de "arco-íris das culturas".

O romance contém outros anúncios de nosso "admirável mundo novo". A fascinação tecnológica e científica do século XX já tomava conta dos personagens de Roussel. Certas invenções exibidas em seu espetáculo se assemelham a artefatos tecnológicos incipientes na *Belle Époque*, como o cinema, ou posteriores a ela. Aparelhos como a "planta ávida de assimilação pictórica", que garantia a gravação e "a reprodução imediata de imagens", parecem anunciar a fotocópia, o escâner e a fotografia digital. A justaposição de cenas de diversas proveniências, laboriosamente obtidas nos "quadros vivos" do romance e da encenação teatral de *Impressions d'Afrique*, pode ser hoje produzida facilmente no computador.

Outra prática, levada pelos europeus à África de Roussel, anuncia também nosso mundo atual. Como havia, entre os náufragos, alguns banqueiros e corretores de bolsa, esses vêem o lucro que pode advir do espetáculo que preparam. Inventam um prêmio e encorajam os companheiros a fazer apostas: "Tratava-se de transformar todos os membros do grupo em ações comerciáveis, e de instituir um jogo de azar". O prêmio do vencedor seria uma "condecoração da Nova Ordem" (da Nova Ordem Mundial?, perguntaríamos hoje); o dos jogadores seria pago em dinheiro. Para esse fim, construíram "um novo edifício reservado às transações", e "ao cabo de quinze dias uma pequena Bolsa em miniatura, redução exata da Bolsa de Paris, erguia-se diante do palco dos Incomparáveis". O espetáculo começa por uma "suprema sessão de especulação", durante a qual os pregões são anunciados em versos alexandrinos:

> Os valores eram designados pelos próprios nomes dos Incomparáveis, cada um representado por cem ações que subiam ou caíam segundo os prognósticos pessoais dos jogadores acerca do resultado do concurso. Todas as transações eram pagas à vista, em cheque bancário ou dinheiro vivo.

Os jogos televisivos atuais, baseados em competições ferozes entre os participantes e submetidos à votação do público, por telefone ou e-mail, realizam essa idéia em escala nacional ou global.

Mas o que me parece mais relevante é que a "Gala dos Incomparáveis" pode ser vista, hoje, como uma visão prenunciadora de nossa "sociedade do espetáculo" (Guy Desbord). O multiculturalismo globalizado, implicando a espetacularização da diferença, não desemboca numa verdadeira interculturalidade. Intercâmbios coercitivos, assimilacionistas ou aleatórios não podem ser qualificados de interculturais.

Na verdade, as culturas são "incomparáveis", isto é, elas não podem ser julgadas segundo os mesmos critérios éticos e estéticos. Daí os enormes problemas enfrentados atualmente pelo Direito Internacional e pelas instituições culturais globalizadas. É tão difícil sustentar uma legislação internacional no que se refere aos direitos humanos quanto constituir uma tábua de valores universal para avaliar as manifestações artísticas. Como diz o teórico indiano Rustom Bharucha:

> Não há uma base universal pura para as práticas interculturais. O universal mínimo para iniciar qualquer intercâmbio intercultural é extremamente frágil, baseado mais em intuição e boa-fé do que no reconhecimento real do Outro.[3]

Ao mesmo tempo que se buscam formas mistas, como as do Teatro Intercultural, os praticantes de culturas tradicionais em suas formas "puras", no Terceiro Mundo, começam a reclamar, não das transformações a que elas são submetidas pelos artistas do Primeiro Mundo, mas do não-pagamento de seus "direitos intelectuais" sobre as mesmas. Evidencia-se, assim, a diferença entre interculturalismo e globalização.

O catastrófico diálogo de surdos que nos leva hoje à mal denominada "guerra de civilizações" mostra a fragilidade dos contatos interculturais. O contato com o Outro é movido tanto por Eros como por Tânatos. No romance de Roussel, o mirabolante espetáculo não se compõe apenas de amenidades. É de fato um teatro cruel, regido pelo poder e pelo lucro, implicando castigos, torturas e risco iminente de morte dos participantes. Juntar incomparáveis é empresa arriscada. Desde o fatídico 11 de setembro de 2001, o espetáculo do multiculturalismo globalizado desandou, ruiu e mostrou seus sombrios bastidores. O Outro deixou de ser um simples tema de colóquios a cargo de universitários politicamente corretos.

Assim, uma releitura atual de *Impressions d'Afrique* nos leva a considerações não previstas pelo autor e por seus leitores do século XX. Para falar apenas dela, a África de hoje é um "espetáculo" terrível, que os espectadores brancos só vêem, de vez em quando, na televisão, sem ficar muito impressionados. O espetáculo imaginado por Roussel, com intenções puramente lúdicas, é suscetível de provocar agora reflexões seriíssimas, que não concernem mais ao colonialismo do seu tempo, mas à colonização global atual e, no contexto desta, ao multiculturalismo e ao interculturalismo. *Impressions d'Afrique* pode ser visto como uma versão bufa do *Coração das trevas*, de Conrad. É como farsa e mascarada que esse romance-espetáculo, caricatural e grotesco pode ser relido agora, e considerado não um divertimento, mas uma advertência. Pelas mais diversas vias, a literatura sempre alcança a realidade.

10. Edward W. Said, um intelectual fora de lugar*

Numa entrevista, Edward Said declarou que seu problema intelectual era buscar a conciliação do conhecimento com a esperança. De fato, com a bagagem cultural de que ele dispõe e a lucidez que o caracteriza, é difícil manter a esperança num futuro melhor para a humanidade em geral e para seus compatriotas palestinos em particular. Precursor dos chamados "estudos pós-coloniais", Said é entretanto um caso à parte, por ser um pensador independente de grupos e correntes. Sua autobiografia se intitula *Out of place*,[1] e ser difícil de situar já é uma primeira razão para que dele desconfiem.

De um intelectual engajado, o que se pede é que seu lugar de palavra seja claro e estável com relação aos contextos que discute (não por acaso os ensaios de Sartre se abrigam sob o título de *Situações*). Os militantes políticos, assim como a mídia, gostam de definir os intelectuais e escritores de modo sucinto. Mas toda apre-

---

*Artigo publicado, em versão um pouco mais curta, no suplemento *Mais!* da *Folha de S.Paulo*, em 29/6/2003, pp. 10-1.

sentação rápida de Edward Said é parcialmente falsa. Vejamos alguns exemplos: "Edward Said é um intelectual norte-americano". Sim, ele é cidadão americano desde a juventude e professor da Universidade Columbia há quatro décadas.[2] Mas também se pode dizer dele (e se diz): "Edward Said é um palestino exilado em Nova York". Sim, ele nasceu em Jerusalém quando essa cidade ainda era Palestina, teve de sair de lá quando foi criado o Estado de Israel; mas sua situação nada tem em comum com a dos exilados políticos ou com a dos emigrantes carentes de terra e de recursos materiais. Sua família emigrou "voluntariamente", e seu pai fez fortuna nos Estados Unidos. Edward estudou nas melhores escolas inglesas do Egito e, depois, nas melhores universidades americanas. Ora, os sociólogos têm dificuldades em lidar com um sujeito que não pode ser classificado por origem social, capital escolar e capital econômico. Um intelectual rico também é algo que desgosta certa militância esquerdista, mesmo que o indigitado não seja pessoalmente culpado de sua fortuna.

Como personagem, o que ele acaba sendo mesmo sem querer, Said reúne características contraditórias. A fortuna de sua família e sua brilhante carreira intelectual são contrabalançadas, para os adeptos da vitimologia, por uma leucemia com a qual ele luta desde 1991 (os sociólogos diriam: um estigma). Outra maneira de o "perdoar" consiste, nos comentários de norte-americanos a seu respeito, em mencionar sua "tremenda" capacidade de trabalho: livros, artigos, conferências e entrevistas aos borbotões. Também se ressalta sua civilidade: "Urbano e sofisticado, Edward W. Said é, por muitos aspectos, o nova-iorquino quintessencial".[3] Algo que surpreende e quase espanta é o fato de ele ser também pianista e musicólogo. Mas, apesar dessas "atenuantes", seu lugar indefinido incomoda. Seria curioso reunir os comentários de norte-americanos acerca de Said e mostrar neles, como ele mesmo fez com os textos literários, os preconceitos subjacentes aos discursos.

É justamente pelas peculiaridades de sua existência que ele conhece tão bem a condição de exilado. É ela que dá título e confere unidade aos ensaios reunidos em *Reflexões sobre o exílio*.[4] A condição de exilado, diz Said, "é terrível de experienciar, e sua tristeza essencial jamais pode ser superada". Entretanto, o exílio foi voluntário e benéfico para muitos intelectuais e escritores dos dois últimos séculos. Segundo Adorno, a casa própria, depois dos horrores da Segunda Guerra, tornou-se uma mercadoria descartável, e o exílio é uma forma de fugir ao "mundo administrado". Referindo-se aos tempos atuais, George Steiner observa que, em nossa "civilização quase de barbárie", convém que os escritores sejam seres "sem casa e errantes entre as línguas". Ambos os autores são referências para Edward Said, o qual, por sua vez, exemplifica perfeitamente essas considerações.

Said é defensor militante da causa palestina desde 1967. Suas reflexões sobre a questão se espalham por toda a sua obra, mas estão particularmente sintetizadas em outro livro, também publicado agora entre nós: *Cultura e política*.[5] Como militante da causa palestina, ele é odiado por muitos de seus compatriotas (americanos) conservadores e sionistas. Já teve seu escritório incendiado, seus familiares e ele mesmo recebem constantes ameaças de morte, e ele enfrentou uma campanha aberta sustentada por parte da imprensa para que a Universidade Columbia o demitisse (o que não ocorreu). Mas como ele condena o terrorismo, rompeu há muito com Arafat e a OLP, e defende posições absolutamente laicas e antifundamentalistas, também é atacado por intelectuais árabes. Aijaz Ahmad, por exemplo, contestou o uso que Said faz da primeira pessoa do plural que, segundo o crítico, é ambíguo e oportunista:

> Qualquer leitura atenta do conjunto de sua obra mostraria como ele emprega estrategicamente palavras como "*we*" e "*us*" [nós e nos] para referir, em contextos variados, palestinos, intelectuais do Terceiro

Mundo, acadêmicos em geral, humanistas, árabes, árabes-americanos e cidadãos americanos em geral.[6]

Acontece que essa mobilidade de enunciação, por parte de Said, é não apenas autorizada por sua múltipla identidade cultural, mas é também reivindicada por ele como um modo legítimo de ser cidadão de muitas pátrias e de nenhuma, um modo de ser conquistado por sua biografia e adequado a uma mundialização que ele deseja humanista e pacífica. A identidade é encarada por ele como um estorvo e um perigo. O nacionalismo, por exemplo, que ele define como "a filosofia da identidade transformada numa paixão coletivamente organizada", é necessário num primeiro tempo das nações, mas deve ser em seguida atenuado "para que a identidade saia em campo aberto e assuma seu lugar entre outras identidades humanas". Suas considerações sobre o nacionalismo cultural são exemplares:

> Fazer com que toda educação ou apenas parte dela seja subserviente a esse objetivo é limitar os horizontes humanos, sem justificativa intelectual ou mesmo política. Ao supor que os fins da educação são mais bem servidos se nos concentrarmos principalmente em *nossa própria* condição de separados, em nossa identidade étnica, nossa cultura e nossas tradições, nos colocamos ironicamente no lugar subalterno e inferior que a teoria racial do século XIX nos atribuiu e assim deixamos de compartilhar as riquezas gerais da cultura humana.

E suas observações sobre a universidade decorrem do mesmo princípio. O modelo de liberdade acadêmica, para ele, deve ser o migrante ou viajante:

> Deveríamos considerar o conhecimento algo pelo qual devemos arriscar a identidade e então pensar na liberdade acadêmica como

um convite para desistir da identidade, na esperança de compreender e talvez até assumir mais de uma.

Com seu livro *Orientalismo*, de 1979,[7] ele antecipou toda uma corrente dos estudos culturais norte-americanos e depois mundiais, os estudos pós-coloniais. Ao estudar e demonstrar o modo como o Oriente aparece nas obras literárias do século XIX e início do XX, Said pôs a nu toda a odiosa ideologia do imperialismo britânico e europeu em geral. Mas só pôde escrever esse livro brilhante porque estava munido da poderosa artilharia conceitual que ele adquiriu nas escolas inglesas e americanas, e no vasto conhecimento que tinha da literatura, das artes e da filosofia ocidentais. Sua enunciação segura mas tranqüila contrasta assim, flagrantemente, com a impostação freqüentemente raivosa, simplificadora e demagógica de boa parte da produção teórico-crítica pós-colonial subseqüente, pouco ciosa de fundamentar, com um saber que exige tempo, paciência e competência, afirmações que mais se aparentam aos manifestos e panfletos do que às obras de reflexão. A característica mais conflituosa de Said consiste na junção de uma teoria crítica ocidental, eurocêntrica em seus princípios iluministas, com uma postura política anticolonial. Essa antinomia, que está na própria base dos estudos pós-coloniais, o faz declarar que o epíteto "humanista" provoca nele um sentimento misto de afeição e repulsa. Como efeito positivo, esse conflito confere à sua escrita uma inquietação permanente, uma ausência de arrogância decorrente da saudável tendência a encarar os problemas de vários ângulos.

Finalmente, talvez a maior originalidade deste intelectual compromissado seja o fato de ele pertencer a uma área de saber cada vez menos reconhecida e prestigiada: a dos estudos literários. Foi estudando obras de autores ocidentais, como Conrad, Kipling, Defoe, Loti, Mann, e de não-ocidentais, como Mahfouz, Idriss, Naipaul, Tayib Salih, Kanafani e uma infinidade de outros escritores da literatura migrante que Said constituiu não apenas a sua ampla visão do mundo mas também a sua concepção de militância política. Podemos apenas lamentar que ele saiba pouco da literatura e da teoria latino-americanas, mas ninguém é capaz de conhecer tudo, e o que ele conhece já é muito.

A disciplina de que Said é titular, a literatura comparada, é uma decorrência do projeto romântico da *Weltliteratur* concebida por Goethe e naturalmente tributária de uma ideologia eurocêntrica. Os grandes inspiradores teóricos de Said, nessa disciplina, são os eruditos Curtius e Auerbach. Goethe concebia a literatura mundial como uma *sinfonia*; Said, intelectual de um mundo completamente transformado pelas grandes guerras, pelas viagens e migrações, pela globalização econômica e pela cultura massificada, prefere falar em *contraponto*. No terreno literário, a "mundialidade" é vista por ele como uma noção útil. Estabelecer relações entre obras e, através delas, entre os homens é uma maneira de ampliar o conhecimento do mundo e de promover o entendimento entre as culturas. Esses truísmos humanistas, que correm sempre o risco de cair na retórica vazia, adquirem, na ensaística de Said, formas incisivas e certeiras. Contrariamente aos literários "culturalistas", que usam os textos literários apenas como comprovações de suas teses acusatórias ou laudatórias, Said nunca perde de vista a especificidade dos estudos literários. E não cai na armadilha dos engajamentos nacionais-populares, tão freqüentes entre os terceiro-mundistas. Seu projeto não é exaltar obras ou autores particulares, reivindicando, para os excluídos, lugares de honra no cânone hegemônico. Seu procedimento é colocar em relação e avaliar em pé de igualdade obras das mais diversas procedências.

Vale a pena citá-lo em extenso:

> Quando se ligam obras entre si, elas são tiradas do esquecimento e
> da posição secundária à qual — por todos os tipos de motivos polí-

ticos e ideológicos — foram condenadas anteriormente. Portanto, o que estou propondo é o oposto do separatismo e também o reverso do exclusivismo. É somente por meio do escrutínio dessas obras *enquanto* literatura, como estilo, como prazer e iluminação, que elas podem ser, por assim dizer, recolhidas e mantidas. De outro modo, serão consideradas apenas espécimes etnográficos informativos, apropriados para a atenção limitada de especialistas da área [...] Uma grande parte da recente especulação teórica propôs que as obras de literatura são completamente determinadas por sua situação e que os próprios leitores estão totalmente determinados em suas reações por suas respectivas situações culturais, a tal ponto que nenhum valor, nenhuma leitura, nenhuma interpretação podem constituir algo além do mero reflexo de algum interesse imediato. Todas as leituras e toda a escrita são reduzidas a uma emanação histórica pressuposta.

Said recusa tanto o determinismo historicista quanto "a despreocupação etérea da crítica pós-axiológica" da chamada pós-modernidade. É na busca do compromisso entre o reconhecimento dos condicionamentos históricos e geográficos da obra literária e a avaliação estética com pressupostos universalistas, que Said traça seu difícil percurso. Enquanto o mundo carecer de justiça e de beleza, humanistas como ele são indispensáveis.

11. Desconstruindo os "estudos culturais"*

Desde meados dos anos 1980, os "estudos culturais" à maneira norte-americana têm tido uma grande penetração nas universidades de várias partes do mundo. Esses estudos se iniciaram e se desenvolveram nos departamentos literários, ocasionando grandes modificações na maneira de conceber e ensinar a literatura. Pelo fato de serem estudos generalistas e interdisciplinares, encontraram boa acolhida nos departamentos de literatura comparada. A própria Associação Internacional de Literatura Comparada, assim como suas afiliadas nacionais, têm refletido e acolhido essa tendência. As temáticas dos últimos congressos, internacionais ou nacionais, são uma prova disso.

Em livros e artigos anteriores, já me manifestei a esse respeito.[1] Uma vez mais, gostaria de esclarecer que não sou uma adversária das causas ideológicas que inspiram os estudos culturais, muito

---

*Comunicação apresentada no IV Congresso da Associação Portuguesa de Literatura Comparada, na Universidade de Évora, Portugal, em maio de 2001. Publicado aqui pela primeira vez.

pelo contrário. Também não sou uma saudosista, defensora de um conceito aistórico de literatura, de uma maneira tradicional de ensiná-la ou de um cânone imutável e sagrado.

Minhas objeções têm-se referido a certas práticas que incorrem naquele risco apontado por Barthes em sua "Aula inaugural do Collège de France": o fato de a defesa de causas minoritárias e revolucionárias se transformarem facilmente em novos discursos de poder, que, sob pretexto de resgatar "aquilo que foi esmagado", não percebem o que "estão esmagando alhures".[2] No caso, o que está sendo esmagado são os estudos propriamente literários, isto é, aqueles que consideram o texto literário como um discurso ideológico entre outros, ou apenas um documento social e histórico.

A posição que defendo é que o texto literário não é um discurso à parte, mas é um discurso particular, que exige uma leitura baseada em conceitos e valores específicos, e que, portanto, seu estudo não pode nem deve ser subsumido e obliterado pelos estudos culturais. Os estudos literários modernos necessitam do apoio das várias ciências humanas, mas não deveriam usar os temas presentes no texto literário como se fossem o objeto principal da pesquisa. Como objeto principal, esses temas são do âmbito de disciplinas específicas, como a antropologia, a sociologia, a história, ciências essas que os culturalistas, em sua maioria, manejam de modo insuficiente. Cada uma dessas ciências exige uma formação particular, uma bagagem de leituras especializadas que os diplomados em letras geralmente não têm.

A comunicação que agora proponho tem um título que pode parecer demolidor, mas apenas para aqueles que identificam, erradamente, desconstrução com demolição ou destruição. O que pretendo apresentar aqui é muito circunscrito: são algumas observações ocasionadas pela leitura de vários trabalhos classificados como "estudos culturais", e por certas incongruências que neles tenho observado. Muitos desses estudos se apresentam como tributários, explícita ou implicitamente, das propostas teóricas de Jacques Derrida; mas contrariam, na teoria e na prática, os princípios básicos da desconstrução.

A desconstrução derridiana é uma leitura fina e minuciosa de textos da tradição ocidental, visando mostrar seus pressupostos idealistas e metafísicos. Derrida aponta e questiona, nesses textos, os dualismos hierárquicos em que o primeiro termo tem sido historicamente privilegiado: ser/não-ser, fala/escrita, realidade/aparência, masculino/feminino etc. A crítica da tradição filosófica ocidental, na obra de Derrida, é infinita, já que o sentido último é sempre diferido, aberto ao porvir. Opor sentidos plenos, verdadeiros e últimos, aos sentidos dos textos desconstruídos, seria recair no mesmo dualismo que o filósofo combate. Por não se imobilizar jamais numa afirmação plena, a desconstrução leva freqüentemente a aporias. "Nem isso, nem aquilo", "por um lado, por outro", são formulações freqüentes no discurso de Derrida. A aporia é o limite da desconstrução, que visa ao deslocamento do sentido, numa atitude de crítica permanente.

Outro limite assumido pela desconstrução é o que existe entre o pensar e o fazer. A desconstrução é uma prática filosófica, acadêmica, que não se confunde com uma práxis política. (O que não impediu que Derrida, como pessoa física, tenha tomado várias atitudes políticas: com relação ao *apartheid* na África do Sul, ao comunismo soviético na antiga Tchecoslováquia, na criação de "cidades-refúgio" para os escritores perseguidos, na defesa explícita dos sem-terra brasileiros etc.)

Ora, muitos dos que invocam Derrida parecem não ter entendido bem o que é a "desconstrução". Usam-na no sentido de uma crítica textual cuja base ideológica estaria assentada em sentidos previamente determinados em termos morais, isto é, de um "bem" oposto a um "mal", de "verdades" opostas a "mentiras", de posições "politicamente corretas" opostas a posições "politicamente incorretas". Assim, seria "desconstrutivo" qualquer ataque ao patriarcalismo, ao logocentrismo, ao eurocentrismo, ao colonialismo, ao racismo etc. O resultado da leitura superficial e muitas vezes falseadora dos textos de Derrida, pelos culturalistas, é que, para combatê-los, muitas vezes seus opositores culpam a desconstrução, usando esse termo de modo igualmente leviano. Assim, Derrida é duplamente traído: pelos culturalistas e pelos inimigos do culturalismo. Para demonstrar que Derrida tem sido mal lido pelos culturalistas, tanto quanto por aqueles que o acusam de responsável por todos os excessos culturalistas, tomarei, uma a uma e de modo sucinto, algumas das principais vertentes dos estudos culturais.

Várias feministas adeptas dos "estudos de gênero" se dizem desconstrucionistas e derridianas. As considerações do filósofo com respeito ao "falogocentrismo" da cultura ocidental servem aos estudos feministas como base conceitual e terminológica para demonstrar, em nossa cultura, o predomínio do modelo masculino e a opressão das manifestações femininas. Em reação a esse fato histórico da opressão masculina, propuseram-se e desenvolveram-se estudos de formas de escrita que não se conformam a esse modelo "falogocêntrico".

Como uma extensão das justas e vitoriosas lutas feministas, no campo social, defendeu-se e defende-se uma "escrita feminina", com características próprias. Entretanto, para defender a "escrita feminina", as feministas procedem freqüentemente a uma essencialização do "feminino" que, como toda essencialização, é idealista ou metafísica e, portanto, excluída do pensamento de Derrida.

Mais do que uma essencialização, o discurso feminista implica freqüentemente a superioridade do feminino, e cultiva uma hostilidade ao masculino, num pensamento dualista simples também alheio aos princípios da desconstrução, que não trabalha com dualidades auto-exclusivas ou hierarquicamente dispostas. O pensamento dual faz que um dos termos dependa sempre do outro, mesmo que seja em relação de oposição, e o pensamento de Derrida não lida com oposições, mas com diferenças.

A evocação da *khôra* platônica como lugar da inscrição originária das formas, anterior às distinções ontológicas e genéricas, foi retomada por famosas intelectuais feministas como um "lugar" feminino, fecundante, materno. Esse deslizamento de uma noção não genérica para uma noção sexualizada se afasta da proposta derridiana. Para Derrida, a *khôra* é um "terceiro gênero" que abala as oposições constitutivas da metafísica.[3] Além de ser uma leitura tendenciosa da *khôra* platônica, a apropriação feminista da mesma acaba por incorrer no paradoxo de reforçar as posições a que se opõe. Ontologizando "a mulher", definindo-a pelo pré-simbólico, pela intuição, por uma vivência intensa do corpo, pela maternidade, as feministas reafirmam as características atribuídas às mulheres, desde sempre, pelo patriarcado.

Assim, as relações das feministas com as propostas de Derrida têm sido ambivalentes. Questionado acerca do "feminino" em suas obras, Derrida respondeu que seu discurso tanto pode encontrar aliadas entre as mulheres, como inimigas entre as feministas: "Para além da dualidade masculino/feminino, se a questão da diferença sexual é com efeito indissociável de todos esses textos, não creio que se possa imobilizar o seu teor numa *posição* feminista".[4]

A mesma essencialização do objeto acontece nos estudos baseados na etnia. Os mais desenvolvidos desses estudos se referem à questão dos negros. Como se sabe, as batalhas políticas pelos direitos dos negros, nos Estados Unidos, levaram a uma essencialização e a uma valorização da "raça", o que, além de ser um retorno às teorias deterministas do fim do século XIX, é sempre perigoso, do ponto de vista da prática política.

Em busca de uma "africanidade" essencial e originária, muitos teóricos negligenciaram as enormes diferenças culturais entre os povos africanos, e entre estes e os negros aculturados em outras partes do mundo. A tendência à exaltação do anteriormente oprimido, como diferente e superior, tem levado a um discurso panfletário e, no campo da crítica e do ensino, a uma valorização ideológica de toda literatura minoritária como necessariamente boa e estimável, o que, na verdade, as exclui do cotejo com as literaturas hegemônicas. Considerar as "literaturas emergentes" com condescendência acaba por ser uma atitude logocêntrica e paternalista. Escusado dizer que o conceito ontologizado de "etnia", assim como o de "gênero", não tem lugar no discurso de Derrida.

Onde a inspiração derridiana é mais declarada é nos estudos "pós-coloniais". As demonstrações derridianas do "logocentrismo" e do "eurocentrismo" reinante nos discursos ocidentais, assim como sua proposta de "descentramento", forneceram base teórica para a defesa das literaturas "periféricas", "marginais" e "pós-coloniais". Essa defesa, porém, acaba também incorrendo em problemas: a demonização do "centro hegemônico" e a valorização essencialista das "margens", que não existem, de forma alguma, nos escritos de Derrida.

O paradoxo dos estudos "pós-coloniais", assim concebidos, reside no fato de as margens se valerem do próprio discurso "logocêntrico" para afirmar sua diferença: as línguas dos colonizadores, no caso da escrita criativa; as idéias européias (os "direitos humanos", as propostas de filósofos franceses, como Foucault ou o próprio Derrida); as modas teóricas universitárias do centro hegemônico atual, os Estados Unidos, copiadas e adotadas pelos críticos e professores literários dos países periféricos.

Esse paradoxo se transforma em contradição quando os estudos pós-coloniais essencializam e privilegiam o colonizado com relação ao colonizador, o "pós" com relação ao "pré", e o pós-colonial anglófono com relação ao pós-colonial de outros contextos culturais. Tal contradição não existiria se esses estudos fossem realmente derridianos, porque para Derrida não existe um "pós" e um "pré" (que pressupõem uma origem pura e uma textualidade teleológica), e as margens não são pensadas por ele a partir de um Centro único.

Inspirados por Derrida, podemos também desconstruir, isto é, fazer uma crítica filosófica e ideológica do "multiculturalismo". O uso generalizado e simplificado das palavras "outro" e "alteridade", nos estudos multiculturais, está muito distante da visão que Derrida tem dos conceitos e dos problemas que elas implicam. O "multiculturalismo", conceito liberal politicamente correto, pelo que implica de tolerância à diversidade cultural, na prática favorece a criação de guetos estanques, convivendo no mesmo espaço, transformados em objetos de estudos particularistas, apaziguadores de conflitos sociais e, em última instância, incentivadores de prósperos nichos mercadológicos.

Quando Derrida trata da hospitalidade, ele parte do princípio da irredutibilidade do outro ao mesmo, e por isso considera as palavras "tolerância", "fraternidade" e "integração" como insuficientes para inventar o novo cosmopolitismo que o mundo de hoje exige.[5] O cosmopolitismo que ele visa não é o apagamento das diferenças culturais nem a ilusão de uma convivência pacífica, mas, partindo da aceitação do princípio da diferença, e até mesmo da hostilidade entre as culturas, um processo de permanente negociação da convivência na pólis: "É uma relação de tensão; essa hospitalidade é tudo, menos fácil e serena";[6] "A invenção política, a decisão e a responsabilidade políticas consistem em encontrar a melhor ou a menos pior legislação; este é o evento que deve ser reinventado a cada vez".[7] Estamos aí muito longe dos discursos tolerantes e apropriadores do "outro" como forma de boa consciência política. O próprio filósofo tem protestado contra a facilidade com que é usada a palavra "outro" e contra seu "uso moralizante".[8]

Onde os "estudos culturais" se encontram mais afastados do pensamento de Derrida é na contestação da tradição cultural. No furor de "desconstruir" a hegemonia ocidental, representada pelo cânone filosófico ou literário, esquecem-se os culturalistas de que a desconstrução só pode ser exercida com o conhecimento da tradição e nos próprios textos em que ela se encarna, como faz Derrida.

A relação de Derrida com a tradição é muito mais complexa do que seria uma simples rejeição. O princípio da citacionalidade, da intertextualidade, que preside à análise derridiana de textos, implica a existência de uma tradição. Derrida não é um relativista, no sentido de lançar mão de todas as tradições culturais como equivalentes. A desconstrução pensa a relação com o outro da tradição e da comunidade de uma maneira que nada tem a ver com o relativismo epistemológico e ético da chamada "pós-modernidade".

Seu pensamento se exerce sempre dentro da tradição ocidental, questionando-a com armas conceituais ocidentais. Relacionar-se com os textos dos filósofos e escritores da tradição ocidental é, para Derrida, uma responsabilidade e um dom:

endossar [*contresigner*] com meu próprio sangue, minha própria tinta, meu próprio trabalho, rubricar o que eles fizeram de uma maneira que seus fantasmas possam não apenas aprovar e reconhecer algo, mas ser enriquecidos com um dom.[9]

A idéia de "comunidade", cara a Derrida, também é impensável fora de uma relação com a tradição.

Por isso, é curioso e chega a ser irônico o fato de as reivindicações dos direitos das literaturas não ocidentais, baseadas no "descentramento" derridiano, terem chegado a propostas de revisão e implosão do "cânone ocidental", que jamais foi abandonado pelo filósofo. E, principalmente, é contraditório que os estudos culturais tendam a relegar a literatura a um lugar secundário, quando, na obra de Derrida, ela tem um lugar privilegiado, e de tal forma privilegiado, que outros filósofos o censuram por isso.

A concepção da literatura, na obra de Derrida, é ainda a da alta modernidade: a obra literária como sentido suspenso e, portanto, infensa a leituras ideológicas simplistas; a obra literária como "evento singular", e não como mero documento; a existência histórica da literatura *como tal*, isto é, herdeira de uma história sagrada que ela seculariza; a literatura como "espaço meteórico" da liberdade de dizer e de não dizer, "inseparável de uma democracia vindoura".[10]

De modo geral, o que não é absolutamente derridiano nos estudos culturais é a essencialização de seus objetos, as conclusões apresentadas como sentidos plenos, verdadeiros, dogmáticos e moralizantes, enquanto a desconstrução é uma crítica infinita, um deslocamento, uma abertura de horizonte, um adiamento (*différance*, diferimento) constante da conclusão, da Verdade.

Falando num estilo derridiano, eu diria, para terminar, que há nos "estudos culturais" "uma chance e um perigo" [*une chance et un danger*]. A "chance" é esses estudos abrirem novos territórios na vasta área dos estudos literários; e o "perigo" é de esmagarem o literário e se tornarem tão ideológicos quanto os discursos ideológicos que pretendem criticar, por uma simples inversão de sinal que jamais poderia ocorrer na desconstrução derridiana.

12. Civilizados e bárbaros

À espera dos bárbaros, do sul-africano J. M. Coetzee, publicado em 1980, ficará como um dos maiores romances do século XX. É uma obra que honra a humanidade e a literatura. Numa ficção situada em lugar e tempo indeterminados, Coetzee dá testemunho da conflituosa relação entre os homens e as culturas, que é intemporal, assim como da história de seu próprio país e de nosso tempo, que ele alegoriza de maneira admirável.

Num lugarejo de fronteira, gente humilde vive seu cotidiano sem histórias, sob a jurisdição de um magistrado acomodado e acomodatício. Até que, enviada pelo governo do Império, chega a Terceira Divisão, para resistir a um suposto ataque dos bárbaros nômades que vivem para além da desolada planície, onde, em local mal demarcado, passa a linha fronteiriça. A pretexto de coibir o ataque dos bárbaros, os soldados começam a praticar toda espécie de violência contra os poucos inimigos que conseguem capturar, contra a população do vilarejo e, finalmente, contra o próprio magistrado. A história é narrada por este, na primeira pessoa. É o narrador que registra os fatos e que, ao vivê-los, reflete sobre o que é a "natureza humana" e sua própria natureza.

O romance de Coetzee foi comparado a *O processo*, de Kafka (1925), e a *O deserto dos tártaros*, de Dino Buzzati (1940), outras duas grandes obras do século XX. Como Kafka, Coetzee questiona a condição do indivíduo confrontado à justiça, perdido entre o saber e a ignorância, a culpa e a inocência, enredado no irracionalismo e na crueldade dos comportamentos humanos. Como Buzzati, a cujo romance remete mais claramente, Coetzee coloca sua personagem numa pequena fortaleza de fronteira, à espera de uma guerra que tarda a ocorrer. E é toda a história do sinistro século XX que se pode ler nesses três romances; a futura Shoah, as guerras imperiais, a Segunda Guerra Mundial e, no romance de Coetzee, a então iminente "guerra de civilizações" a que assistimos agora.

Os "tártaros" ou os "bárbaros" são o outro, o que não vive como nós e, por isso, é naturalmente o inimigo. O medo do outro e o impulso para exterminá-lo são uma coisa só. A guerra é inevitável, e o contra-ataque pode preceder ao ataque. O perigo representado pelos outros está, inicialmente, mais na mente dos ameaçados do que nos supostos ameaçadores. E, ocorrendo a guerra, não se sabe mais quem provocou e quem reagiu.

No romance de Coetzee, como no de Buzzati, o ataque inimigo é mera suposição. Buzzati: "De lá nunca chegaram inimigos, nunca houvera combates, nunca acontecera nada".[1] Coetzee: "Dessa inquietação, eu mesmo não vi nada [...] mostre-me um exército de bárbaros que então eu acredito".[2] Tudo começa com rumores e boatos:

Deploráveis boatos e falsos alarmes. [...] Com base na precisa disposição do comando superior, convido suboficiais, graduados e soldados a não dar crédito, repetir ou ainda difundir boatos de alarme, destituídos de qualquer fundamento que seja, acerca de pretensas ameaças de agressão contra nossas fronteiras. (*DT*, p. 196)

Mas no ano passado começaram a nos chegar da capital histórias de inquietação entre os bárbaros [...] As tribos bárbaras estão se armando, dizem os rumores; o Império devia tomar medidas de precaução, porque certamente vai haver guerra. (*EB*, p. 16)

Nos dois romances, os boatos acabam por se tornar fatos guerreiros. Outra similaridade entre os dois romances é a nostalgia da infância e a narração dos sonhos dos protagonistas, que a ela remetem como ideal de inocência e de paz. Mas aí cessa a semelhança entre ambos. O romance de Buzzati é um drama existencial e metafísico, centrado na aspiração humana por um momento glorioso que justificaria uma vida e que, quando chega, já é tarde demais:

Do deserto do norte devia chegar a sorte, a aventura, a hora milagrosa, que, pelo menos uma vez, cabe a cada um. Para essa vaga eventualidade, que parecia tornar-se cada vez mais incerta com o tempo, os homens consumiam ali a maior parte de sua vida. (*DT*, p. 60)

É uma meditação sobre a passagem do tempo, a vida e a morte, e só tangencialmente aponta a vanidade do militarismo e a estupidez das guerras.

Uma grande diferença decorre da profissão dos protagonistas: militar, no caso de Buzzati, juiz, no caso de Coetzee. Para o militar, a guerra é ocasião de heroísmo. Em *À espera dos bárbaros*, o drama individual do magistrado ocorre à sua revelia. Este não tinha, de início, nenhum projeto heróico: "Eu não queria me envolver nisto. Sou um magistrado da roça, um funcionário responsável a serviço do Império, servindo meus dias nesta fronteira preguiçosa, esperando para me aposentar" (*EB*, p. 15); "Não pedi nada mais do que uma vida tranqüila em tempos tranqüilos" (*EB*, p. 16). São os acontecimentos que o levam a uma reflexão sobre a verdade e o erro, a civilização e a barbárie, a humanidade e a animalidade, que se revelam como duvidosas oposições, desprovidas de fronteiras reais.

A busca da verdade pode levar à violência. Para esclarecer a veracidade dos boatos, os militares torturam os prisioneiros. O coronel Joll, que surge já na primeira página do livro, usa óculos escuros: "Ele é cego? [...] Mas ele não é cego. [...] 'Protegem os olhos contra o brilho do sol', diz. [...] 'Na minha terra todo mundo usa isto'" (*EB*, p. 7). O tema da cegueira atravessa o livro todo, como se os homens não quisessem ou não pudessem ver a luz da verdade. A jovem bárbara, com quem o magistrado conviverá, foi parcialmente cegada numa sessão de tortura, e só consegue enxergar os "civilizados" como um borrão. Por sua vez, o magistrado não a "viu", quando ela foi levada à tortura: "Meus olhos passaram por ela; mas não tenho lembrança dessa passagem" (*EB*, p. 48). E quando, mais tarde, ele tenta uma comunicação visual com a garota, recebe, de volta, sua própria imagem: "Tomo seu rosto entre as mãos e olho o centro morto de seus olhos, nos quais reflexos gêmeos de mim mesmo olham solenemente de volta" (*EB*, p. 58). Cegueira voluntária, cegueira imposta, cegueira de defesa, todas indicam o desconhecimento do outro.

A tortura é justificada, pelo coronel Joll, como busca da verdade:

> Estou falando de uma situação especial apenas, estou falando de uma situação em que estou procurando a verdade, em que tenho de exercer pressão para descobrir a verdade. Primeiro eu consigo mentiras, entende — é isso que acontece —, primeiro mentiras, depois pressão, depois mais mentiras, depois mais pressão, depois a que-

bra, depois mais pressão, depois a verdade. É assim que se consegue a verdade. (*EB*, p. 12)

Mas a verdade buscada pelo magistrado é outra; ele tem de arrancá-la de si mesmo, à luz da experiência, e só progressivamente a vislumbrará. Uma vez iniciada, essa busca não tem retorno:

De alguma forma, eu sei demais; e desse conhecimento, depois que se foi contaminado, parece não haver recuperação. Eu nunca deveria ter pegado a lanterna para ver o que estava acontecendo na cabana ao lado do celeiro. Por outro lado, para mim não havia como, depois de ter pegado a lanterna, deixá-la de lado outra vez. (*EB*, p. 32)

Desde o início do romance, a humanidade é confrontada com a animalidade. O coronel Joll é um caçador que se vangloria de ter matado milhares de veados, porcos e ursos. Ao longo da narrativa, são referidos numerosos animais que sofrem maus-tratos dos humanos. A conduta predatória, "animalesca", dos humanos é um tema tratado por Coetzee em outros livros, como *A vida dos animais* (1999).[3] Em *À espera dos bárbaros*, o magistrado vai tomando consciência de que aqueles que tratam inimigos como tratam os animais, isto é, com crueldade, não são exatamente "o grande milagre da criação":

Homens! [...] Um milagre da criação — persigo a idéia, mas ela me escapa como uma espiral de fumaça. Ocorre-me que esmagamos insetos com os pés, besouros, vermes, baratas, formigas, milagres da criação eles também, às suas diversas maneiras. (*EB*, p. 143)

A questão da animalidade dos humanos é aludida de várias outras maneiras. Os pescadores prisioneiros são vistos como animais: "Seus costumes são francos e imundos [...] são capazes de ficar conosco para sempre, tão pouco parece ter sido preciso para atraí-los para longe de um estado natural". O magistrado anota: "Ficamos olhando enquanto eles comem, como se fossem animais estranhos [...] seu vasto apetite, sua falta de vergonha animal" (*EB*, pp. 29-30). (Este, infelizmente, é um universal antropológico. O homem, em geral, tende a ver os outros homens como mais próximos dos animais do que ele. Numerosas são as sociedades ditas "primitivas" que reservam para si a denominação de "homem" e chamam os membros das outras por um nome de animal.)

A jovem bárbara é comparada, pelo próprio magistrado, a um animal: "As pessoas vão dizer que tenho dois bichinhos em meu apartamento, uma raposa e uma garota" (*EB*, p. 50). Ela lhe parece ter "uma saúde animal" (*EB*, p. 77), e um comportamento apenas instintivo. Mas, à medida que observa o comportamento dos humanos, e seu próprio comportamento, vai surgindo nele a consciência de que o limite entre a humanidade e a animalidade é tênue. Ele é levado a ver a hipocrisia dos humanos e sua própria hipocrisia. Lembra-se que, durante sua administração, o matadouro da praça do mercado tinha sido transferido para os arredores da cidade, "no interesse da decência" (*EB*, p. 159). E, quando devolve a garota a seu povo, qualifica a si mesmo como "um chacal do Império em pele de carneiro" (*EB*, p. 98).

O modo como os homens usam as mulheres de classe inferior é reconhecido por ele como animalesco. E, finalmente, ao ser ele mesmo submetido à tortura, o magistrado se vê transformado num pobre animal, reduzido aos instintos básicos que nos irmanam como seres vivos: fome, sono, reação à dor física. O que confirma o que ele dissera no início do romance: "A dor é a verdade; tudo o mais está sujeito a dúvida" (*EB*, p. 12).

Outra fronteira que se revela como falsa, no romance, é a que separa "civilizados" de "bárbaros". A barbárie é uma imagem que os civilizados têm dos bárbaros, "a litania de preconceito dos pioneiros: de que os bárbaros são preguiçosos, imorais, imundos, burros" (*EB*, p. 54). Desde o início, o magistrado rejeita essa imagem dos bárbaros. Diferentemente dos militares, ele tem outras respostas para a pergunta "O que eles querem de nós?". Imprudente, ele responde ao jovem oficial:

Eles querem pôr fim à expansão de assentamentos nas terras deles. Querem sua terra de volta afinal. [...] é esse desprezo pelos bárbaros, desprezo demonstrado pelo menor dos moços de estrebaria ou camponês, que eu como magistrado venho combatendo há vinte anos. Como se erradica esse desprezo, principalmente quando esse desprezo está fundado em nada mais substancial que à diferença nas maneiras à mesa, em variações na estrutura da pálpebra? Será que devo dizer a você o que eu às vezes queria? Queria que esses bárbaros se rebelassem e nos ensinassem uma lição, para aprendermos a respeitá-los. (*EB*, pp. 70-1)

O juiz é, portanto, um homem justo, um liberal, quase um subversivo. Mas será que isso basta para evitar a guerra? E, mais ainda, será que essa postura o coloca, de modo inequívoco, do lado do Bem? Os acontecimentos lhe mostram que ela não basta e que, pior, ela é equívoca. De início, obediente às ordens governamentais, ele deixa agir o coronel Joll e seus subordinados. Em seguida, e principalmente, toma por amante a jovem bárbara mutilada pela tortura. Pouco a pouco, percebe que é atraído justamente por essa mutilação, e pela submissão total da garota. A dúvida então se instala: "A distância entre mim e seus torturadores, compreendo, é insignificante; estremeço" (*EB*, p. 41); "Tenho de afirmar minha distância do coronel Joll! Não vou sofrer pelos crimes dele!" (*EB*, p. 62).

No discurso do narrador, inverte-se, sutil e progressivamente, a atribuição do qualificativo "bárbaro". Os militares são por ele chamados de "novos bárbaros" (*EB*, p. 107), e suas ações são vistas como nada civilizadas: "Assim a força expedicionária contra os bárbaros prepara sua campanha, assolando a terra, devastando nosso patrimônio [...] É hora da flor negra da civilização desabrochar" (*EB*, p. 111). E quando os soldados saqueiam a cidade, ele observa: "De que adianta o dono da loja dar o alarme quando os criminosos e a Guarda Civil são as mesmas pessoas?" (*EB*, p. 164). Situação que conhecemos bem, inclusive no Brasil.

À espera dos bárbaros é um romance de aprendizagem, ainda que tardia. Em sua progressiva lucidez, o magistrado não poupa a si mesmo:

> Eu era a mentira que o Império conta a si mesmo em tempos tranqüilos, ele [Joll] a verdade que o Império conta quando sopram ventos duros. Dois lados do domínio imperial, nem mais nem menos. (*EB*, p. 179)

E a grandeza do romance de Coetzee reside nessa lucidez. Não há, nele, um herói totalmente justo, nem um vilão totalmente culpado. Os bárbaros não são "bons selvagens" inocentes, e a civilização não é inteiramente desprezível:

> E será que acredito mesmo no que estou dizendo? Desejo mesmo o triunfo do modo bárbaro: torpor intelectual, sujeira, tolerância à doença e à morte? Se nós desaparecêssemos, será que os bárbaros passariam as tardes escavando nossas ruínas? Preservariam nossas listas do censo e os livros dos comerciantes de grãos em vitrines de vidro, ou se dedicariam a decifrar a escrita de nossas cartas de amor? (*EB*, p. 72)

Daí a justeza do romance com relação a nosso tempo de incertezas. A única certeza conquistada pelo magistrado é de que há situações que não podem ser aceitas, aquelas em que o ser humano é ferido e humilhado. Situações diante das quais se deve "recuperar um espírito de indignação" (*EB*, p. 135) e dizer "Não!" (*EB*, p. 141). "Quando alguns homens sofrem injustamente, é destino dos que testemunham esse sofrimento envergonhar-se disso" (*EB*, p. 183). Não por acaso, o herói de Coetzee é um magistrado. Sua função lhe permite refletir sobre as leis e a justiça. O poema de Konstantinos Kaváfis, cujo título o romance de Coetzee retoma, trata explicitamente das leis:

O que esperamos na ágora reunidos?
É que os bárbaros chegam hoje.
Por que tanta apatia no senado?
Os senadores não legislam mais?
É que os bárbaros chegam hoje.
Que leis hão de fazer os senadores?
Os bárbaros que chegam as farão. [...][4]

Os acontecimentos do romance de Coetzee mostram que as leis não são a garantia da justiça; elas são ditadas pelo interesse do Império, seja ele qual for: "Eles vão usar a lei contra mim até onde servir a eles, depois vão recorrer a outros métodos" (*EB*, p. 113). Mas é justamente pelo fato de as leis não serem a justiça, que o Homem Justo tem não apenas o direito mas o dever ético de a elas se opor ocasionalmente, em nome de uma justiça maior, que não existe de modo abstrato mas é realizada por cada indivíduo, em cada situação histórica.[5] O que não significa que podemos prescindir de leis: "Tudo o que podemos fazer é preservar as leis, nós todos, sem deixar a lembrança da justiça se apagar" (*EB*, p. 183). É porque nele a lembrança da justiça não está apagada, que o magistrado reage:

Que no mínimo seja dito, se algum dia isso for dito, se algum dia houver alguém, em algum futuro remoto, interessado em saber como vivíamos, que neste mais longínquo dos postos do Império da luz existiu um homem que em seu coração não era um bárbaro. (*EB*, p. 139)

O bárbaro não é o outro, somos nós mesmos quando nos esquecemos da justiça e agimos cruelmente contra nossos semelhantes. Essa certeza nascida da experiência dá ao magistrado a coragem de dizer ao coronel Joll:

> O *senhor* é o inimigo, o *senhor* fez a guerra, e o *senhor* deu a eles todos os mártires de que precisavam... a começar não de agora, mas de um ano atrás, quando cometeu suas primeiras sórdidas barbaridades aqui! A história haverá de me dar razão! (*EB*, p. 152)

Infelizmente, a história recente de nosso planeta tem dado razão ao magistrado de Coetzee, multiplicando os coronéis Joll e suas vítimas.

No romance de Buzzati, a passagem do tempo natural, o tempo das estações do ano, remete ao tempo da existência humana, do nascimento à morte. É um tempo cíclico e metafórico, independente da história. No romance de Coetzee, o tempo natural é o tempo da paz, oposto ao tempo histórico, o da guerra. O magistrado "queria viver fora da história que o Império impõe a seus súditos, mesmo a seus súditos perdidos" (*EB*, p. 203). Mas suas desventuras mostram que isso não é possível.

A história parece ser irracional, deixando um amontoado de ruínas sobre outro estrato igualmente destruído. As misteriosas tiras com inscrições que o magistrado costumava desenterrar em tempos de paz permanecem ilegíveis. Entretanto, se as tiras antigas são ilegíveis, cabe aos homens inventar um sentido atual para elas.

É o que faz o magistrado, quando finge, diante do coronel Joll, que elas se referem aos crimes recentes perpetrados por ele (*EB*, p. 148).

Tudo parece indicar que nenhuma lição pode ser tirada da história, já que a guerra contra os "bárbaros" recomeça sempre: "Até o fim, não teremos aprendido nada. Em todos nós, bem no fundo, parece haver alguma coisa granítica e impossível de ensinar" (*EB*, pp. 188-9). No final do romance, a aprendizagem do magistrado não está terminada: "Consegui sobreviver a um ano movimentado, no entanto minha compreensão não é maior que a de um bebê de colo" (*EB*, pp. 203).

Na verdade, o magistrado chegou a algumas conclusões:

> O que nos impossibilitou de viver no tempo como peixes na água, pássaros no ar, como crianças? A culpa é do Império! O Império criou o tempo da história. O Império localizou sua existência não no tempo recorrente do ciclo das estações, que passa sereno, mas no tempo recortado de ascensão e queda, de começo e fim, de catástrofe. O Império se condena a viver na história e conspira contra a história. Só uma idéia preocupa a mente obtusa do Império: como não terminar, como não morrer, como prolongar sua era. De dia, persegue seus inimigos. É astuto e impiedoso, manda seus sabujos por toda parte. À noite, se alimenta de imagens de desastre: o saque de cidades, a violação de populações, pirâmides de ossos, hectares de desolação. (*EB*, p. 176)

A que Império se refere Coetzee? Evidentemente, a qualquer Império, dos muitos que os séculos passados tiveram e que o XXI perpetua. Os "bárbaros" inimigos do Império são tanto os negros durante o *apartheid*, quanto os muçulmanos de Guantánamo, os indígenas da América Latina, os imigrantes na Europa, os moradores das periferias das metrópoles. Note-se que, no romance, os bárbaros não são descritos no pormenor, têm uma aparência geral, fantasmática, que se opõe à dos homens brancos. Sabemos apenas que têm olhos e cabelos negros, "rostos marrons" e "olhos amendoados" (*EB*, p. 95). Contra eles, o poder comete barbaridades, aceitas pela sociedade que ele pretende proteger, amparado nas leis. Assim, os "bárbaros" estão de um lado ou de outro da guerra, algozes ou vítimas: "O crime que está latente em nós temos de atribuir a nós mesmos [...] Não aos outros" (*EB*, p. 193). *À espera dos bárbaros* é mais impactante por não ser documental, por não ter um referente histórico preciso. Ele tem a força da universalidade.

O romance é sombrio, mas não totalmente desesperançado. A criança encapuzada que o magistrado via em seus sonhos finalmente lhe revela seu rosto, "um rosto de criança, brilhante, saudável, que sorri para mim sem alarme". Ela não estava construindo um castelo, como ele pensara, mas um forno, do qual retira um pão quente que lhe oferece. O pão é uma indiscutível verdade civilizacional.

E a conclusão do magistrado, se não é otimista, pelo menos não é de desistência:

> Essa não é a cena com que sonhei. Como de muitas outras coisas hoje em dia, me afasto sentindo-me estúpido, como um homem que perdeu o rumo há muito tempo mas insiste em seguir uma estrada que pode não levar a lugar nenhum. (*EB*, p. 204)

Roland Barthes dizia que a literatura não é *resposta* ao mundo, mas *pergunta* que o escritor dirige ao mundo, solicitando aos leitores uma resposta em forma de reflexão:

> Escrever é abalar o mundo, colocar nele uma interrogação *indireta*, à qual o escritor, num último suspense, abstém-se de responder. A resposta, é cada um de nós que a dá, trazendo nela sua história, sua linguagem, sua liberdade.[6]

Jean-Paul Sartre, por sua vez, declarava:

A literatura engajada não é uma literatura de militante. [...] Não é necessário, e é até mesmo profundamente desejável que todas essas preocupações [políticas] não sejam dadas na obra sob a forma de uma realidade determinada.[7]

O romance de Coetzee é político e engajado, como toda grande literatura, não por defender posições previamente consideradas corretas, apontando "bandidos" e "mocinhos", mas por abrir a possibilidade de acharmos alguma resposta, ou de ao menos procurá-la. *À espera dos bárbaros* é uma lanterna na escuridão. A história não tem uma moral, mas exige uma ética, e a literatura nos ajuda a exercê-la.

13. Macunaíma e a "entidade nacional brasileira"

Não era minha intenção, ao redigir algumas notas para um curso de literatura brasileira na Sorbonne, em 1989, destinado aos candidatos dos concursos de CAPES e Agrégation,[1] inserir uma leitura crítica original na já vasta bibliografia passiva de Macunaíma *e seu autor. Não fui eu que escolhi o tema. Ele constava no programa daquele ano. Cabia-me, então, simplesmente apresentar a obra aos alunos, fornecendo-lhes as informações básicas necessárias para sua leitura e interpretação: sua inserção na literatura brasileira, suas fontes, o método de composição, as considerações do autor sobre a obra e o que dela haviam dito os principais críticos, do modernismo até aquele momento.*

Foi providencial, para meu curso, a publicação então recente da edição crítica de Macunaíma, *coordenada por Telê Porto Ancona Lopez, na coleção Arquivos da UNESCO. Dispúnhamos então, os alunos e eu, de um texto confiável e esclarecido por preciosas notas, além de excelentes ensaios-sínteses e de uma bibliografia básica comentada.*

Empreender um curso acadêmico sobre Macunaíma *na Sorbonne, em sua aparente normalidade, representava um grande desafio. Primeiramente, o de encaixar a obra nos esquemas cartesianos dos pro-*

gramas e provas franceses, preparando os alunos para redigir uma dissertation *canônica (com "introdução", "desenvolvimento" e "conclusão") e um* commentaire dirigé *de um trecho da obra (no estilo* explication *de texto). Era evidente que* Macunaíma *se prestava mal a tais exercícios lógicos, eruditos e positivantes. Também ainda não eram bem-vindos na Sorbonne, naquele momento, conceitos como "texto" (no sentido de Barthes), "carnavalização" (no sentido de Bahktine) e "intertextualidade" (no sentido de Kristeva), e nem mesmo o "pensamento selvagem" de Lévi-Strauss. Em pleno pós-estruturalismo, o estruturalismo era ainda muito malvisto pelos professores que iam julgar os candidatos e suas provas.* Macunaíma *precisava, portanto, ser de algum modo domesticado para entrar nos esquemas sorbonários de modo a não prejudicar os alunos. Essa dificuldade acabou sendo, para mim, um jogo estimulante e até divertido, porque se tratava de subverter disfarçadamente aqueles esquemas, de "trapacear" num espírito barthesiano e — por que não? — macunaímico. Deu certo, já que a maioria dos alunos foi aprovada.*

Relendo as notas que redigi para esse curso, à luz da extensa crítica de Macunaíma, *pareceu-me que algumas observações ali registradas mereciam lembrança, por reportar-se a palavras-conceitos que apareciam de forma insistente, e a meu ver ainda discutíveis, nessa respeitável massa crítica: o conceito de "identidade" e de "nacionalismo". Os melhores críticos, ainda vez por outra, usavam essas palavras com relação a Mário de Andrade, como se elas não fossem, para ele, imensamente problemáticas.[2] Parecia-me e parece-me importante observar que Mário de Andrade não usou, falando de* Macunaíma, *os termos "identidade brasileira", mas a expressão "entidade nacional brasileira". E que fugia, como da peste, do patriotismo dominante. É para examinar essas questões que publico, aqui, parte dessas notas. (2007)*

Sabe-se que, inicialmente, Mário de Andrade não atribuía a *Macunaíma* uma importância especial. Em seus primeiros depoimentos, apresentava o livro como obra de lazer e entretenimento, literatura de férias. Na verdade, não conseguia avaliá-la; aguardava e pedia a opinião de amigos escritores e críticos. Foi acometido de espanto e contrariedade ao ler as primeiras repercussões do livro, reticentes ou francamente negativas. Do divertimento inicial, passou a um estado de profunda depressão. A perplexidade em que o lançava sua própria obra fez com que ele a definisse, entre 1927 e 1928, como "a coisa mais *déroutante* que fiz até agora"; ora a qualificava como "um puro divertimento", ora como "uma coisa tremenda" (cartas a diversos amigos). Tinha, porém, consciência de que se tratava de uma experiência audaciosa e única no gênero. Redigiu dois prefácios para a obra, e acabou não publicando nenhum. Os dois prefácios, que deixou manuscritos, são documentos valiosíssimos para a compreensão de *Macunaíma*, além de comprovar o fenômeno estético de que as grandes obras ultrapassam as intenções de seus criadores.[3]

O que esses prefácios, assim como a correspondência de M.A., confirmam, é que *Macunaíma* não deve ser lido como uma obra de mensagem deliberada e de significação unívoca. É uma obra aberta e plural. Não é a demonstração de uma tese; é uma hipótese, um estudo, uma reflexão, e sobretudo uma busca. Como seu herói, M. A. busca uma "muiraquitã", e essa muiraquitã é a "entidade brasileira".

Outros pontos são ainda mais pacíficos. *Macunaíma* não dever ser lido como um compêndio de etnologia ou de folclore. Embora tenha, como fontes, obras eruditas dessas especialidades, a montagem efetuada por M. A. é lúdica, criativa, artística e, como tal, transforma e falseia as fontes. Do mesmo modo, embora baseada em elementos populares, não é obra popular: é obra culta, sofisticada e moderna.

M. A. tinha muitas intenções ao escrever *Macunaíma*: "[...] tive intenções por demais" (Segundo prefácio). A obra ultrapassou suas intenções, mas a principal delas foi mantida: retratar artisticamente a "entidade nacional dos brasileiros". Atente-se para a expressão "entidade nacional", sabiamente utilizada pelo autor em vez da expressão "identidade nacional", que se tornaria corrente e insistente na ensaística brasileira a partir do modernismo. "Entidade", na linguagem filosófica, é "um objeto concreto, mas que não tem unidade ou identidade materiais"; "um 'algo'; um objeto de pensamento que se concebe como um ser desprovido de toda determinação particular".[4] A primeira prova da genialidade de M. A. foi não ter caído nas armadilhas da "identidade", que supõe essência e origem. Como "retrato" do brasileiro, Macunaíma é fiel, na medida em que o retratado é um ser híbrido, contraditório, em processo.

Em todos os níveis da obra encontramos a *mistura*: no nível semântico, composicional e textual.

O herói é uma mistura das três principais etnias que compõem a população brasileira: o índio, o branco e o negro. Mas não é uma mistura estável, pois o que a caracteriza, na trama do romance, é a permanente *metamorfose*. A mentalidade do herói é composta de resíduos culturais dessas três etnias, ora justapostas, ora sincreticamente assimiladas. M. A. não essencializa nem supervaloriza nenhuma etnia, assim como não idealiza a mestiçagem.

O nome Macunaíma, colhido por M. A. no lendário indígena fixado por Koch-Grünberg, significa "o grande mau". Inicia-se, pois, na fonte, a ambigüidade qualitativa do herói, que, contrariamente à tradição cristã, é herói sem ser "bom". Muitas das aventuras de Macunaíma reproduzem, com pequenas alterações, as façanhas do herói indígena. O herói é portanto o agente de ações previamente fixadas pela tradição; age daquela forma porque assim está na lenda.

Tem, portanto, uma lógica funcional, sem ter necessariamente uma lógica qualitativa, psicológica ou simbólica. Quanto à psicologia, o próprio M. A. explicava, em carta a Manuel Bandeira (11/1927):

> Mas o fato do livro não ter propriamente uma conexão lógica de psicologia não obriga propriamente... Isto é, conexão lógica de psicologia ele tem, quem não tem é Macunaíma e é justo nisso que está a lógica de Macunaíma: em não ter lógica. Não imagine que estou sofismando não. É fácil de provar que estabeleci bem dentro de todo o livro que Macunaíma é uma contradição em si mesmo. O caráter que demonstra num capítulo, ele desfaz noutro. Etc.

Ao nome próprio preexistente, o autor acrescentou o epíteto: "o herói sem nenhum caráter". Pode-se compreender "sem nenhum caráter" de duas maneiras: sem nenhum traço distintivo ou sem nenhum caráter moral. Ambas as leituras convêm ao herói. Sua mutabilidade e suas contradições impedem que definamos seu caráter de modo unívoco; por outro lado, suas ações demonstram falta de caráter moral, se as julgarmos pelos padrões da moral cristã ocidental. Foi no primeiro sentido que o herói indígena seduziu M. A., conforme seu depoimento:

> Macunaíma vive por si, porém possui um caráter que é justamente o de não ter caráter. Foi mesmo a observação disso, diante das conclusões a que eu chegara, no momento em que lia Koch-Grünberg [...] que me entusiasmou pelo herói. (Carta a Manuel Bandeira, 7/11/1927)

Mas a própria obra autoriza a segunda leitura, de cunho moral. No capítulo XIII, diz o narrador: "Então eles verificaram que Macunaíma era muito safado e sem caráter". No Primeiro prefácio, M. A. explicita que o termo se aplica nos dois sentidos: "Dessa falta de caráter psicológico creio otimistamente, deriva nossa falta de caráter moral". E no Segundo prefácio: "Falta de caráter no duplo sentido de indivíduo sem caráter moral e sem característico [*sic*]". O espaço da narrativa é embaralhado. Os locais em que se situam os acontecimentos misturam a indeterminação característica da lenda com a determinação geográfica própria do relato realista. Isso ocorre desde a primeira página do livro: o herói nasce "no fundo da mata virgem" (lugar lendário), que é em seguida identificado pelo "murmurejo do Uraricoera" (lugar real: rio amazônico que nasce na serra de Paraimá e se junta ao rio Tacatu, para formar o rio Branco). Nos quatro primeiros capítulos, predomina a indeterminação do conto maravilhoso: o salto da Felicidade, a estrada dos Prazeres, o capão de Meu Bem etc.). A partir do capítulo V, as referências geográficas se tornam mais numerosas; já na primeira página desse capítulo, são referidos o rio Negro, a ilha de Marapatá, o Araguaia, Roraima e São Paulo. A esses dois espaços terrestres confundidos (real e irreal) se contrapõe o espaço mítico do céu, para onde ascenderão o herói e outras personagens transformadas em estrelas.

No decorrer da história, Macunaíma percorre praticamente todo o espaço brasileiro, efetuando vertiginosos ziguezigues pelo mapa do Brasil, e descendo uma vez de Manaus a Mendoza, na Argentina. Esses deslocamentos são ilógicos e inverossímeis, em suas rotas como em seus meios de transporte. O que M. A. desejava era incluir em seu livro todo o espaço brasileiro, mas sem obedecer à topografia, fundindo, pelo contrário, as regiões, transformando essa vasta superfície, com suas enormes diferenças geológicas, climáticas e culturais num único *espaço mental brasileiro.*

No Segundo prefácio, diz que o livro "possui aceitação sem timidez nem vanglória da entidade nacional e a concebe tão permanente e unida que o país aparece desgeografado no clima na flora na fauna no homem, na lenda, na tradição histórica [...]". Em adendo ao Primeiro prefácio, já dizia:

> Um dos meus interesses foi desrespeitar lendariamente a geografia e a fauna e flora geográficas. Assim desregionalizava o mais possível a criação ao mesmo tempo que conseguia o mérito de conceber literariamente o Brasil como entidade homogênea — um concerto étnico nacional e geográfico.

Vale lembrar que até 1930 a economia brasileira se baseava em plantações agrícolas voltadas para o mercado internacional, sem que houvesse comunicação entre elas. As diferentes regiões brasileiras tinham estruturas políticas autônomas, e o Estado era muito fraco para integrá-las. A diversidade social e cultural das regiões era também um entrave para a formação de uma "consciência nacional". M. A. aspirava a essa união nacional por meio de uma "desregionalização", que em seu momento só podia ser concebida como ficção.

Dos lugares terrestres, dois têm especial importância em *Macunaíma*: a terra natal do herói e São Paulo. Neles transcorre a maior parte da história, enquanto os outros são apenas lugares de passagem. O Uraricoera, no início da obra, é o lugar da inocência e da felicidade, oposto a São Paulo, lugar de lutas, perigos e doenças. Enquanto o primeiro se subdivide em três espaços simples e indeterminados — a maloca, o mato, o rio —, o segundo é complexo e seus espaços designados realisticamente: rua Maranhão, rua Quinze, Jardim da Luz etc. Na passagem de um espaço a outro, Macunaíma abdica de sua consciência e perde seu séquito de papagaios, isto é, sua condição de Imperador do Mato Virgem (capítulo v).

São Paulo exerce, sobre o herói, o fascínio que exercia na época de M. A. e ainda hoje atua sobre migrantes de outras regiões do Brasil. A "cidade macota" é o lugar do progresso e o elo com a Europa: italianos, francesas, polonesas... A Europa, na obra, é um espaço virtual, para onde os brasileiros vão com "uma pensão do governo" (capítulo XII). A decisão de Macunaíma, de não ir à Europa porque "seu lugar é a América", parece opor os dois continentes; mas só parece, pois sua decisão e o julgamento negativo sobre a Europa são ambíguos, na medida em que são ditados pelo despeito de não ter conseguido a pensão.

Da mesma forma, a oposição Uraricoera São Paulo parece indicar uma tensão Norte/Sul, Natureza/Civilização, Mito/Realidade. Mas essas oposições são apenas sugeridas, pois o procedimento habitual do texto é a *fusão* em todos os níveis. Os dados "reais" e "civilizados" da metrópole são "traduzidos" por Macunaíma em termos legendários e "selvagens". A oposição permanece latente e não é resolvida. Afinal, nem o Uraricoera, nem São Paulo são conotados de modo positivo. A volta do herói ao Uraricoera não é o reencontro com a felicidade, mas a experiência do paraíso perdido: "E então Macunaíma não achou mais graça nessa terra" (capítulo XVII). Por suas fusões e ambigüidades, *Macunaíma* não se presta a nenhum idealismo nacionalista ou regionalista, e sua (re)leitura evidencia como retrocessos os retornos posteriores da ficção brasileira a essas ideologias.

Assim como o espaço, em *Macunaíma* o tempo é misto. Há uma mistura de tempo histórico real (a carta às Icamiabas é precisamente datada de 30 de maio de 1926; a descrição de São Paulo tem índices dessa época) e o tempo legendário, indefinido. No mais das vezes, a escansão temporal é marcada por expressões vagas, como as que se encontram nos contos maravilhosos: "no outro dia...", "uma feita...", "então". Vários capítulos se abrem com essas expressões (III, IV, V).

O tempo da ação é linear: os acontecimentos sucedem uns aos outros; mas o ritmo dessa sucessão é complexo e desprovido de verossimilhança. O herói passa "mais de seis anos não falando", e depois "botou corpo num átimo e ficou um príncipe lindo" (capítulo I). O tempo de suas andanças posteriores também não tem qualquer adequação ao real.

Assim como o espaço é "desgeograficado", o tempo é destemporalizado. Os encontros do herói com personagens históricas ocorrem em total anacronismo: pessoas que viveram em diferentes séculos da história do Brasil aparecem com a mesma naturalidade com que surgem contemporâneos de M. A. (Manuel Bandeira, Blaise Cendrars, Raul Bopp e outros). Personagens reais e históricas contracenam com personagens míticas e atemporais.

O tempo, como o espaço em *Macunaíma*, aponta para uma síntese *provisória*. A história e a geografia brasileiras são unificadas num mesmo momento e num mesmo espaço e projetadas num plano simbólico, onde se poderia apreender a "entidade brasileira" como a mescla compacta e complexa dessa história e dessa geografia. Uma entidade ainda não fixada, mas em processo:

> Quando quando? Não sabemos que o mistério do sempre grave amanhã não deixa brecha pra se saber seguro. Macunaíma, Macunaíma apenas o estado atual fixado pela minha imaginação. (Carta de M. A. a Ademar Vidal, 20/4/1929)

Como gênero, *Macunaíma* também é indefinido. É uma obra híbrida, uma mistura de vários gêneros. O próprio autor hesitou em rotulá-la. Chamou-a inicialmente "história"; aceitava também o rótulo de "romance folclórico" ou "romance poético", contanto que se entendesse romance no sentido de romanesco, no sentido dos romanceiros populares. Preferiu, finalmente, caracterizá-la como "rapsódia". Cavalcanti Proença observou que o termo "rapsódia" lhe convinha, tanto no sentido musical de obra composta com temas populares, quanto no sentido de narrativa em que se recolhem e se fundem vários motivos fabulatórios tradicionais, à maneira dos rapsodos gregos.[5] A escolha do termo "rapsódia" só foi referendada em 1942. A esse respeito, diz Telê P. A. Ancona:

> Em toda a trajetória da busca de definição do gênero, recusando-se a admitir a designação de "romance" no sentido literário culto e recorrendo a classificações da literatura popular, percebemos um ponto importante. É a consciência que Mário de Andrade manifesta de estar transgredindo os cânones da narrativa culta de seu tempo, realizando a experimentação na prosa.[6]

Cavalcanti Proença vê semelhança da obra com a epopéia medieval, e Gilda de Mello e Souza, com o romance de cavalaria.[7] Alfredo Bosi qualifica-a como "meio epopéia, meio novela picaresca".[8] A crítica mais recente tem-se empenhado (até a saturação) em aplicar a *Macunaíma* o qualificativo de "obra carnavalesca", tal como esta foi definida e estudada por Mikhail Bakhtine: o avesso paródico, cômico e popular do gênero heróico. Mario Chamie foi pioneiro ao apontar essa relação.[9]

Todas as considerações sobre o gênero a que pertenceria *Macunaíma* interessam ao estudo da obra, mas são inconclusivas. As obras da modernidade são, em geral, de gênero híbrido ou indeterminado. No caso de *Macunaíma*, porém, o caráter híbrido é constitutivo do próprio projeto e inerente à sua significação (que, vale lembrar, não é seu *significado*, que permanece em aberto, como em todas as grandes obras modernas). Assim, tanto é possível lê-la à luz da estrutura do conto maravilhoso, como fez Haroldo de Campos,[10] como à luz do romanesco popular de origem medieval, da sátira menipéia, do picaresco ou do carnavalesco, "gêneros" aliás não auto-excludentes e nenhum totalmente aplicável a *Macunaíma*.

A técnica de composição da obra é igualmente mista. Por isso Alceu de Amoroso Lima a chamou de "coquetel", Florestan Fernandes falou em "mosaico" e Alfredo Bosi de "*bricolage*", no senti-

197

do em que Lévi-Strauss usa a palavra para compará-la ao "pensamento selvagem". Qualquer que seja o termo que se aplique à obra, reconhece-se que o processo utilizado por M. A. em sua composição implica a mescla e o ajuste dos diferentes elementos utilizados, resultando num objeto final com lógica e significação próprias.

A linguagem de *Macunaíma* também é mista. Como já tem sido largamente observado pela crítica, M. A. aí mistura vários léxicos e discursos, compondo um mosaico de citações. Cavalcanti Proença, em especial, estudou essa questão.[11]

Lembremos apenas as observações mais importantes: o vocabulário é composto por termos regionais de todos os cantos do Brasil, além de numerosas palavras de línguas indígenas; o discurso integra numerosas frases feitas, ditos e provérbios; trata-se de uma linguagem artificial, que não é empregada por nenhum falante real: "*Macunaíma* é escrito em língua artificial, como é de fato toda língua escrita [...] é uma estilização lírica puramente individualista da fala brasileira" (M. A., carta a Rosário Fusco, 21/11/1928); é uma linguagem sobretudo rítmica, musical, isto é, poética: "É processo rítmico-musical comum aos aedos e rapsodistas, a um Homero como a um Manuel do Riachão" (M. A., *O empalhador de passarinho*); "Aquilo em estilo é poema" (M. A., carta a Manuel Bandeira, 1º/6/1929). E, finalmente, é uma linguagem "difícil". A resposta de M.A. aos que reclamavam da dificuldade de sua obra está no poema "Lundu do escritor difícil" (1928): "Eu sou um escritor difícil,/ Porém culpa de quem é!/ Todo difícil é fácil/ Abasta a gente saber".

Em todos os níveis, *Macunaíma* é uma obra mista. Em todos os níveis *Macunaíma* é *justaposição em processo*, agenciamento sempre provisório de elementos díspares, o que impede qualquer positivação das linguagens e dos sentidos e, portanto, qualquer leitura referencial ou unívoca.

Os dois prefácios redigidos e não publicados mostram a dificuldade que o próprio autor tinha em dar uma interpretação acabada da obra, uma "explicação pra não iludir nem desiludir os outros"; "Macunaíma não é símbolo nem se tome casos dele por enigmas e fábulas" (Primeiro prefácio). Só o objetivo era claro: "[...] trabalhar e descobrir o mais que possa a entidade nacional dos brasileiros" (*idem*).

Ao tentar sintetizar o que observou nessa "entidade", M. A. é severo. Observa "nossa gatunagem", "a elasticidade de nossa honradez", "o desapreço à cultura verdadeira", "o improviso". E conclui: "É feio". O restante do Primeiro prefácio é uma autodefesa antecipada das prováveis acusações de pornografia e, nos adendos finais, há uma minimização da obra ("não passa duma antologia do folclore brasileiro") e uma dúvida quanto a sua eficácia como resposta à sua busca ("não estou convencido [...] de ter feito obra brasileira").

O Segundo prefácio também começa qualificando o livro de "pura brincadeira", e passa logo à confissão de perplexidade: "Jamais não tive tanto como diante dele, a impossibilidade de ajuizar dos valores possíveis de uma obra minha". Arrisca, entretanto, alguns juízos:

> Ora, este livro não passou de um jeito pensativo e gozado de descansar umas férias, relumeante de pesquisas e intenções, muitas das quais só se tornaram conscientes no nascer da escrita, me parece que vale um bocado como sintoma de cultura nacional [...] Possui aceitação sem timidez nem vanglória da entidade nacional.

A "entidade nacional" configura-se então como objeto problemático, e mesmo doente ("sintoma"). Por ser problemático o objeto, M. A. recusa, em seguida, uma pretensão maior:

> Agora: não quero que imaginem que pretendi fazer deste livro uma expressão da cultura nacional brasileira. Deus me livre. É agora, depois dele feito que me parece descobrir nele um sintoma de cul-

tura nossa. Lenda, história, tradição, psicologia, ciência, objetividade nacional, cooperação acomodada de elementos estrangeiros passam aí. Por isso que malicio nele o fenômeno complexo que o torna sintomático.

Apesar das dúvidas, vê-se que M. A. tinha uma visão lúcida de seu livro como obra aberta, complexa e útil, na qual "passam" várias coisas, que podem ser lidas como sintomas e não como símbolos. "Uma significação não precisa ser total para ser profunda", diz ele no Segundo prefácio. Precisamente, *Macunaíma* não tem significação total, mas é "relumeante" de sentidos.

O projeto de conhecimento que movia M. A. visava, em última instância, o futuro do Brasil e dos brasileiros, e este era uma grande incógnita:

> Nas épocas de transição social como a de agora é duro o compromisso com o que tem de vir e quase ninguém não sabe. Eu não sei. Não desejo a volta do passado e por isso já não posso tirar dele uma fábula normativa. Por outro lado, o jeito de Jeremias me parece ineficiente. O presente é uma neblina vasta.

O livro é reconhecido como "uma sátira dura" que não profetiza nada de bom: "[...] não tenho medo de ser mais trágico".

Das afirmações de M. A. nos dois prefácios, a única que não condiz com o livro é a de que este seja "pura brincadeira". Mais tarde, ele reconheceria: "Poema-síntese que teve alongamentos além da minha vontade diretora" (carta a Ademar Vital, 20/4/1929). *Macunaíma* é obra carnavalesca e humorística; mas brinca a sério, e acaba não sendo tão engraçado. O final do livro ilumina, *a posteriori*, toda a farsa com uma luz, se não sombria, pelo menos melancólica. A sátira se torna sarcástica e o humor, amargo: o "herói capenga que de tanto penar na terra sem saúde e com muita saúva, se aborreceu de tudo", e suas frases e feitos são guardados, irrisoriamente, na fala sem consciência de um papagaio. Não se pode dizer que M. A. anuncia aí um futuro ditoso para a "entidade nacional".

Na primeira versão, a obra terminava numa apoteose, com todas as personagens reunidas na Torre Eiffel. A versão definitiva nada tem de festiva. Muitos anos depois, M. A. confidenciaria: "Tudo nos capítulos finais foi escrito numa comoção enorme, numa tristeza, por várias vezes senti os olhos umedecidos, porque eu não queria que fosse assim!" (carta a Álvaro Lins, 4/7/1942).

Macunaíma é, talvez, o livro mais "nacional" da literatura brasileira; mas não é um livro "nacionalista". Sabe-se que o modernismo brasileiro foi um movimento fortemente marcado pelo nacionalismo. Mas de que nacionalismo se tratava? Havia, então, vários nacionalismos: um nacionalismo "ufanista", de um patriotismo desprovido de espírito crítico; um nacionalismo programático de inspiração fascista; um nacionalismo pessimista, baseado nas noções de atraso e de raças "inferiores".

M. A. recusou o "brasileirismo de estandarte". "Meu espírito é que é por demais livre para acreditar no estandarte" (carta a Carlos Drummond de Andrade, 28/2/1928). Boa parte do desgosto que teve com as reações ao livro, e que o levou a considerar, erroneamente, que tinha fracassado, se devia às leituras nacionalistas. Na mesma carta a Fernando Sabino, acima citada, ele diz:

> Tenho ouvido os maiores elogios ao meu livro [...] mas os pouquíssimos que refletiram sobre o livro: ou foram uns porque-me-ufano-de-meu-país que recusaram a sátira e continuaram muito satisfeitos da vida, ou foram os que só retiraram do livro um reforço consciente de seu amoralismo... nacional.

M. A. era um nacionalista lúcido, crítico, reflexivo. Recolocando *Macunaíma* no contexto em que surgiu, compreende-se aquela incompreensão. Desde o começo dos anos 20, na revista *Novíssima* (de cujos colaboradores saíram os movimentos Verde-Amarelo e Anta), Plínio Salgado conclamava a um nacionalismo patriótico conservador, instigava intelectuais e artistas a definir e retratar o "caráter nacional" (concebido positivamente) e a integrar as diferentes regiões brasileiras, com suas diversas manifestações culturais, de modo a criar o sentimento de uma grande pátria una, a ser defendida heroicamente. Ora, M. A. criou um "herói sem nenhum caráter" e "integrou" as regiões do Brasil de modo surpreendente, "desgeograficado". Apesar de muitas diferenças, sua postura se assemelhava mais à postura pessimista de Paulo Prado (a quem dedica *Macunaíma*), que dera como subtítulo a seu *Retrato do Brasil: ensaio sobre a tristeza brasileira*.

O certo é que M. A. repudiava o nacionalismo artístico:

> A manifestação mais legítima de nacionalismo artístico se dá quando do esse nacionalismo é inconsciente de si mesmo. Porque na verdade, qualquer nacionalismo imposto como norma estética é necessariamente odioso para o artista verdadeiro que é um indivíduo livre. Não tem nenhum gênio grande que seja esteticamente nacionalista. ("Regionalismo", *Diário Nacional*, São Paulo, 14/2/1928)

Ou, dois anos mais tarde:

> Quanto à nacionalização artística de nossos processos de ser, de sentir e de exteriorizar, talvez seja o fenômeno mais nojento, mais nojento de quantos se deram no Brasil [...] O Brasil ficou reduzido pela ignorância desses falsários a quatro ou cinco temas só: Mãe Preta, Carnaval, Recordações de Infância, Meu Brasil... E se reduziu novamente a pó de traque o que fora inicialmente uma reivin-

dicação legítima. ("O castigo de ser", *Diário Nacional*, São Paulo, 10/12/1931)

E, finalmente, seu nacionalismo não era estreito nem xenófobo:

> Me chamaram de nacionalista em todos os tons... Mas sou obrigado a lhe confessar, por mais que isso lhe penalize, que eu não tenho nenhuma noção do que seja pátria política, uma porção de terra fechada pertencente a um povo ou raça. Tenho horror das fronteiras de qualquer espécie, e não encontro em mim nenhum pudor patriótico que me faça amar mais, ou preferir, um Brasileiro a um Hotentote ou Francês. Minha doutrina é simplória. Si trabalho pelo Brasil, é porque o homem tem de ser útil e a pena tem de servir. E eu seria simplesmente inútil e sem serviço, si com minhas forças poucas, sem nenhuma projeção internacional, eu trabalhasse pela Conchinchina, ou agora pela Etiópia. Essa é a razão do meu nacionalismo. Na verdade sou um homem-do-mundo, só que resolvido a aproveitar suas próprias possibilidades. (Carta a Sousa da Silveira, 26/4/1935)

O nacionalismo exacerbado de outros levava a uma recusa veemente dos valores europeus, da "cultura do colonizador". Não era o caso de M. A., como bem resume Telê P. A. Lopez:

> Influência estrangeira em suma, para o autor de *Macunaíma*, significa conhecimento de processos estéticos que retratam vivências de outros povos, em outras sociedades e que podem auxiliar a ascensão da produção brasileira.[12]

Tratando-se de música, M. A. também não era purista. Aprovava a incorporação do jazz à música brasileira.[13]

Macunaíma contém elementos que apontam para o enfrentamento América *vs* Europa, mas não de modo conclusivo. M. A. sonhava com uma "'civilização climática', que englobaria a totalidade da América Latina". Em *Macunaíma* há vários índices desse desejo de integração do Brasil na América Latina: o herói o agradava por ser também da Venezuela; quando vai em busca de sua consciência, fica com a de um hispano-americano e se dá bem da mesma forma etc.

Mais do que com uma civilização americana, era com uma civilização de países do Sol que M. A. sonhava. Seguindo essa linha, podemos ler a recusa do herói a casar-se com a filha de Vei, a Sol, como sendo seu erro maior, e a causa de sua ruína. O próprio M. A. indicou essa leitura, num texto de 1943. A cólera de Vei acontece quando Macunaíma troca sua filha por uma portuguesa (capítulo VIII). O frio da água em que nada a Uiara (capítulo XVII) seria uma armadilha de Vei e simbólico dos climas frios, desastrosos para um filho dos trópicos; a "lagoa coberta de ouro e prata", remetendo à cantiga ibérica "Dona Sancha", também indicaria o mesmo perigo.[14]

Tudo isso fica, porém, apenas sugerido em *Macunaíma*, sem uma coerência que indique uma tese nacionalista ou americanista. As filhas de Vei representariam as civilizações tropicais, não apenas americanas (Peru, México), mas também orientais (Egito, China, Índia). O gigante Pietro Pietra — o inimigo — é, ao mesmo tempo, italiano e peruano. A decisão do herói de ficar no Brasil porque "[s]eu lugar é a América" é, como já dissemos, despeitada. E as palavras de Macunaíma — "a civilização européia de certo esculhamba a inteireza do nosso caráter" — são carregadas de ironia, pelo narrador: o "herói sem nenhum caráter" quer preservar "a inteireza de nosso caráter"! A Portuguesa é européia, mas pertence, ao mesmo tempo, a uma das três etnias que formam a entidade brasileira; por isso, não pode representar um Outro totalmente distinto.

Em que pese a interpretação do próprio M. A. em 1943, uma leitura que se restrinja à punição de Vei é difícil. O mau comportamento de Macunaíma com relação à mãe, aos irmãos e a tantas outras personagens basta para justificar sua punição final. A "sombra de Jiguê" o persegue como uma vingança e um castigo. Mais do que o crime de dormir com a Portuguesa, foram os atos do herói e seus defeitos morais que o levaram àquele estado lastimável:

> Macunaíma cismou ainda indeciso, sem saber se ia morar no céu ou na ilha de Marajó. Um momento pensou mesmo em morar na cidade da Pedra com o enérgico Delmiro Gouveia, porém lhe faltou ânimo. Pra viver lá, *assim como tinha vivido era impossível.* [grifo meu]

Este final permite uma leitura funcional e qualitativa da punição de Macunaíma.

Os dois estribilhos de *Macunaíma* — "Ai! que preguiça!..." e "POUCA SAÚDE E MUITA SAÚVA, OS MALES DO BRASIL SÃO",[15] colocados em relação, apontam para um impasse: Macunaíma vê os males do Brasil como naturais (doenças e formigas), e sendo preguiçoso e doente, é impotente para combatê-los. Só no final, Macunaíma revela alguma consciência de que sua infelicidade é o resultado de suas ações, isto é, tem razões históricas: "Tudo o que fora a existência dele apesar de tantos casos tanta brincadeira tanta ilusão, afinal não fora sinão um deixar viver [...] E ele não tinha coragem para uma organização".

A palavra "organização" tem aqui uma importância que, parece-me, não tem sido ressaltada. Ela aparece em vários escritos de M. A. da época de *Macunaíma*. Em 1928, comentando um livro ufanista de Martins de Oliveira, ele diz:

O que a gente percebe no país é *uma desorganização geral,* a normalização da falta de caráter, a subserviência interessada aos Estados Unidos, à Inglaterra e ao fascismo e milietas outras vergonhas nacionais. [grifo meu] (*Diário Nacional,* São Paulo, 14/10/1828)

Em carta a Carlos Drummond de Andrade (19/7/1928), ele aconselha o poeta a aceitar o trabalho no *Diário da Noite*:

[...] quem sabe se o contato com uma cidade de trabalho cotidianizado e corajoso, você tem *coragem para uma organização* e abandona essa solução a que Macunaíma chegou só depois de muito gesto heróico e de muita façanha: a de viver o brilho inútil das estrelas do céu. [grifo meu]

Nas "Notas diárias" de *Mensagem* (Belo Horizonte, 24/7/1943), falando do fim de Macunaíma, diz ele:

Ainda consegue voltar à praia, mas é um frangalho de homem. Como agora? sem uma perna, sem isto e mais aquilo e sem principalmente a muiraquitã que lhe dá razão-de-ser, *poderá se organizar, se reorganizar numa vida legítima e funcional?...* Não tem mais possibilidade disso.[grifo meu]

A falta de organização, isto é, de ética, de projeto e de trabalho é tão responsável pelo desastre final do herói quanto a ofensa a Vei, e talvez explique melhor, historicamente, aquilo que falta à "nossa gente" para ter "uma vida legítima e funcional". Na "dialética da ordem e da desordem", estudada por Antonio Candido, o "herói" de M. A. sempre esteve do lado da desordem. Por isso *Macunaíma* é qualificado pelo crítico como "romance malandro".[16]

O que M. A. reconhecia com desgosto e dizia, claramente, em carta a Fernando Sabino (16/2/1942):

[...] o que posso lhe jurar é que *Macunaíma* foi detestavelmente doloroso para mim. Nos momentos mais anedóticos, mais engraçados do entrecho, eu não deixava de sofrer pelo meu herói, *sofrer a falta de organização moral dele* (*do brasileiro, que ele satiriza*), de reprovar o que ele estava fazendo contra a minha vontade. E quando no fim Macunaíma no ponto de se regenerar, fraqueja mais uma vez e prefere ir viver o brilho "inútil" das estrelas, meus olhos se encheram de lágrimas. Se encheram e se encherão sempre. [grifo meu]

A questão da "organização" era uma preocupação dos intelectuais brasileiros, desde o livro de Alberto Torres, *A organização nacional*, de 1914, que foi uma referência privilegiada pelo movimento tenentista de 1922 e 1924.[17] A apropriação abusiva da obra de Torres pelo integralismo condenou-a ao ostracismo, como pensador de direita. De fato, quando levada a excessos ditatoriais, a "organização" pode tornar-se fascista. Evidentemente, não era esse tipo de organização que M. A. desejava para o Brasil, mas apenas uma organização moral, "legítima e funcional", que faltava (e em boa medida ainda falta) em nosso país.

A última metamorfose de Macunaíma é bonita, mas é uma sublimação, uma fuga: "[...] ia ser o *brilho bonito mas inútil porém* de mais uma constelação" [grifo meu]; e o texto repete: "o brilho inútil das estrelas". Por isso, nunca é demais contestar as leituras demasiadamente festivas de *Macunaíma*, como a de Darcy Ribeiro: "A qualidade maior de *Macunaíma* é dar expressão à alegria brasileira. [...] É *todo ele* um acesso de alegria incontida" [grifo meu].[18] Ou as leituras demasiadamente sombrias, como a de Mário da Silva Brito: um livro "satírico, amargo e pessimista".[19] Numa leitura salomônica, Alfredo Bosi aponta as duas vertentes da obra: contar e cantar, lúdica e crítica. E explicita:

O fundo acre da sátira se disfarça e se atenua em meio a brincadeiras de linguagem e de construção. Se o lastro "negativo" não fosse contrabalançado pela adesão lúdica e simpática à mente selvagem, o sentido último de *Macunaíma* se cifraria na mais cáustica das acusações já movidas às mitologias do caráter nacional brasileiro [...] o tom derradeiro, em vez de sugerir uma "apoteose" (a palavra é do autor e foi dita em mais de uma ocasião), parece afinado por um canto *em decrescendo* [...] aquele possível "otimismo", que era amor às falas e aos feitos populares, ao seu teor livre e instintivo, esbarra na constatação melancólica de uma amorfia sem medula nem projeto.[20]

A significação de *Macunaíma* transcende, finalmente, a questão nacional. O próprio M. A. o indicou:

[...] o que me parece é que a sátira além de dirigível ao brasileiro em geral [...] é também uma sátira mais universal ao homem contemporâneo, principalmente sob o ponto de vista desta sem-vontade itinerante, destas noções morais criadas no momento de as realizar que sinto e vejo tanto no homem de agora. (Carta a Manuel Bandeira, 12/12/1930)

E, finalmente, a nota manuscrita intitulada "Sintoma de cultura":

Uma colaboração pontual do nacional e o internacional onde a fatalidade daquele se condimente com uma escolha discricionária e bem a propósito deste. O que dá o tom sendo pois um universalismo constante e inconsciente que é porventura o sinal mais evidente da humanidade enfim concebida como tal. Coisa que a gente já pode sentir.

Na verdade, para M. A., como para todos os brasileiros verdadeiramente preocupados com o país, o nacionalismo constituiu um constante problema. Ele tinha consciência de que, em determinados momentos culturais, como o do modernismo, era oportuno ser nacionalista, e que o nacionalismo econômico e político era uma necessidade sempre renovada. O que ele não aceitava era o nacionalismo ufanista e xenófobo, porque conhecia suas ilusões e perigos, e o nacionalismo artístico, porque sua concepção da arte era universalista.

Assim, todas as vezes que o nacionalismo cultural e artístico, como uma fênix, renasce com impertinência e demagogia, é altamente recomendável reler M. A. e repensar, com ele, a "entidade nacional brasileira".

Notas

APRESENTAÇÃO [pp. 9-19]

1. Sobre a palavra "cultura", sua etimologia e suas implicações, ver a excelente síntese de Alfredo Bosi em *Dialética da colonização*, São Paulo: Companhia das Letras, 1992, pp. 11-9. Sobre a banalização do termo na atualidade, ver Terry Eagleton, *A idéia de cultura*, trad. S. Castello Branco, São Paulo: Editora Unesp, 2005 [*The idea of culture*, Oxford e Malden, Massachusetts: Blackwell, 2000].

2. Para uma súmula da questão, ver Stuart Hall, *A identidade cultural na pós-modernidade*, Rio de Janeiro: DP&A, 2006.

3. O Projeto Léry-Assu tem sido desenvolvido na área de pós-graduação em língua e literatura francesa da FFLCH-USP, desde 1978. Oriundos desse projeto, vários pesquisadores lhe dão prosseguimento, na USP e em outras universidades paulistas. Esses pesquisadores reúnem-se, desde 1988, no Núcleo de Pesquisas Brasil-França (NUPEBRAF), do Instituto de Estudos Avançados, e têm produzido extensa bibliografia, à qual recorro várias vezes neste livro.

4. Sobre as dificuldades em comparar a *Weltliteratur* de Goethe com a literatura mundial de hoje, ver Wladimir Krysinski, "Venturas y desventuras de la literatura mundial", in *Comparación y sentido*, Lima: Fondo Editorial UCSS, 2006, pp. 19-33. Ver também Hugo Achugar, *Planetas sem boca*, Belo Horizonte: Editora UFMG, 2006.

5. Um exemplo da independência identitária do escritor é o recente romance de Bernardo Carvalho, *O sol se põe em São Paulo* (Companhia das Letras, 2007).

Não sendo de ascendência nipônica, Bernardo Carvalho escreveu um excelente romance nipo-brasileiro, em que as aventuras da imigração japonesa no Brasil são tecidas em intertexto com a obra de Junichiro Tanizaki.

6. Milan Kundera, *Le rideau*, Paris: Gallimard, 2005, pp. 49-50 [*A cortina*, São Paulo: Companhia das Letras, 2006].

7. Claude Lévi-Strauss, *Race et histoire*, [UNESCO 1952], Paris: Denoël, 1987, p. 73 ["Raça e história", in *Antropologia estrutural 2*, Rio de Janeiro: Tempo Brasileiro, 1993].

8. Edward W. Said, *Cultura e imperialismo*, trad. Denise Bottman, São Paulo: Companhia das Letras, 1995, p. 28 [*Culture and Imperialism*, Nova York: Knopf, 1993].

9. Claude Lévi-Strauss, *op. cit.*, p. 77.

10. Ernest Renan, "Qu'est ce qu'une nation?", in *Qu'est-ce qu'une nation et d'autres écrits politiques*, Paris: Imprimerie Nationale, 1996, pp. 223-40.

11. Benedict Anderson, *Imagined Communities: reflections on the origin and spread of nationalism*, Londres: Verso, 1983.

12. Ernst Gellner, *Nations and nationalism*, Oxford: Basil Blackwell, 1983.

13. Eric Hobsbawm, *Nations and nationalisms since 1780*, Cambridge: University Press, 1990 [*Nações e nacionalismo desde 1780*, trad. M. C. Paoli e A. M. Quirino, Rio de Janeiro: Paz e Terra, 1998].

14. José Carlos Mariátegui, *Siete ensayos de interpretación de la realidad peruana*, Caracas: Biblioteca Ayacucho, 1979, p. 235.

15. Amin Maalouf, *Identités meurtrières*, Paris: Grasset, 1998.

16. Salman Rushdie, *Cruze esta linha*, trad. José Rubens Siqueira, São Paulo: Companhia das Letras, 2007, p. 278.

17. Eduardo Lourenço, *O labirinto da saudade*, Lisboa: Publicações Dom Quixote, 1978. Segundo o ensaísta, o problema do português não é a falta de identidade, mas a falta de uma imagem real de si mesmo.

18. Terry Eagleton, *op. cit.*, pp. 98-9.

19. Antonio Candido, "Uma palavra instável", in *Vários escritos*, 4ª ed. reorganizada pelo autor, São Paulo/Rio de Janeiro: Duas Cidades/Ouro sobre Azul, 1995, p. 224.

20. Um crítico constante dos enganos do nacionalismo cultural é Sergio Paulo Rouanet. Ver, desse autor, os capítulos "Anticolonialismo" e "Antielitismo", in *As razões do Iluminismo* (São Paulo: Companhia das Letras, 1987) e, mais recentemente, o artigo intitulado "O nacional-burrismo" (revista *Veja*, 5/10/2005).

21. Mário de Andrade, *Macunaíma, o herói sem nenhum caráter*, edição crítica de Telê Porto Ancona Lopes, Rio de Janeiro/São Paulo: Livros Técnicos e Científicos/ Secretaria da Cultura, Ciência e Tecnologia, 1978. "Prefácio", p. 351.

22. Edward W. Said, *op. cit.* (2006), p. 86.

23. Terry Eagleton, *op. cit.*, p. 62.

1. A CULTURA LATINO-AMERICANA,

ENTRE A GLOBALIZAÇÃO E O FOLCLORE [pp. 21-7]

1. Sobre o conceito de "transculturação", ver Fernando Ortiz, *Contrapunteo cubano del azúcar y del tabaco*, La Habana: Jesús Montero, 1940, e Angel Rama, *Transculturación narrativa en América Latina*, México: Siglo XXI, 1982. [Ver em português: "Os processos de transculturação na narrativa latino-americana", in Flávio Aguiar; Sandra G. T. Vasconcelos (Org.), *Angel Rama. Literatura e cultura na América Latina*, São Paulo: Edusp, 2001.]

2. Octavio Paz, *Puertas al campo*, Barcelona: Seix Barral, 1972 (1ª ed. 1966).

3. Jorge Luis Borges, *Discusión*, Alianza Editorial/Emecé: Madri/Buenos Aires, 1976 (1ª ed. 1932).

4. José Lezama Lima, *La expresión americana*, La Habana: Instituto Nacional de Cultura, 1957.

5. Oswald de Andrade, "Manifesto Antropófago" (1928), in *Obras completas*, v. VI, Rio de Janeiro: Civilização Brasileira, 1972.

6. José Carlos Mariátegui, *Siete ensayos de interpretación de la realidad peruana*, Barcelona: Grijalbo, 1975 [1ª ed. 1928].

2. PARADOXOS DO NACIONALISMO LITERÁRIO

NA AMÉRICA LATINA [pp. 28-49]

1. A questão do pós-colonialismo tem sido debatida ultimamente na crítica literária anglo-saxônica, com ampla repercussão editorial. Veja-se, a título de exemplo: Gayatri Chakravorty Spivak, *The post-colonial critic*, Nova York/Londres: Routledge, 1990; Terry Eagleton; Fredric Jameson; Edward Said, *Nationalism, colonialism and literature*, Minneapolis: University of Minnesota Press, 1990; Homi K. Bhabha (Ed.), *Nation and narration*, Londres/Nova York: Routledge, 1990.

2. Doris Sommer, "Irresistible romance: the foundational fictions of Latin America". In: Homi K. Bhabha, *Nation and narration*, cit.

3. Sérgio Buarque de Holanda, *Raízes do Brasil* [1936], 14ª ed., Rio de Janeiro: José Olympio, 1981, p. 3.

4. Conferência no Collège de France, Paris, janeiro de 1983.

5. "Discurso pronunciado por *el Libertador* ante el Congreso de Angostura,

15 de febrero de 1819, dia de su instalación", in *Proclamas y discursos del Libertador*, Vicente Lecuna (Ed.), Caracas: Tip. del Comercio, 1939, pp. 202-35.

6. Ver Antonio Candido, *Formação da literatura brasileira* [1959], 3ª ed., São Paulo: Martins, 1969.

7. Ver Pedro Enríquez Urena, *Las corrientes literarias en la America Hispánica*, 3ª ed., México: Fondo de Cultura Económica, 1964. [1ª ed: *Literary currents in Hispanic America*, Cambridge Mass.: Harvard University Press, 1945.]

8. Ernesto Sabato, *La cultura en la encrucijada nacional*, 5ª ed., Buenos Aires: Editorial Sudamericana, 1983, p. 144.

9. Domingo Faustino Sarmiento, *Facundo* [1845], Buenos Aires: Editorial Losada, 1976.

10. José Enrique Rodó, *Ariel — A la juventud de America* [1900], in *Obras completas*, Madri: Aguilar, 1937.

11. Richard Morse, *O espelho de Próspero*, São Paulo: Companhia das Letras, 1988.

12. José Martí, *Nuestra América* [1891], in *Política de nuestra América*, México: Siglo XXI, 1982, pp. 37-44.

13. Ver Ernest Gellner, *Nations and nationalism*, Oxford: Basil Blackwell, 1983; Benedict Anderson, *Imagined communities: reflections on the origin and spread of nationalism*, Londres: Verso, 1983.

14. Jorge Luis Borges, *Discusión* [1932], Madri/Buenos Aires: Alianza/Emecé, 1976, p. 132.

15. Lima Barreto, *O triste fim de Policarpo Quaresma* [1915], São Paulo: Brasiliense, 1963, p. 285.

16. Mário de Andrade, "Improviso do mal da América", [*Remate de males*, 1930]. In: *Poesias completas*, Diléa Zanotto Manfio (Ed.), Belo Horizonte: Itatiaia/Edusp, 1987, p. 266.

17. Ver Pierre Rivas, "Paris como a capital literária da América Latina", in *Literatura e história na América Latina*, Lygia Chiappini; Flávio Aguiar (Eds.), São Paulo: Edusp, 1993.

18. Ver Claude Lévi-Strauss, *Race et culture* [1971], in *Le regard eloigné*, Paris: Plon, 1983; *Race et histoire*, Paris: Denoël/Gonthier, 1981.

19. *El signo y el garabato*, México: Joaquin Mortiz, 1973.

20. Ver Emir Rodríguez Monegal; Leyla Perrone-Moisés, *Lautréamont austral*, Montevidéu: Brecha, 1995, p. 83.

21. Prólogo de *El reino de este mundo* [1949], Montevidéu: Arca, 1968.

22. "Autonomia literaria americana", in *Sin nombre*, v. XII, nº 4, San Juan — Puerto Rico, 1982; "Sistema literario y sistema social en Hispanoamérica", in *Literatura y praxis en América Latina*, Caracas: Monte Ávila, 1975.

23. Havana: Instituto Nacional de Cultura, 1957.

24. "Da razão antropofágica: diálogo e diferença na cultura brasileira" [1980], in *Metalinguagem & outras metas*, 4ª ed., São Paulo: Perspectiva, 1992, pp. 236-7.

25. *América Latina: palavra, literatura e cultura*, Ana Pizarro (Org.), v.I, *A situação colonial*, Campinas: Unicamp-Memorial, 1993, pp. 25 e 37.

26. Darcy Ribeiro, *As Américas e a civilização*, Petrópolis: Vozes, 1977, p. 465: "O processo de maturação étnico-nacional dos rioplatenses está incompleto", em virtude de uma "postura européia".

27. Antonio Cornejo Polar, *Escribir en el aire. Ensayo sobre la heterogeneidad socio-cultural en las literaturas andinas*, Lima: Editorial Horizonte, 1994, p. 21.

28. É importante ressaltar o aspecto crítico da antropofagia, para contestar aqueles que a encaram, erradamente, como simples importação de idéias estrangeiras. O Manifesto Antropófago contém vários "contra", que se referem, em geral, aos "males catequistas" trazidos pelos colonizadores. E contém, sobretudo, a fórmula: "Contra todos os importadores de consciência enlatada". A antropofagia, diz Antonio Candido, é uma "metáfora ativa" (ver texto inédito publicado por Vinicius Dantas *in* Benjamin Abdala Jr; Salete de Almeida Cara (Org.), *Moderno de nascença. Figurações críticas do Brasil*, São Paulo: Boitempo, 2006, p. 170).

29. Harold Bloom, *The anxiety of influence*, Nova York: Oxford University Press, 1973.

30. México: Fondo de Cultura Económica, 1950.

31. *Puertas al campo* [1966], Barcelona: Seix Barral, 1972, pp. 9-10.

32. *La cultura en la encrucijada nacional*, p. 7.

33. *Id.*, p. 80.

34. *Discusión*, p. 137.

35. "Nationalism: irony and commitment", in Terry Eagleton; Fredric Jameson; Edward Said, *Nationalism, colonialism and literature*, pp. 23-39.

36. Veja-se, a título de exemplo, a metáfora do barroco como "o ouro roubado" pelos americanos aos europeus, no ensaio de Severo Sarduy, "Lautréamont y el barroco", in Emir Rodríguez Monegal; Leyla Perrone-Moisés, *Lautréamont austral*, p. 117.

37. *Nationalism, colonialism and literature*, p. 79.

3. GALOFILIA E GALOFOBIA NA CULTURA BRASILEIRA [pp. 50-80]

1. Antonio Candido, *Formação da literatura brasileira*, 3ª ed., São Paulo: Martins, 1969, v. I, p.18. [1ª ed. 1959].

2. Ver Eduardo Frieiro, *O diabo na livraria do cônego*, 2ª ed., Belo Horizonte/São Paulo: Itatiaia/Edusp, 1981.

3. Ver Katia de Queirós Mattoso, *Presença francesa no movimento democrático baiano de 1798*, Salvador: Tapuia, 1969.

4. Eduardo Frieiro, *op. cit*, p. 40.

5. In Maria Beatriz Nizza da Silva, *Cultura e sociedade no Rio de Janeiro* (*1808-1821*), São Paulo: Nacional, 1977, p. XVI.

6. *Op. cit.*

7. Adolphe d'Assier, *Le Brésil contemporain: races, moeurs, institutions, paysages*, Paris: Durand et Lauriel, 1869, p. 261.

8. In Lígia Chiappini; Flávio Wolf de Aguiar (Org.), *Literatura e história na América Latina*, São Paulo: Edusp, 1993, p. 193.

9. Ver Mario Carelli, *Cultures croisées. Histoire des échanges culturels entre la France et le Brésil de la découverte aux temps modernes*. Paris: Nathan, 1993, p. 105.

10. Ver Maria Cecília Q. M. Pinto, *Alencar e a França: perfis*, São Paulo: Annablume, 1999.

11. Ver Antonio Candido, *op. cit.*, v. II.

12. "Résumé de l'histoire de la littérature, des sciences et des arts au Brésil par trois brésiliens, membres de l'Institut Historique", *Journal de l'Institut Historique*, 1ᵉ année, 1ᵉ livraison, Paris, août 1834, p. 49. *Apud* Antonio Candido, *op. cit.*, v. II, p. 333.

13. Antonio Candido, *op. cit.*, vol. II, p. 14.

14. Esta não é, entretanto, a opinião de Maria Helena Rouanet, em *Eternamente em berço esplêndido* (São Paulo: Siciliano, 1991). A pesquisadora considera nossos românticos demasiadamente servis com relação a Ferdinand Denis, cuja imagem positiva, segundo ela, foi uma construção falsa dos historiadores da literatura brasileira. A mesma opinião fora anteriormente emitida por Mário Pedrosa.

15. Tratei esse assunto em "L'image de la France dans la littérature brésilienne (paradoxes du nationalisme littéraire)", in Solange Parvaux; Jean Revel-Mouroz (Org.), *Images réciproques du Brésil et de la France*, Paris: IHEAL, 1991, v. I, pp. 179-85, e em "Paradoxos do nacionalismo literário na América Latina" (capítulo anterior deste livro).

16. Ver Heliana Angotti Salgueiro, *A comédia urbana: de Daumier a Porto-Alegre* (catálogo de exposição), São Paulo: Fundação Armando Álvares Penteado, 2003. Sobre a polêmica com Chavagnes, ver Domitila Sílvia Farina, *Manuel de Araújo Porto-Alegre: a saída à brasileira da "Guerra de Alecrim e Manjerona"*, dissertação de Mestrado, FFLCH-USP, 2006 (Projeto Léry-Assu).

17. Ver Mario Carelli, *op. cit*, pp. 85-6 e Wilson Martins, *História da inteligência brasileira*, São Paulo: Queiroz, 1992-1996, v. II, pp. 346-7.

18. Ver Wilson Martins, *op. cit.*, v. II, p. 441.

19. Ver Afrânio Coutinho (Ed.), *A polêmica Alencar-Nabuco*, Rio de Janeiro: Tempo Brasileiro/Universidade de Brasília, 1978. Ver igualmente: José Maria de Lima, *Referências francesas na polêmica Alencar × Nabuco*, dissertação de Mestrado, FFLCH-USP, 1990 (Projeto Léry-Assu).

20. Ver Brito Broca, *A vida literária no Brasil — 1900*, Rio de Janeiro: José Olympio, 1975 (4ª ed. 2004); A. L. Machado Neto, *Estrutura social da República das Letras. Sociologia da vida intelectual brasileira (1870-1930)*, São Paulo: Grijalbo/USP, 1973; Nicolau Sevcenko, *Literatura como missão. Tensões sociais e criação cultural na Primeira República*. São Paulo: Brasiliense, 1983 (2ª ed. revista e ampliada, São Paulo: Companhia das Letras, 2003).

21. Ver Rena Signer, *Academia Brasileira de Letras: nacionalismo à francesa*, dissertação de Mestrado, FFLCH-USP, 1988 (Projeto Léry-Assu).

22. Sílvio Romero, *História da literatura brasileira*, Rio de Janeiro: José Olympio, 1943, v. III, pp. 62 e 305. [1ª ed. 1888].

23. José Veríssimo, *Estudos de literatura brasileira*, Belo Horizonte/São Paulo: Itatiaia/Edusp, 1977, 6ª série, p. 89 [1ª ed. 1901-1907].

24. Ver Tobias Barreto, *Estudos alemães*, Recife: Escada, 1881.

25. Sílvio Romero, *op. cit.*, v. IV, p. 142.

26. Ver Frank D. McCann, "Le Brésil et les Etats-Unis: des relations complexes à l'épreuve du long terme, XIXᵉ et XXᵉ siècles", in Denis Rolland (Org.), *Le Brésil et le monde. Pour une histoire des relations internationales des puissances émergentes*, Paris: L'Harmattan, 1998, pp. 25-9.

27. Ver Pierre Rivas, "Genèse de l'idée géo-politique moderne de latinité et fonction dans les relations intellectuelles entre la France et le monde luso-brésilien", in *La Latinité, hier, aujourd'hui, demain*, Actes du Congrès International d'Avignon (1978), Bucarest: Eminescu, 1981. [Trad. bras. in Pierre Rivas, *Diálogos interculturais*, São Paulo: Hucitec, 2005].

28. Nicolau Sevcenko, *op. cit.*, 1983, p. 25.

29. Ver *Os Bruzundangas*, in Lima Barreto, *Obras*, ed. F. A. Barbosa, São Paulo: Brasiliense, 1956.

30. Ver Brito Broca, *A vida literária no Brasil: 1900*, Rio de Janeiro: José Olympio, 1975, e Nicolau Sevcenko, *op. cit.*

31. Ver Marcia Camargos, *Villa Kyrial. Crônica da Belle Époque paulistana*, 2ª ed., São Paulo: Editora Senac, 2001.

32. Ver João Roberto Faria, *Idéias teatrais, O século XIX no Brasil*, São Paulo: Perspectiva/FAPESP, 2001.

33. Ver Regina Salgado Campos, "A latinidade na América do Sul: Anatole France e Paul Adam", in *Do positivismo à desconstrução, Idéias francesas na América*, org. Leyla Perrone-Moisés, São Paulo: Edusp. 2003, pp. 79-125.

34. Lima Barreto, *Triste fim de Policarpo Quaresma*, São Paulo: Brasiliense, 1965 (3ª ed.). Citarei a partir desta edição.

35. Ver Alfredo Bosi, "O positivismo no Brasil: uma ideologia de longa duração", in *Do positivismo à desconstrução, op. cit.*, pp. 17-47.

36. *Apud* Nicolau Sevcenko, *op. cit.*, p. 48.

37. José Veríssimo, *op. cit.*, 3ª série, p. 114.

38. Ver José Veríssimo, *Cultura, literatura e política na América Latina*, ed. João Alexandre Barbosa, São Paulo: Brasiliense, 1986.

39. Ver José Veríssimo, *A educação nacional*, 2ª ed., Rio de Janeiro: Francisco Alves, 1906.

40. José Veríssimo, *op. cit.*, 1977, 3ª série, p. 115.

41. Antonio Candido, *Literatura e sociedade*, São Paulo: Nacional, 1967, p. 129.

42. Ver Aracy A. Amaral, *Tarsila. Sua obra e seu tempo*, São Paulo: 34/Edusp, 2003.

43. Ver, em particular, Jorge Schwartz, *Vanguarda e cosmopolitismo*, São Paulo: Perspectiva (coleção Estudos), 1983, e Sérgio Micelli, *Nacional estrangeiro*, São Paulo: Companhia das Letras, 2003.

44. Ver Raul Antelo, *Na Ilha de Marapatá. Mário de Andrade lê os hispano-americanos*, São Paulo/Brasília: Hucitec/INL, 1986.

45. Ver José Carlos Mariátegui, *Siete ensayos de interpretación de la realidad peruana*, Barcelona: Grijalbo, 1975 [1ª ed. 1928].

46. Mário de Andrade, *Vida literária*, ed. Sonia Sachs, São Paulo: Hucitec/Edusp, 1993, pp. 3-5.

47. Ver Plínio Salgado, *O Curupira e o Carão*, São Paulo: Hélios, 1927.

48. Oswald de Andrade, *Obras completas*. Rio de Janeiro: Civilização Brasileira, 1978, v. IV, p. 8.

49. Monteiro Lobato, *Obras completas*, São Paulo: Brasiliense, 1959, v. IV, p. 112.

50. *Idem*, v. XII, p. 60.

51. *Idem*, v. XV, p. 96.

52. *Idem*, v. XV, p. 101.

53. Sérgio Buarque de Holanda, *Raízes do Brasil*, 14ª ed., Rio de Janeiro: José Olympio, 1981, p. 3. [1ª ed. 1936].

54. Gilberto Freyre, *Casa-grande & senzala*, 8ª ed., Rio de Janeiro: José Olympio, 1954. [1ª ed. 1933].

55. In Antonio Candido, *Textos de intervenção*, ed. Vinícius Dantas, São Paulo: Duas Cidades/34, 2002, pp. 266-71.

56. Ver Darcy Ribeiro, *As Américas e a civilização*, Petrópolis: Vozes, 1996.

57. Ver Baron d'Anthouard, *Le progrès brésilien: la participation de la France*, Paris: Plon, 1911.

58. Ver Denis Roland, "L'instrumentalisation différentielle des cultures étrangères" e Hugo Suppo, "Le Brésil pour la France: la construction d'une politique culturelle française, 1920-1950", in Denis Rolland (Org.), *op. cit.*

59. Ver Alfredo Bosi, *Diatética da colonização*, São Paulo: Companhia das Letras, 1992: "As idéias trazidas de fora deixam de ser inertes dependendo da correlação oportuna que as adotou" (p. 364).

4. MACHADO DE ASSIS E BORGES: NACIONALISMO E COR LOCAL [pp. 81-96]

1. Emir Rodríguez Monegal, *El Boom de la novela latinoamericana*, Caracas: Tiempo Nuevo, 1972, pp. 53-4.

2. Earl E. Fitz, "Machado, Borges e Clarice: a evolução da nova narrativa latino-americana". *Revista Iberoamericana.* v. LXIV, nº 182-183, Pittsburgh: Instituto Internacional de Literatura Iberoamericana, 1998, pp. 129-43.

3. José Maria Machado de Assis, "Instinto de nacionalidade", in *Crítica literária*, Rio de Janeiro/São Paulo/Porto Alegre: W. M. Jackson Inc., 1937.

4. Jorge Luis Borges, "El escritor argentino y la tradición", in *Discusión*, Buenos Aires: Emecé, 1957.

5. Emir Rodríguez Monegal, *Jorge Luis Borges: a literary biography*, Nova York: E. P. Dutton, 1978, pp. 424-5.

6. Jorge Panesi, "Borges nacionalista: una identidad paradójica", in *Identidade e representação*, ed. Raul Antelo, Florianópolis: UFSC, 1994.

7. Jorge Panesi, *op. cit.*, pp. 117-8.

8. *Idem*, p. 127.

9. Gilberto Pinheiro Passos, *As sugestões do Conselheiro. A França em Machado de Assis. Esaú e Jacó e Memorial de Aires*, São Paulo: Ática (coleção Ensaios), 1996, p. 163.

10. *Idem*, p. 157.

11. Terry Eagleton, "Nationalism: irony and commitment", in *Nationalism, colonialism and literature*, ed. Seamus Deane, Minneapolis: University of Minnesota Press, 1990, pp. 26, 35-6.

5. CASTRO ALVES E O APLICATIVO VICTOR HUGO [pp. 97-107]

1. Glória Carneiro do Amaral, *Aclimatando Baudelaire*, São Paulo: Annablume, 1996.

2. Resposta à carta de José de Alencar, publicada no *Correio Mercantil*, Rio de Janeiro, 1º/3/1868.

6. A TORRE EIFFEL SIDERAL [pp. 108-17]

1. In Blaise Cendrars, *Le lotissement du ciel* [*O loteamento do céu*], Paris: Denoël, 1949. Citarei a partir da edição organizada por Claude Leroy, Paris: Gallimard, Collection Folio, 1996.

2. Segundo Claude Leroy, esse nome, que normalmente deveria ser Pedrosa, poderia ser uma montagem a partir dos nomes de Oswald de Andrade e de Paulo Prado.

3. Cendrars havia efetivamente perdido um braço na guerra de 1914.

4. Luiz Bueno de Miranda, o modelo de Padrosa, teria realmente "identificado" essa constelação. Em nota da p. 576, Claude Leroy informa que Cendrars conservou em seus arquivos a comunicação da descoberta redigida por Bueno de Miranda em 1923.

5. Para uma análise mais completa de *Le lotissement du ciel*, ver Colette Astier, "Le lotissement du ciel: d'une vocation à l'excès au parti pris de vivre", in Maria Teresa de Freitas; Claude Leroy (Org.) *Brésil, l'Utopialand de Blaise Cendrars*, Paris: L'Harmattan, 1998.

6. Nota de Claude Leroy, *Le lotisement du ciel*, p. 560.

7. Na verdade, Cendrars não trouxe esse carro ao Brasil.

8. Ver Maria Augusta Fonseca, *Oswald de Andrade. Biografia*, São Paulo: Art — Secretaria Estadual da Cultura, 1990, pp. 44 e 81.

9. Oswald de Andrade, *Um homem sem profissão. Sob as ordens de mamãe* (*Obras completas de Oswald de Andrade*), São Paulo: Globo — Secretaria Estadual da Cultura, 1990, pp. 101-3.

10. Colette Astier, *op. cit.*, p. 256.

11. Ver Alexandre Eulálio, *A aventura brasileira de Blaise Cendrars*, 2ª ed. revista e ampliada por Carlos Augusto Calil, São Paulo: Edusp/Fapesp/Imprensa Oficial de São Paulo, 2001. Ver também Pierre Rivas, "O Brasil literário de Blaise Cendrars", in *Encontro entre literaturas. França, Portugal, Brasil*, São Paulo: Hucitec, 1995.

12. Fórmula de Schopenhauer.

13. "*C'est la vie...*": acréscimo manuscrito de Cendrars.

14. Oswald de Andrade, *Pau Brasil*, in *Poesias reunidas*, São Paulo: Difusão Européia do Livro, 1966, p. 92. Esse livro, publicado em Paris em 1925, foi dedicado "A Blaise Cendrars por ocasião da descoberta do Brasil".

7. LAUTRÉAMONT E AS MARGENS AMERICANAS [pp. 118-26]

1. Os outros dois foram Jules Laforgue (1860-1887) e Jules Supervielle (1884-1960).

2. Alvaro Guillot-Muñoz, *Lautréamont à Montevideo*, Paris: La Quinzaine Litteraire, 1972.

3. Leyla Perrone-Moisés; Emir Rodríguez Monegal, "Isidore Ducasse et la rhétorique espagnole", in *Poétique* nº 55, Paris: Seuil, 1983; "Lautréamont español", in *Vuelta* nº 79-80, México, 1983 e *Maldoror* nº 17-18, Montevidéu, 1984-85. [Este artigo foi posteriormente ampliado e publicado em livro: *Lautréamont austral*, Montevidéu: Brecha, 1995. Tradução francesa: *Lautréamont, l'identité culturelle*, Paris: L'Harmattan, 2001.]

4. Ver Jacques Lefrère, *Le visage de Lautréamont*, Paris: Pierre Horay, 1977.

5. Sylvain-Christian David, *Isidore Lautréamont*, Paris: Seghers, 1992, p. 246.

6. *"Je me propose, sans être ému, de déclamer à grande voix la strophe sérieuse et froide que vous allez entendre"* (*CM*, I, 9).

7. *"La fin du dix-neuvième siècle verra son poète [...] Il est né sur les rives américaines, à l'embouchure de la Plata, là où deux peuples jadis rivaux s'efforcent actuellement de se surpasser par le progrès matériel et moral. Buenos-Ayres, la reine du Sud, et Montevideo, la coquette, se tendent une main amie, à travers les eaux argentines du grand estuaire. Mais la guerre éternelle a placé son empire destructeur sur les campagnes et moissonne avec joie des victimes nombreuses"* (*CM*, I, 14).

Sobre essa alusão a uma "guerra eterna", é interessante observar que, no momento em que Ducasse escrevia os *Cantos*, o Brasil, a Argentina e o Uruguai formavam a Tríplice Aliança na guerra contra o Paraguai (1865-70).

8. *"Ce n'est pas l'esprit de Dieu qui passe: ce n'est que le soupir aigu de la prostitution, uni avec les gémissements graves du Montévidéen"* (*CM*, I, 7).

9. *Comercio de la Plata*, Montevideo, 12/12/1853. A "bandeira oriental" é a do Uruguai, também chamado de Banda Oriental; o "sol" é o que figura na bandeira uruguaia; Manuel Belgrano foi o general argentino que venceu os ingleses e os espanhóis, no início do século XIX; a "auriverde generosa" é a do Brasil, aliado do Uruguai.

10. Em particular: Lucienne Rochon, *Lautréamont et le style homérique*, Paris: Archives des Lettres Modernes, 1971.

11. Paris: Imprimerie de M. Chaix, 1850.

12. François Caradec, *Isidore Ducasse, Comte de Lautréamont*, Paris: La Table Ronde, 1970.

13. Francis Ponge, "Adaptez à vos bibliothèques le dispositif Maldoror-Poésies", in *Cahiers du Sud* nº 275, Marselha, 1946, pp. 3-5.

14. Não por acaso, Ducasse altera, nas *Poesias*, a citação de La Bruyère — "*Tout est dit, et l'on vient trop tard depuis plus de sept mille ans qu'il y a des hommes*" — para: "*Rien n'est dit. L'on vient trop tôt depuis plus de sept mille ans qu'il y a des hommes*".

15. Erros de francês cuidadosamente repertoriados por Robert Faurisson em *A-t-on lu Lautréamont?*, Paris: Gallimard, 1972. Muitos desses "erros", considerados pelos críticos franceses ora como barbarismos, ora como latinismos, foram identificados, por Emir Rodríguez Monegal, como simples hispanismos (*op. cit.*).

16. "*L'Europe aux anciens parapets*", expressão cunhada por Rimbaud em "Le bateau ivre".

8. PASSAGENS: ISIDORE DUCASSE, WALTER BENJAMIN E JULIO CORTÁZAR [pp. 127-47]

1. Julio Cortázar, *Todos los fuegos el fuego*, Buenos Aires: Sudamericana, 1966 (33ª ed., 1994), p. 129. Designarei doravante este livro com a sigla *TF*.

2. Transcrito por Walter Benjamin no prefácio de *Paris, capitale du XIXᵉ siècle* [*Écrits français*, Paris: Gallimard, col. Bibliothèque des Idées, 1991, p. 292].

3. Ver em particular: Alejandra Pizarnik, "Nota sobre un cuento de Julio Cortázar: 'El outro cielo'", in *La vuelta a Cortázar em nueve ensayos*, Buenos Aires: Perez, 1968, pp. 55-62; Carla Grandi, " 'El outro cielo' de Julio Cortázar", in *Revista Chilena de Literatura* nº 5-6, Santiago, Universidad de Chile, 1972, pp. 289-97. Saúl Yurkevich [*Julio Cortázar: mundos y modos*, Madri: Anaya & Mario Muchnik, 1994] fala muito pouco desse conto, mas aponta a "*técnica simultaneísta, diacronias que se vuelven sincrónicas, montaje cinemático: multiples intentos para abrir la cerrazón formal del cuento*" (p. 262).

4. Florianópolis: Obra Jurídica, 1998.

5. *Das Passagen-Werk* [A obra das passagens] foi publicada em 1982 por Rolf Tiedemann e integrada mais tarde nas *Obras completas* de Benjamin: *Gesammelte Schriften*, 7 v., Frankfurt am Main: Suhrkamp, 1972-89 [Essa edição será indicada, neste artigo, pelas iniciais *GS*. *Das Passagen-Werk* se encontra no v. v]. Versão francesa: Walter Benjamin, *Paris, capitale du XIXᵉ siècle. Le livre des passages*, trad. Jean Lacoste, Paris: Ed. du Cerf, 1986 [*Idem: LP*]. Versão em inglês: Walter Benjamin, *The arcades project*, trad. Howard Eiland e Kevin McLauglin, Cambridge, Massachusetts Londres, Inglaterra: The Belknap Press of Harvard University Press, 1999 [*Idem: AP*]. Pelo fato de se tratar de obra muito extensa, com diferentes variantes difíceis de cruzar de uma tra-

dução a outra, minhas citações, traduzidas em português, virão de uma ou outra dessas edições, com a indicação da fonte pelas siglas anunciadas, ou de fontes secundárias, também referidas em cada caso. [Depois de publicado este artigo, foi editada uma excelente tradução brasileira do livro de Benjamin: *Passagens*, org. Willi Bolle; Olgária Matos, trad. Irene Aron e Cleonice Mourão, Belo Horizonte: Editora da UFMG; São Paulo: Imprensa Oficial do Estado de São Paulo, 2006.]

6. Liliane Schneiter, conferência pronunciada na École Nationale de Beaux-Arts de Lyon, em 31/10/2001.

7. *GS*, V, 1207. *Exposé* de 1935, nota nº 3.

8. *Apud* Willi Bolle, *Fisiognomia da metrópole moderna*, São Paulo: FAPESP/Edusp, 2ª ed., 2000, p. 62.

9. Susan Buck-Morss, *Dialética do olhar. Walter Benjamin e o Projeto das passagens*, trad. de Ana Luiza Andrade, Belo Horizonte/Chapecó SC: Editora UFMG/Editora Universitária Argos, 2002, p. 311 [*The Dialetics of seeing. Walter Benjamin and the arcades project*, First MIT: Press paperback edition, 1991.]

10. *Idem*, p. 312.

11. "Un passato rivissuto come futuro anteriore" [Um passado revivido como futuro anterior], Igino Domanin, in *Clarence: Società delle menti: Recensioni: passages di Walter Benjamin*, site da internet.

12. Willi Bolle, *op. cit.*, p. 64.

13. *Idem*, p. 70.

14. *GS*, V, 591. *Apud* Susan Buck-Morss, *op. cit.*, p. 143.

15. Willi Bolle, *op. cit.*, p. 80.

16. Palavras de Marx em *O 18 brumário de Luis Bonaparte*, citadas por Benjamin (*GS*, I, 513).

17. *Apud* Susan Buck-Morss, *op. cit.*, p. 227.

18. Ver as melhores biografias do poeta: François Caradec, *Isidore Ducasse, Comte de Lautréamont*, Paris: La Table Ronde, 1970 e Jean-Jacques Lefrère, *Isidore Ducasse*, Paris: Fayard, 1996.

19. Julio Cortázar, *Entretiens avec Omar Prego*, Paris: Gallimard (col. Folio Essais), 1986, pp. 84-5.

20. A identificação, ainda que brincalhona, dos sul-americanos com macacos permite pensar numa alusão a mais aos "Assassinatos da rua Morgue", de Poe.

21. Louis-Auguste Blanqui, *L'Éternité par les astres*, pref. de Lisa Block de Béhar, Paris-Genève: Slatkine, col. Fleuron, 1996.

22. *GS*, V, 1052-3.

23. Susan Buck-Morss, *op. cit.*, p. 150.

24. *Idem*, p. 156.

25. Willi Bolle, *op. cit.*, p. 68.

26. Susan Buck-Morss, *op. cit.*, p. 175.

9. RAYMOND ROUSSEL E O MULTICULTURALISMO [pp. 148-58]

1. Michel Foucault, *Raymond Roussel*, Paris: Gallimard, 1963. Trad. bras.: São Paulo: Forense Universitária, 1999.

2. Mark Ford, *Raymond Roussel and the Republic of Dreams*, Nova York: Faber & Faber, 2000.

3. Rustom Bharucha, *Theatre and the world: performance and the politics of culture*, Londres: Routledge, 1997.

10. EDWARD W. SAID, UM INTELECTUAL FORA DE LUGAR [pp. 159-65]

1. Nova York: Vintage Books, 1999. [Trad. bras.: *Fora do lugar*, São Paulo: Companhia das Letras, 2004.]

2. Said faleceu em 2003, depois da publicação deste artigo.

3. *The Progressive Magazine*, novembro de 2001.

4. São Paulo: Companhia das Letras, 2003.

5. São Paulo: Boitempo, 2003.

6. *In Theory*, Londres: Verso, 1992.

7. São Paulo: Companhia das Letras, 2001.

11. DESCONSTRUINDO OS "ESTUDOS CULTURAIS" [pp. 166-74]

1. Sobretudo em *Altas literaturas*, São Paulo: Companhia das Letras, 1998.

2. Roland Barthes, *Leçon*, Paris: Seuil, 1978, p. 34.

3. Jacques Derrida, *Khôra*, Paris: Galilée, 1993 e Geoffrey Bennington/Jacques Derrida, *Jacques Derrida*, Paris: Seuil, 1991, p. 197.

4. Jacques Derrida, *Sur parole, instantanés philosophiques*, Paris: Editions de l'Aube, 1999, p. 28.

5. Ver Anne Dufourmantelle/Jacques Derrida, *De l'hospitalité*, Paris: Calmann-Lévy, 1997 e Jacques Derrida, *Cosmopolites de tous les pays, encore un effort!*, Paris: Galilée, 1997.

6. Jacques Derrida, *Sur parole, instantanés philosophiques*, p. 66.

7. *Idem*, p. 71.

224

8. *Idem, ibidem.*

9. Jacques Derrida, "As if I were dead", in J. Brannigton: R. Robbins & J. Wolfreys (Ed.), *Applying: to Derrida*, Londres: Macmillan, 1996, p. 220.

10. Jacques Derrida, *Donner la mort*, Paris: Galilée, 1999, pp. 205-9.

12. CIVILIZADOS E BÁRBAROS [pp. 175-87]

1. *O deserto dos tártaros*, trad. Aurora Fornoni Bernardini e Homero Freitas de Andrade, 3ª ed., Rio de Janeiro: Nova Fronteira, 1984, p. 34. Usarei doravante a sigla *DT* para citar esta obra.

2. *À espera dos bárbaros*, trad. José Rubens Siqueira, São Paulo: Companhia das Letras, 2006, p. 16. Usarei doravante a sigla *EB* para citar esta obra.

3. *A vida dos animais*, trad. José Rubens Siqueira, São Paulo: Companhia das Letras, 2002.

4. Kostantinos Kaváfis, *Poemas*, trad. José Paulo Paes, Rio de Janeiro: Nova Fronteira, 1982, p. 106.

5. A justiça é a permanente desconstrução das leis. Ver Jacques Derrida, *Force de loi*, Paris: Galilée, 1994 [*Força de lei*, São Paulo: Martins Fontes, 2007].

6. Roland Barthes, *Sur Racine*, Paris: Seuil, 1963, p. 7.

7. Jean-Paul Sartre, in Yves Buin (Org.), *Que peut la littérature?*, Paris: col. 10-18, Union Générale d'Éditions, 1965, pp. 122 e 124.

13. MACUNAÍMA E A "ENTIDADE NACIONAL BRASILEIRA" [pp. 188-209]

1. CAPES: certificado de aptidão pedagógica ao ensino secundário; *Agrégation*: concurso para um cargo de professor titular de liceu ou de faculdade.

2. Como havia apontado e analisado Telê Porto Ancona Lopez, em *Ramais e caminho*, São Paulo: Duas Cidades, 1972, pp. 202 e ss.

3. Citarei os prefácios e cartas a partir de: Mário de Andrade, *Macunaíma, o herói sem nenhum caráter*, edição crítica de Telê Porto Ancona Lopes, Rio de Janeiro/ São Paulo: Livros Técnicos e Científicos /Secretaria da Cultura, Ciência e Tecnologia, 1978. E, também, da edição crítica coordenada pela mesma especialista, na coleção Arquivos da UNESCO, Florianópolis: Editora da UFSC, 1988.

4. Ver André Lalande, *Vocabulário técnico e crítico da filosofia*, São Paulo: Martins Fontes, 1993, pp. 307-8 [*Vocabulaire technique et critique de la philosophie*, Paris: Presses Universitaires de France, 1926].

5. *Roteiro de Macunaíma*, São Paulo: Anhembi, 1955.

6. *Op. cit.*, 1978, p. XXII.

7. Gilda de Mello e Souza, *O tupi e o alaúde, uma interpretação de Macunaíma*, São Paulo: Duas Cidades, 1979.

8. *História concisa da literatura brasileira*, São Paulo: Cultrix, 1975, p. 398.

9. *Intertexto: escrita rapsódica*, São Paulo: Praxis, 1970.

10. *Morfologia do Macunaíma*, São Paulo: Perspectiva, 1973.

11. M. Cavalcanti Proença, *Roteiro de Macunaíma*, São Paulo: Anhembi, 1955; Rio de Janeiro: Civilização Brasileira, 1969.

12. Telê P. A. Lopez, *Ramais e caminho*, p. 214.

13. *Idem, ibidem.*

14. Ver Gilda de Mello e Souza, *op. cit.*

15. Como se sabe, paráfrase da frase de Saint-Hilaire: "Ou o Brasil acaba com a saúva, ou a saúva acaba com o Brasil".

16. Ver Antonio Candido, "Dialética da malandragem", in *O discurso e a cidade*, 3ª ed., São Paulo/Rio de Janeiro: Duas Cidades/Ouro sobre Azul, 2004, pp. 22 e 45.

17. Agradeço a Afranio Garcia essa observação. Ver Afranio Garcia Jr., "Les intellectuels et la conscience nationale au Brésil", *Actes de la recherche en sciences sociales* nº 98, MSH /Collège de France /EHESS /Centre National des Lettres, Paris, 1993.

18. "Liminar Macunaíma", na edição crítica de *Macunaíma*, coleção Arquivos da UNESCO, 1988, p. XX. Uma vez mais, tenho de discordar de Darcy Ribeiro, tão respeitável por outros aspectos de sua obra e de sua personalidade.

19. *História do modernismo brasileiro: antecedentes da Semana de Arte Moderna*, 4ª ed., Rio de Janeiro: Civilização Brasileira, 1974.

20. "Situação de *Macunaíma*", na edição crítica de *Macunaíma*, coleção Arquivos da UNESCO, 1988, pp. 171-81.

Índice remissivo

À espera dos bárbaros (Coetzee), 175, 177, 178, 179, 180, 181, 182, 183, 184, 185, 186, 187, 225n
aborígines, 32, 38
abstração, 15, 110
Academia Brasileira de Letras, 62, 92
Academia Brasileira de Letras: nacionalismo à francesa (Signer), 217n
Academia de Belas Artes, 54
Academia Francesa, 62, 63
Achugar, Hugo, 211n
Aclimatando Baudelaire (Carneiro), 219n
Adam, Paul, 68
"Adieux de l'hôtesse arabe" (Victor Hugo), 101
Adorno, Theodor, 131, 161
África, 16, 149, 152, 155, 157, 168
África do Sul, 155
"africanismo", 151
africanos, 24, 39, 75, 90, 151, 153, 154, 171

agora da conhecibilidade, 130, 131, 132, 133, 146
Aguiar, Flávio, 213n, 214n
Ahmad, Aijaz, 161
alegoria, 15, 65, 103, 122, 124
Alencar e a França: perfis (Pinto), 216n
Alencar, José de, 34, 39, 57, 61, 82, 220n
Altas literaturas (Perrone-Moisés), 224n
alteridade, 9, 11, 13, 33, 44, 90, 172
Alves, Castro, 97, 98, 99, 101, 102, 103, 104, 105, 106, 107, 219n
Amalia (Mármol), 34
Amaral, Aracy A., 218n
Amaral, Glória Carneiro do, 102, 219n
Amaral, Tarsila do, 71
América do Norte, 29, 65
América do Sul, 77, 150, 154
América e a civilização, A (Ribeiro), 77
América Ibérica, 29
América Latina, 11, 24, 25, 26, 27, 28, 31, 32, 33, 35, 36, 37, 38, 40, 41, 42,

43, 45, 65, 66, 68, 69, 72, 73, 78, 79, 80, 121, 134, 139, 143, 185, 204, 213*n*, 214*n*, 215*n*

América Latina: males de origem (Bonfim), 66

americanismo, 24, 31, 51, 61, 66, 73, 122

Américas e a civilização, As (Ribeiro), 215*n*, 218*n*

Amérique Latine (Siegfried), 73

Amin Dada, general, 153

anacronismos, 43, 143

Anderson, Benedict, 15, 212*n*, 214*n*

Andrade, Carlos Drummond de, 201, 206

Andrade, Mário de, 17, 36, 41, 71, 72, 73, 74, 76, 79, 189, 190, 191, 192, 193, 194, 196, 197, 198, 199, 200, 201, 202, 203, 204, 205, 206, 207, 208, 209, 212*n*, 214*n*, 218*n*, 225*n*

Andrade, Oswald de, 24, 39, 45, 71, 74, 113, 117, 213*n*, 218*n*, 220*n*

Angel Rama. Literatura e cultura na América Latina (org. Aguiar &Vasconcelos), 213*n*

"angústia da influência", 46, 106

Anta, movimento, 74, 202

Antelo, Raul, 218*n*

Anthouard, Baron d', 218*n*

Antigo Regime, 56

antropofagia cultural, 24, 45, 76, 215*n*

Antropofagismo, 215*n*

antropologia, 11, 25, 167

antropólogos, 13, 14, 56, 75

Anxiety of influence, The (Bloom), 215*n*

apartheid, 168, 185

Arafat, Yasser, 161

Aragon, Louis, 129, 130, 146

Araguaia, rio, 193

"arco-íris das culturas", 155

Argentina, 45, 78, 122, 123, 128, 154, 193, 221*n*

Ariel (Rodó), 70, 214*n*

Arte brasileira, A (Duque Estrada), 57

arte, 17, 25, 26, 39, 46, 54, 55, 56, 57, 72, 107, 147, 163, 209

arte primitiva, 39

artistas, 11, 25, 51, 54, 55, 57, 79, 113, 139, 148, 150, 154, 157, 202

"As if I were dead" (Derrida), 225*n*

"Assassinatos da rua Morgue" (Poe), 223*n*

Assier, Adolphe d', 55, 216*n*

Assis, Machado de, 63, 64, 79, 81, 82, 83, 84, 85, 86, 87, 88, 91, 92, 93, 94, 95, 96, 107, 219*n*

Associação Internacional de Literatura Comparada, 166

Astier, Colette, 115, 220*n*

Atala (Chateaubriand), 92

A-t-on lu Lautréamont? (Faurisson), 222*n*

Auerbach, Erich, 164

auto-ironia, 47

autonomia literária, 28

Aventura brasileira de Blaise Cendrars, A (Eulálio), 220*n*

"Aves de arribação" (Castro Alves), 104, 106

Avray, Jacques d' (pseudônimo de Freitas Valle), 67

Azevedo, Álvares de, 60

Bakhtine, Mikhail, 197

Balmaceda (Nabuco), 66

Banco Mundial, 30

Bandeira, Manuel, 192, 196, 198, 208

barbárie, 34, 47, 61, 161, 178, 180

228

bárbaros, 34, 39, 56, 62, 124, 175, 176, 177, 179, 180, 181, 182, 183, 184, 185, 187, 225n

Barbosa, Rui, 63, 103

Barca, conde da, 54

Barreto, Lima, 67, 68, 214n, 217n, 218n

Barreto, Tobias, 64, 217n

barroco, 35, 120, 143, 215n

Barthes, Roland, 167, 186, 189, 224n, 225n

"Bateau ivre, Le" (Rimbaud), 222n

Baudelaire, Charles, 11, 105, 106, 129, 133, 144

Behar, Lisa Block de, 118

Belgrano, Manuel, 221n

Belle Époque, 62, 66, 67, 68, 151, 154, 155

Bello, Andrés, 39, 61

Benjamin, Walter, 127, 128, 129, 130, 131, 132, 133, 134, 135, 136, 138, 139, 142, 144, 145, 146, 147, 222n, 223n

Bernhardt, Sarah, 110, 113, 114

Bhabha, Homi K., 213n

Bharucha, Rustom, 157, 224n

bibliotecas, 52, 55

bilingüismo, 119, 125

Black, general, 56

Blanqui, Louis-Auguste, 134, 144, 223n

Bloom, Harold, 215n

"Boa Vista, A" (Castro Alves), 99, 100

Bokassa I, imperador, 153

Boletim de Ariel, 73

Bolivar, Simón, 32

Bolle, Willi, 136, 146, 223n, 224n

"bom selvagem", 65

Bonaparte, Louis, 133

Bonfim, Manoel, 66

Bonifácio, José, 53

Boom de la novela latinoamericana, El (Monegal), 219n

"Booz endormi" (Victor Hugo), 98

Bopp, Raul, 196

"Borges nacionalista, una identidad paradójica" (Panesi), 83, 219n

Borges no Brasil (org. Schwartz), 81

Borges, Jorge Luis, 23, 31, 35, 41, 47, 81, 82, 83, 84, 85, 86, 87, 88, 91, 92, 93, 95, 96, 103, 213n, 214n, 219n

Bosi, Alfredo, 197, 207, 211n, 218n, 219n

Boucher, Philippe, 59

boulevard, 67

Bourbon, dinastia, 56

Branco, rio, 193

"branqueamento", 44

Brasil, 11, 16, 23, 24, 30, 31, 37, 38, 39, 41, 44, 45, 50, 51, 52, 53, 54, 55, 56, 57, 58, 60, 61, 63, 66, 69, 70, 71, 72, 73, 75, 77, 78, 79, 85, 92, 94, 95, 109, 113, 115, 116, 182, 193, 194, 196, 198, 200, 202, 203, 204, 205, 207, 211n, 212n, 217n, 218n, 220n, 221n, 226n

"Brasil literário de Blaise Cendrars, O" (Rivas), 220n

Brésil contemporain: races, moeurs, institutions, paysages, Le (D'Assier), 216n

"Brésil et les Etats-Unis: des relations complexes à l'épreuve du long terme, XIXe et XXe siècles, Le" (Mc Cann), 217n

"Brésil pour la France: la construction d'une politique culturelle française, 1920-1950, Le" (Suppo), 219n

Breton, André, 146, 148

Brito, Mário da Silva, 207

Broca, Brito, 217n
Broch, Hermann, 12
Brook, Peter, 154
Brunetière, Ferdinand, 69
Bruzundangas, Os (Lima Barreto), 217n
Buck-Morss, Susan, 130, 146, 147, 223n, 224n
Buenos Aires, 41, 88, 121, 123, 124, 128, 131, 132, 133, 134, 138, 139, 145
burguesia, 18, 109, 145
Butor, Michel, 149
Buzzati, Dino, 176, 177, 184
Byron, Lord, 105

Cadernos de Lanzarote — Diários II (Saramago), 49
Camargos, Marcia, 217n
Camões, Luís de, 88
Campos, Haroldo de, 43, 197
Campos, Regina Salgado, 217n
Candido, Antonio, 16, 33, 51, 58, 59, 71, 76, 206, 212n, 214n, 215n, 216n, 218n, 226n
cânone, 12, 164, 167, 173, 174, 197
"Cântico dos cânticos", 106
"Cantique de Bethphagé" (Victor Hugo), 104, 106
Cantos de Maldoror (Lautréamont), 119, 120, 121, 122, 123, 125, 137, 138, 142, 143, 221n
capitalismo, 139
"Captive, La" (Victor Hugo), 101
Caradec, François, 118, 123, 221n, 223n
caráter nacional, 202, 208
Carelli, Mario, 216n
Caribe, 41
Carpentier, Alejo, 43

Carvalho, Bernardo, 211n, 212n
Casa-grande e senzala (Freyre), 44, 75, 218n
Cem anos de solidão (Garcia Márquez), 41
Cendrars, Blaise, 108, 109, 111, 112, 113, 114, 115, 116, 196, 220n
centro *versus* periferia, 11, 34, 125, 171, 172
Cervantes, Miguel de, 12
Chamie, Mario, 197
"Chants du crépuscule, Les" (Victor Hugo), 101
Chateaubriand, François-René de, 38, 58, 62, 92
Châtiments (Victor Hugo), 103
Chavagnes, Louis de, 60, 216n
Chiappini, Lygia, 214n, 216n
chic, 67
China, 154, 204
Cid, O (Corneille), 11
cidade moderna, 129, 136
cientistas, 55, 154
cinema, 18, 155
civilização, 13, 34, 61, 64, 66, 73, 77, 139, 151, 161, 178, 182, 204, 215n
civilizados, 39, 67, 175, 178, 180, 195, 225n
clichês, 121, 122, 149, 151
Cocteau, Jean, 114
Coetzee, J. M., 175, 176, 177, 179, 182, 183, 184, 185, 187
Coimbra, 57
colonialismo, 9, 10, 17, 22, 60, 158, 169, 213n
colonizadores, 22, 24, 61, 90, 171, 215n
Columbia, Universidade, 160, 161
Comédia urbana: de Daumier a Porto-Alegre, A (Salgueiro), 216n

comércio, 14, 55, 56, 127

Comment j'ai écrit certains de mes livres (Roussel), 149

comparatismo literário, 11

complexo de inferioridade, 35, 125

Comte, Auguste, 38, 62, 64, 69, 111, 124

comunidade, 14, 15, 121, 173, 174

Condillac, Étienne Bonnot de, 53

Congresso da Associação Internacional de Literatura Comparada, 28

Conjuração dos Alfaiates, 52

Conquista da América, 40

Conrad, Joseph, 18, 158, 163

conto, 88, 127, 128, 132, 134, 136, 137, 138, 140, 142, 144, 145, 146, 193, 195, 197, 222n

Contrapunteo cubano del azúcar y del tabaco (Ortiz), 213n

cor local, 35, 64, 81, 86, 92, 119, 219n

Coração das trevas (Conrad), 158

Corneille, Pierre, 11

Correio Mercantil, 220n

Corrientes literarias en la America Hispánica, Las (Urena), 214n

Cortázar, Julio, 127, 128, 129, 131, 133, 134, 136, 137, 138, 139, 140, 143, 144, 146, 147, 222n, 223n

corte portuguesa, traslado da, 30, 53, 54

Cortina, A (Kundera), 212n

Cosmopolites de tous les pays, encore un effort! (Derrida), 224n

cosmopolitismo, 71, 172

Coutinho, Afrânio, 217n

Crítica literária (Machado de Assis), 219n

críticos literários, 18

Cruz, Sor Juana Inés de la, 34

Cruze esta linha (Rushdie), 212n

Cuadernos hispanoamericanos, 81

Cuba, 65

Cuestión de los orígenes, La (org. Behar, Caradec & Lefort), 118

cultura, 9, 13, 14, 15, 16, 17, 18, 19, 21, 22, 23, 24, 25, 26, 32, 33, 36, 37, 40, 41, 47, 48, 49, 50, 51, 52, 55, 58, 59, 61, 62, 64, 67, 69, 70, 71, 74, 75, 77, 78, 79, 80, 84, 87, 89, 90, 91, 93, 95, 105, 110, 111, 118, 119, 121, 124, 153, 155, 162, 164, 169, 199, 203, 208, 211n, 213n, 214n, 215n

cultura alemã, 64

cultura brasileira, 50, 58, 59, 79, 80, 87, 95, 215n

cultura de massa, 14, 26, 78, 164

Cultura e imperialismo (Said), 212n

Cultura e política (Said), 161

Cultura e sociedade no Rio de janeiro (1808-1821) (Silva), 55, 216n

Cultura en la encrucijada nacional, La (Sabato), 214n, 215n

cultura européia, 23, 40, 47, 69, 70, 74, 124, 153

cultura francesa, 18, 37, 51, 55, 71, 79, 80, 111

cultura latino-americana, 21, 22, 23, 25, 73, 90, 213n

cultura norte-americana, 70, 78

cultura popular, 17

Cultura, literatura e política na América Latina (Veríssimo), 218n

culturalismo, 9, 169

culturalistas, 164, 167, 169, 173

culturas africanas, 22

culturas autóctones, 22, 87

culturas hegemônicas, 41, 49

culturas pré-colombianas, 40

Cultures croisées. Histoire des échanges

culturels entre la France et le Brésil de la découverte aux temps modernes (Carelli), 216n

Cunha, Euclides da, 34

Curtius, Ernst Robert, 164

Curupira e o Carão, O (Plínio Salgado), 218n

Dalí, Salvador, 149

Dantas, Vinicius, 215n

Daudet, Alphonse, 68

David, Sylvain-Christian, 221n

De l'hospitalité (Dufourmantelle & Derrida), 224n

"Dedicatória" (Castro Alves), 101

Defoe, Daniel, 163

Delaunay, Robert, 113

Denis, Ferdinand, 58, 59, 92, 216n

dependência cultural, 34, 36, 37, 39, 48, 77

dependência econômica, 21, 36, 77

Derrida, Jacques, 168, 169, 170, 171, 172, 173, 174, 224n, 225n

Descobrimento da América, 29, 33, 40, 41, 48

Deserto dos tártaros, O (Buzzati), 176, 225n

Deutsche Zeitung, 64

Devassa ordenada pelo vice-rei conde de Rezende, 52

Diabo na livraria do cônego, O (Frieiro), 216n

dialética, 71, 90, 95, 96, 129, 130, 131, 132, 134, 135, 139, 142, 146, 206

Dialética da colonização (Bosi), 211n, 219n

"Dialética da malandragem" (Candido), 226n

Dialética do olhar. Walter Benjamin e o Projeto das passagens (Buck-Morss), 223n

dialética hegeliana, 130

dialética marxista, 130

Diário da Noite, 206

Diário Nacional, 72, 73, 202, 203, 206

Dias, Gonçalves, 82, 87, 91

Dickens, Charles, 18

Diderot, Denis, 12

discurso ideológico, 167

discurso teórico, 26

Discusión (Borges), 213n

ditaduras militares, 77

Do positivismo à desconstrução, Idéias francesas na América (org. Perrone-Moisés), 217n

Doña Bárbara (Gallegos), 34

Donner la mort (Derrida), 225n

Doublure, La (Roussel), 149

doxa, 44, 49

Ducasse, Isidore ver Lautréamont

Duchamp, Marcel, 149

Dufourmantelle, Anne, 224n

Dumas, Alexandre, 123

Duncan, Isadora, 113

Duque Estrada, Joaquim Osório, 57

Eagleton, Terry, 16, 18, 47, 96, 211n, 212n, 213n, 215n, 219n

Eckermann, Johann Peter, 11

economia, 15, 25, 36, 40, 129, 145, 194

Educação nacional, A (Veríssimo), 218n

"Effort intellectuel du Brésil contemporain, L'" (Oswald de Andrade), 71

Egito, 160, 204

Eliot, T. S., 106

Empalhador de passarinho, O (Mário de Andrade), 198

"Encuentro entre dos culturas: Lautréamont y Laforgue" (colóquio), 118

"Enfant, L'" (Victor Hugo), 101

Ensaio Filosófico Paulistano, 60

Entretiens avec Omar Prego (Cortázar), 223n

epopéia, 197

Era dos nacionalismos, 15

Escola de Frankfurt, 130

escravidão, 38, 103

Escribir en el aire. Ensayo sobre la heterogeneidad socio-cultural en las literaturas andinas (Polar), 215n

"Escritor argentino y la tradición, El" (Borges), 82, 83, 219n

escritores latino-americanos, 31, 32, 34, 43, 49, 121, 122

Espanha, 29, 30, 40, 61

Espelho de Próspero, O (Morse), 214n

"Espelho, O" (Machado de Assis), 88

essência nacional, 36

Estado-Nação, 10, 15

Estados Unidos, 23, 25, 27, 29, 30, 53, 65, 70, 73, 74, 77, 155, 160, 170, 171, 206

estética, 38, 87, 96, 125, 165, 202

Estrada, Duque *ver* Duque Estrada, Joaquim Osório

Estrutura social da República das Letras. Sociologia da vida intelectual brasileira (1870-1930) (Machado Neto), 217n

Estudos alemães (Tobias Barreto), 217n

Estudos Avançados, 28, 211n

Estudos críticos, 57

"estudos culturais", 163, 166, 167, 169, 173, 174, 224n

Estudos de literatura brasileira (Veríssimo), 217n

estudos literários, 163, 164, 167, 174

Eternamente em berço explêndido (Rouanet), 216n

Éternité par les astres, L' (Blanqui), 134

"eterno retorno", 134, 135

Eulálio, Alexandre, 220n

eurocentrismo, 163, 164, 169, 171

Europa, 11, 16, 18, 23, 25, 27, 28, 30, 32, 33, 34, 35, 38, 41, 44, 45, 47, 48, 49, 58, 61, 66, 70, 72, 77, 91, 93, 116, 121, 123, 124, 126, 142, 143, 148, 154, 185, 194, 204

europeísmo, 60, 61, 93

exotismo, 12, 49, 119

Expresión americana, La (Lima), 24, 43, 47, 213n

Facundo (Sarmiento), 61, 214n

Faria, João Roberto, 217n

Farina, Domitila Sílvia, 216n

fascismo, 74, 133, 201, 206, 207

Faurisson, Robert, 222n

favelas, 67

feministas, 169, 170

Fernandes, Florestan, 197

"Feu du ciel, Le" (Victor Hugo), 101

Feuillet, Otávio, 57

ficção, 12, 31, 43, 47, 83, 89, 94, 131, 136, 143, 146, 147, 175, 194, 195

Fielding, Henry, 12

Filipinas, 65

filosofia, 10, 11, 162, 163

Finnegans Wake (Joyce), 96

Fisiognomia da metrópole moderna (Bolle), 223n

Fitz, Earl E., 81, 219*n*
Flaubert, Gustave, 12
folclore, 21, 25, 41, 49, 119, 190, 199, 213*n*
Folha da Manhã, 76
Folha de S.Paulo, 148, 159
folhetins, 55
Force de loi (Derrida), 225*n*
Formação da literatura brasileira (Candido), 214*n*
Foucault, Michel, 149, 171, 224*n*
França, 11, 14, 17, 29, 33, 37, 38, 39, 50, 51, 53, 54, 57, 61, 62, 67, 68, 69, 71, 72, 73, 75, 76, 77, 78, 79, 80, 86, 103, 109, 110, 111, 112, 113, 114, 115, 116, 124, 126, 134, 137, 211*n*
France, Anatole, 68
francesismo, 58, 64, 67
Freyre, Gilberto, 44, 75, 218*n*
Frieiro, Eduardo, 53, 216*n*
Fundo Monetário Internacional, 30
Fusco, Rosário, 198

galicismos, 63
Gallegos, Rómulo, 34
galofilia, 50, 64, 71, 73, 76, 79
galofobia, 50, 56, 66, 71, 73, 74, 75, 76, 79, 215*n*
Garcia Márquez, Gabriel, 13, 41
Garcia, Afranio, 226*n*
Gavet, Daniel, 59
Gazeta de Notícias, 64
Gellner, Ernest, 15, 212*n*, 214*n*
"Genèse de l'idée géo-politique moderne de latinité et fonction dans les relations intellectuelles entre la France et le monde luso-brésilien" (Rivas), 217*n*
Genet, Jean, 18

geografia, 14, 42, 194, 196
germanismo, 64
Gibbon, Edward, 86
globalização, 12, 14, 15, 21, 24, 27, 79, 156, 157, 164, 213*n*
Goethe, Johann Wolfgang von, 11, 12, 18, 164, 211*n*
Golden legend, 85
Goncourt, Jules de, 68
Gragoatá, 50
"grande contexto", 13
Grandi, Carla, 222*n*
Grandville, caricaturista, 138
Grécia, 22
"'Grilo' França-eternista, O" (Candido), 76
Grotowski, Jerzy, 154
Gruzinski, Serge, 56
Guarani, O (Alencar), 34, 82
Guerra do Paraguai, 104, 221*n*
Guerra do Prata, 119, 122, 124
Guerra Franco-Prussiana, 104
guerras imperiais, 176
Guevara, Che, 77
Guia ilustrado de Paris, 127
Guilaine, L., 62
Guillot-Muñoz, Alvaro, 221*n*
Guillot-Muñoz, irmãos, 119

Haeckel, Ernest, 64
Hall, Stuart, 211*n*
Hamlet (Shakespeare), 85, 86
Hasegawa, Nina, 28
Havana, 41, 215*n*
"Hebréia" (Castro Alves), 101
Hegel, Georg Wilhelm Friedrich, 45, 90, 145
Hermosilla, Gómez, 119, 120, 123
História, 12, 13, 15, 17, 25, 28, 33, 37,

42, 43, 44, 49, 50, 51, 53, 54, 57, 58, 66, 72, 78, 79, 85, 87, 91, 130, 131, 132, 133, 134, 135, 138, 142, 144, 149, 154, 155, 167, 174, 175, 176, 184, 185, 186, 193, 194, 196, 200, 212n, 214n, 216n, 217n, 226n

história cultural, 37, 43, 51

História da inteligência brasileira (Carelli & Martins), 216n

História da literatura brasileira (Romero), 217n

história política, 43, 51

historiadores, 56, 75, 216n

Holanda, Sérgio Buarque de, 31, 54, 75, 213n, 218n

Holocausto *ver* Shoah

Homem sem profissão. Sob as ordens de mamãe, Um (Oswald de Andrade), 220n

Homero, 119, 122, 123, 198

Hugo, Victor, 60, 97, 98, 102, 103, 104, 107, 111, 219n

Idade Média, 58

ideal cultural latino-americano, 40

Idéia de cultura, A (Eagleton), 211n

"idéias francesas", 52, 56, 80

idéias revolucionárias, 53

Idéias teatrais, O século XIX no Brasil (Faria), 217n

identidade, 9, 11, 12, 13, 14, 15, 16, 17, 18, 21, 22, 23, 24, 30, 32, 33, 35, 37, 38, 40, 44, 45, 48, 51, 60, 65, 66, 71, 72, 73, 75, 79, 83, 85, 88, 90, 93, 94, 126, 136, 162, 189, 191, 212n

Identidade cultural na pós-modernidade, A (Hall), 211n

Identidades assassinas (Maalouf), 16

ideologia, 38, 44, 53, 62, 66, 72, 74, 163, 164, 218n

Idílios brasileiros (Théodore Taunay), 59

Idriss, 163

Igreja, 53, 76

I-Juca Pirama (Gonçalves Dias), 82

Ilíada (Homero), 119, 121, 122, 123

Iluminismo, 39, 90, 212n

Ilusão americana, A (Prado), 65

"Image de la France dans la littérature brésilienne, L' (paradoxes du nationalisme littéraire)" (Perrone-Moisés), 216n

Imagined communities: reflections on the origin and spread of nationalism (Anderson), 212n, 214n

imigração, 18, 24, 139, 212n

imigrantes, 22, 23, 45, 185

imperialismo, 23, 65, 77, 163

imperialismo lingüístico, 23

Império Romano, 32

Imprensa Régia (Rio de Janeiro), 56

Impressions d'Afrique (Roussel), 149, 151, 152, 155, 157, 158

"Improviso do mal da América" (Mário de Andrade), 214n

Inconfidência Mineira, 52

Independência do Brasil, 30, 52, 53, 57, 59, 82

Independência dos Estados Unidos, 29, 53

independência política, 28, 43, 74, 91

Índia, 204

indianista, temática, 59, 82, 84, 87, 92

índios, 24, 29, 38, 45, 58, 67, 73, 75, 78, 90, 91, 185

Infante, Cabrera, 41

influência francesa, 18, 38, 39, 50, 51, 53, 54, 55, 56, 62, 67, 69, 73, 75
Inglaterra, 14, 29, 155, 206
"Instinto de nacionalidade" (Machado de Assis), 64, 82, 95, 219n
Institut de France, 62, 112
Instituto Histórico de Paris, 58
"Instrumentalisation différentielle des cultures étrangères, L'" (Roland), 219n
integralismo, 74, 207
intelectuais brasileiros, 60, 65, 207
intelectuais nacionalistas, 39
"Intellectuels et la conscience nationale au Brésil, Les" (Garcia), 226n
intercâmbios culturais, 18, 22, 156, 157
intertextualidade, 12, 106, 173, 189
Iracema (Alencar), 34, 82
irlandeses, 47
ironia, 47, 62, 79, 87, 95, 96, 111, 204
"Irresistible romance: the foundational fictions of Latin America" (Sommer), 213n
"Isidore Ducasse et la rhétorique espagnole" (Perrone-Moisés & Monegal), 221n
Isidore Ducasse, Comte de Lautréamont (Caradec), 221n, 223n
Isidore Lautréamont (David), 221n
Israel, 160
Itália, 14

Jakaré-Ouassou ou Les toupinambas (Gavet & Boucher), 59
Jerusalém, 160
João VI, d., 30, 37, 53, 55, 56
Jorge Luis Borges: a literary biography (Monegal), 219n
Jornal do Commercio, 72

Journal de l'Institut Historique, 216n
Journal of Rikkyo University Language Center, The, 28
Joyce, James, 12, 96
Julio César (Shakespeare), 85
Julio Cortázar, a viagem como metáfora produtiva (Wolff), 128
Julio Cortázar: mundos y modos (Yurkevich), 222n

Kadir, Djelal, 28
Kafka, Franz, 12, 176
Kanafani, Ghassan, 163
Kaváfis, Konstantinos, 183, 225n
khôra, 170
Khôra (Derrida), 224n
Kipling, Rudyard, 163
Koch-Grünberg, Theodor, 191, 192
Kock, Paulo de, 68
Krysinski, Wladimir, 211n
Kundera, Milan, 12, 13, 212n

La Bruyère, Jean de, 222n
Laberinto de la soledad, El (Paz), 46
Labirinto da saudade, O (Lourenço), 212n
Laforgue, Jules, 118, 221n
Lalande, André, 225n
Lamartine, Alphonse de, 60
Lang, Jacques, 78
Latin America as its literature (ed. Valdés & Young), 28
latinidade, 38, 66, 68, 73, 77, 78
"Latinidade na América do Sul: Anatole France e Paul Adam, A" (Campos), 217n
Lautréamont (Isidore Ducasse), 118, 119, 120, 121, 122, 123, 124, 125,

126, 127, 137, 138, 139, 140, 142, 143, 146, 221*n*, 222*n*, 223*n*

Lautréamont à Montevideo (Guillot-Muñoz), 221*n*

Lautréamont austral (Monegal & Perrone-Moisés), 214*n*, 215*n*, 221*n*

Lautréamont et le style homérique (Rochon), 221*n*

"Lautréamont y el barroco" (Sarduy), 215*n*

"Lazzara" (Victor Hugo), 102

Lebreton, Joachin, 54

Lefort, Daniel, 118

Lefrère, Jacques, 119, 221*n*, 223*n*

Légende des siècles, La (Victor Hugo), 98

Léger, Fernand, 71

lendário indígena, 191

Leroy, Claude, 113, 115, 220*n*

Lévi-Strauss, Claude, 13, 155, 189, 198, 212*n*, 214*n*

Lima, Alceu de Amoroso, 197

Lima, José Maria de, 217*n*

Lima, Lezama, 24, 43, 47, 213*n*

Lima, Oliveira, 66

Limeira, 109

língua, 14, 16, 23, 31, 42, 53, 62, 63, 66, 72, 75, 78, 79, 88, 90, 92, 93, 94, 120, 121, 126, 140, 141, 198, 211*n*

língua portuguesa, 63

línguas indígenas, 29, 198

Lins, Álvaro, 201

Lisboa, 56

Literary cultures of Latin America — A Comparative History (org. Valdés & Kadir), 28

literatura brasileira, 11, 18, 58, 82, 83, 84, 89, 188, 201, 215*n*, 216*n*, 226*n*

literatura colonial, 58

Literatura como missão. Tensões sociais e criação cultural na Primeira República (Sevcenko), 217*n*

Literatura e história na América Latina (org. Chiappini & Aguiar), 214*n*, 216*n*

Literatura e sociedade (Candido), 218*n*

literatura engajada, 187

literatura francesa, 11, 37, 60, 75, 78, 97, 125, 126, 211*n*

literatura gauchesca, 83

literatura inglesa, 47

literatura mexicana, 34

literatura migrante, 164

literatura mundial, 11, 164, 211*n*

literatura nacional, 11, 13, 19, 59, 90, 96

literatura ocidental, 11, 47

literaturas caribenhas, 29

literaturas coloniais, 29, 30

literaturas emergentes, 171

literaturas latino-americanas, 28, 30, 42, 43, 81, 125

literaturas metropolitanas, 43

Littérature, 127

Livro das passagens, O (Benjamin), 128, 129, 134, 138, 144, 222*n*

"Livro e a América, O" (Castro Alves), 101

livros franceses, 52

Lobato, Monteiro, 74, 75, 218*n*

localismo, 36, 71, 90

Locus solus (Roussel), 149

logocentrismo, 169, 171

Lopes, Castro, 63

Lopes, Telê Porto Ancona, 188, 197, 203, 212*n*, 225*n*, 226*n*

Loti, Pierre, 151, 163

Lotissement du ciel, Le (Cendrars), 113, 220*n*

"Lotissement du ciel: d'une vocation à l'excès au parti pris de vivre, Le" (Astier), 220*n*

Lourenço, Eduardo, 18, 212*n*

"Lundu do escritor difícil" (Mário de Andrade), 198

Maalouf, Amin, 16, 212*n*

Macbeth (Shakespeare), 86

Machado Neto, A. L., 217*n*

"Machado, Borges e Clarice: a evolução da nova narrativa latino-americana" (Fitz), 219*n*

maçonaria, 56

Macondo, 27, 41

Macunaíma (Mário de Andrade), 188, 189, 190, 191, 192, 193, 194, 195, 196, 197, 198, 199, 200, 201, 202, 203, 204, 205, 206, 207, 208, 212*n*, 225*n*, 226*n*

Magalhães, Gonçalves de, 57, 59

Magalhães, Valentim, 63

Mahfouz, Naguib, 163

Mais! (*Folha de S.Paulo*), 148, 159

Mallarmé, Stéphane, 105, 106

Manaus, 193

Manifesto Antropófago, 213*n*, 215*n*

Mann, Thomas, 163

Manuel de Araújo Porto-Alegre: a saída à brasileira da "Guerra de Alecrim e Manjerona" (Farina), 216*n*

Marapatá, ilha de, 193

margens americanas, 118, 120, 124, 221*n*; *ver também* periferia

"Maria" (Castro Alves), 103

Mariátegui, José Carlos, 15, 24, 73, 212*n*, 213*n*, 218*n*

Mariée mise à nu par ses célibataires, même, La (Duchamp), 149

Mármol, José, 34

Márquez, Gabriel Garcia *ver* Garcia Márquez, Gabriel

Martí, José, 34, 65, 214*n*

Martín Fierro (Hernández), 83

Martins, Wilson, 216*n*

marxismo, 39, 130

Masséna, André, 56

Matos, Gregório de, 35

matriarcado, 46

Mattoso, Katia de Queirós, 216*n*

Maupassant, Guy de, 68

McCann, Frank D., 217*n*

Memorial de Aires (Machado de Assis), 94, 95

Memórias póstumas de Brás Cubas (Machado de Assis), 81, 82

Mendoza, 193

Mercosul, 79

messianismo, 46

mestiçagem, 17, 22, 23, 44, 45, 77, 93, 191

mestiços, 29, 66, 75, 78, 93

metáforas, 33, 35, 38, 45, 46, 48, 74, 120, 215*n*

metrópoles, 25, 31, 35, 37, 38, 40, 124, 185

México, 38, 41, 46, 65, 78, 204, 214*n*, 215*n*, 221*n*

Micelli, Sérgio, 218*n*

migrantes, 15, 194

Miranda, Luiz Bueno de, 109, 220*n*

miscigenação cultural, 44

Missão Francesa, 37, 54, 55, 56

Mitterrand, François, 78

Modèles politiques et culturels au Brésil: emprunts, adaptations, rejets, XIXe et XXe siècles (org. Mattoso, Santos & Rolland), 50

"Modèles politiques et culturels au Brésil" (colóquio), 50

modelos estrangeiros, 63, 75, 79

modelos europeus, 17, 74, 75

modelos franceses, 51, 58, 69, 71

modernidade, 11, 46, 64, 66, 144, 155, 165, 173, 174, 197, 211n

modernismo, 17, 74, 75, 80, 188, 191, 201, 209

modernismo brasileiro, 74, 201

modernistas, 17, 24, 71, 74

Moderno de nascença. Figurações críticas do Brasil (org. Abdala Jr. & Almeida Cara), 215n

monarquia, 32, 55

Monegal, Emir Rodríguez, 81, 83, 118, 119, 120, 214n, 215n, 219n, 221n, 222n

Monglave, Eugène de, 58, 59, 92

Monroe, doutrina, 65

Montevideo ou Une nouvelle Troie (Dumas), 123

Montevidéu, 118, 121, 123, 124, 137, 139, 214n, 221n

Morro Azul, fazenda, 109

Morse, Richard, 34, 214n

movimento tenentista, 207

muçulmanos, 185

"Muerte y la brújula, La" (Borges), 88

multiculturalismo, 18, 22, 148, 155, 156, 157, 158, 172, 224n

"Murmúrios da tarde" (Castro Alves), 98

música, 77, 148, 203

music-hall, 67, 151

Na Ilha de Marapatá. Mário de Andrade lê os hispano-americanos (Antelo), 218n

Nabuco, Joaquim, 39, 61, 62, 63, 66, 217n

nação, 13, 14, 15, 18, 32, 33, 35, 38, 39, 51, 52, 54, 57, 58, 59, 60, 62, 85, 94, 140

Nacional Estrangeiro (Micelli), 218n

nacionalismo, 9, 10, 11, 15, 16, 17, 18, 21, 22, 25, 28, 33, 35, 36, 38, 43, 44, 46, 48, 51, 57, 58, 59, 64, 71, 77, 80, 81, 82, 89, 91, 92, 93, 94, 95, 96, 121, 162, 189, 201, 202, 203, 208, 209, 212n, 213n, 216n, 217n, 219n

nacionalismo artístico, 202, 209

nacionalismo literário, 11, 28, 82, 92, 213n

nacionalismo modal, 43

nacionalismo ontológico, 43

nacionalismo romântico, 38, 57, 58, 82, 95, 121

nacionalismo ufanista, 17, 35, 90, 201, 205, 209

Nações e nacionalismo desde 1780 (Hobsbawm), 212n

Naipaul, V. S., 163

Napoleão Bonaparte, 30, 37, 38, 53, 56

Napoleão III, 38, 66, 103

Nation and narration (ed. Bhabha), 213n

Nationalism, colonialism and literature (Eagleton, Jameson & Said), 213n, 215n, 219n

"Nationalism: irony and commitment" (Eagleton), 219n

Nations and nationalism (Gellner), 212n, 214n

nativismo, 59

natureza americana, 38, 41, 86

natureza européia, 41

natureza selvagem, 58

"Navio negreiro, O" (Castro Alves), 102
nazismo, 16
Negro, rio, 193
negros, 29, 38, 39, 45, 73, 78, 102, 114, 150, 153, 155, 170, 171, 185
neoclassicismo, 38, 54, 59, 120, 143
Neologismos indispensáveis e barbarismos dispensáveis (Castro Lopes), 63
Nietzsche, Friedrich, 134
Nitheroy — Revista Brasiliense de Ciências, Letras e Artes, 57, 60
"Nos morts" (Victor Hugo), 104
"Nota sobre un cuento de Julio Cortázar: 'El outro cielo'" (Pizarnik), 222n
Nova York, 83, 160
novela picaresca, 197
Novíssima, 202
Novo Mundo, 27, 33, 61, 64, 83
Nuestra América (Martí), 34, 214n

Ocidente, 11, 46, 78
Oliveira, Martins de, 205
OLP, 161
Organização nacional, A (Torres), 207
Orientais (Victor Hugo), 98, 100, 101, 107
orientalismo, 151
Orientalismo (Said), 163
Oriente, 16, 28, 72, 163
Oriente Médio, 16
originalidade, 13, 14, 17, 22, 23, 37, 59, 155, 163
Ortiz, Fernando, 213n
Otelo (Shakespeare), 85
"Otro cielo, El" (Cortázar), 127, 129, 131, 133, 138, 139, 140, 142

Pacheco y Obes, Melchor, 123
países latino-americanos, 21, 22, 23, 30, 35, 38, 39, 42, 48, 51, 69, 70, 77, 82, 124
"Palavra instável, Uma" (Candido), 212n
Palestina, 160
Panamá, 65
pan-americanismo, 51, 72
Pan-americanismo, O (Oliveira Lima), 66
Panesi, Jorge, 83, 93, 94, 219n
paradigma, 12, 42, 47
"Paradoxos do nacionalismo literário na América Latina" (Perrone-Moisés), 216n
Paraimá, serra de, 193
Paris, 38, 50, 53, 57, 58, 60, 62, 66, 67, 71, 73, 108, 109, 110, 112, 113, 115, 117, 123, 125, 126, 127, 128, 129, 131, 132, 133, 137, 138, 139, 140, 144, 145, 148, 156
"Paris capital do século XIX" (Benjamin), 129, 222n
"Paris como a capital literária da América Latina" (Rivas), 214n
Partido Conservador, 53
Passos, Gilberto Pinheiro, 95, 219n
paternalismo, 25, 171
patriarcado, 46, 170
patriarcalismo, 169
patrimônio cultural, 27, 125
patriotismo, 35, 72, 88, 189, 201
Pau Brasil (Oswald de Andrade), 117, 220n
Paulicéia desvairada (Mário de Andrade), 41, 71
Paysan de Paris, Le (Aragon), 129
Paz, Octavio, 23, 42, 46, 213n

Pedro I, d., 30, 53
Pedrosa, Mário, 216n
pensadores de esquerda, 77
pensamento abstrato, 26
pensamento hispano-americano, 25, 73
"pensamento selvagem", 189, 198
"pequeno contexto", 13
Perec, Georges, 149
periferia, 11, 34, 66, 105, 120, 171, 185; ver também centro versus periferia
Perón, Juan Domingo, 133, 144
Perrone-Moisés, Leyla, 214n, 215n, 217n, 221n
Peru, 41, 204
pesquisa universitária, 26
Pessoa, Fernando, 11, 18
Petit Temps, 62
Picabia, Francis, 149
Pichon-Rivière, Enrique, 123
Pinto, Maria Cecília Q. M., 216n
Pizarnik, Alejandra, 222n
Place Clichy, 39
Planetas sem boca (Achugar), 211n
Poe, Edgar Allan, 11, 136, 223n
poesia, 60, 82, 84, 86, 98, 103, 107, 110
poesia condoreira, 98, 103
Poesias (Lautréamont), 123, 125, 143, 222n
poetas brasileiros, 31, 91
Poiret, Paul, 71
Polar, Antonio Cornejo, 45, 215n
Polêmica Alencar—Nabuco, A (Coutinho), 217n
política, 12, 16, 21, 36, 37, 40, 43, 48, 57, 65, 76, 77, 78, 103, 129, 135, 140, 143, 162, 163, 164, 168, 171, 172, 203, 218n
Ponge, Francis, 125, 137, 221n

populismo, 21, 25
Porto Rico, 65
Porto-Alegre, Araújo, 57, 58, 59, 60, 216n
Portugal, 16, 29, 30, 40, 54, 61, 91, 166
positivismo, 38, 62, 69, 110, 114
"Positivismo no Brasil: uma ideologia de longa duração, O" (Bosi), 218n
Post-colonial critic, The (Spivak), 213n
"Pour les pauvres" (Victor Hugo), 104
Pradier, Théodore Taunay, 54
Prado, Eduardo, 65
Prado, Paulo, 116, 202, 220n
pré-romântico, movimento, 59
Presença francesa no movimento democrático baiano de 1798 (Mattoso), 216n
Primeiro Mundo, 48, 49, 77, 157
Processo, O (Kafka), 176, 215n
Proença, Cavalcanti, 196, 197, 198, 226n
Progrès brésilien: la participation de la France, Le (D'Anthouard), 218n
progresso, 14, 55, 67, 69, 121, 124, 135, 145, 194
Projeto Léry-Assu, 11, 211n, 216n, 217n
prostituição, 121, 139
psicanálise, 10, 11
psicologia, 192, 200
Puertas al campo (Paz), 213n, 215n
purismo lingüístico, 63, 92

"Qu'est ce qu'une nation?" (Renan), 212n
Québec, 29
"Quem dá aos pobres empresta a Deus" (Castro Alves), 101, 104, 106
Queneau, Raymond, 149

Rabelais, François, 12
raça, 14, 15, 44, 75, 114, 170, 203
Race et culture (Lévi-Strauss), 214n
Race et histoire (Lévi-Strauss), 212n
Racine, Jean, 86
racismo, 24, 44, 142, 169
Raízes do Brasil (Buarque de Holanda), 75, 213n, 218n
Rama, Angel, 213n
Ramais e caminho (Ancona Lopez), 225n, 226n
rapsódia, 196
Raymond Roussel (Foucault), 224n
Raymond Roussel and the Republic of Dreams (Ford), 224n
Rayons et les ombres, Les (Victor Hugo), 99
real americano, 26, 41
Referências francesas na polêmica Alencar × Nabuco (Lima), 217n
Reflexões sobre o exílio (Said), 161
religião, 14, 53
Remate de males (Mário de Andrade), 214n
Renan, Ernest, 14, 15, 212n
República brasileira, 62, 64, 65, 68
República Centro Africana, 153
República de Weimar, 133
ressentimento, 35, 49
retórica, 48, 103, 120, 143, 164
Retrato do Brasil (Prado), 116, 202
Revista Mensal, 60
Revolução Cubana, 77
Revolução Francesa, 29, 30, 37, 53
Revue des Deux Mondes, 60, 110
Ribeiro, Darcy, 45, 77, 78, 207, 215n, 218n, 226n
Rimbaud, Arthur, 105, 106, 222n

Rio de Janeiro, 30, 52, 56, 59, 64, 67, 68, 69, 73
Rio de la Plata, 41
Rio, João do, 67
riqueza cultural, 24, 25, 27
Rivas, Pierre, 214n, 217n, 220n
Robbe-Grillet, Alain, 149
Rochon, Lucienne, 221n
Rodó, Enrique, 34, 70, 214n
Roland, Denis, 219n
Roma, 22
romance, 11, 12, 57, 59, 68, 81, 82, 89, 116, 142, 150, 151, 152, 153, 155, 157, 158, 176, 177, 179, 180, 182, 183, 184, 185, 186, 187, 191, 196, 197, 206, 211n, 213n
romance brasileiro, 89
romance de cavalaria, 11, 197
romantismo, 10, 11, 17, 35, 37, 57, 59, 71, 80, 82, 121, 142, 143
Romero, Sílvio, 63, 64, 66, 217n
Romeu e Julieta (Shakespeare), 11, 85, 155
Roraima, 193
Rosa, Guimarães, 41
Rostand, Edmond, 111
Roteiro de Macunaíma (Proença), 226n
Rouanet, Maria Helena, 216n
Roussel, Raymond, 148, 149, 151, 152, 153, 154, 155, 157, 224n
Rushdie, Salman, 16, 212n

Sabato, Ernesto, 33, 46, 214n
Sabino, Fernando, 201, 206
Sacred wood, The (Eliot), 106
Said, Edward W., 13, 16, 18, 151, 159, 160, 161, 162, 163, 164, 165, 212n, 213n, 215n, 224n

Sainte-Beuve, Charles-Augustin, 60

Saint-Hilaire, Auguste de, 226*n*

Salgado, Plínio, 74, 202, 218*n*

Salgueiro, Heliana Angotti, 216*n*

Salih, Tayib, 163

Salomão, rei de Israel, 106

São Paulo (SP), 67, 68, 71, 109, 193, 194, 195

"Sara la baigneuse" (Victor Hugo), 101

Saramago, José, 49

Sarduy, Severo, 215*n*

Sarmiento, Domingo Faustino, 34, 39, 61, 214*n*

Sartre, Jean-Paul, 159, 187, 225*n*

sátira, 197, 200, 201, 208

sátira menipéia, 197

Schneiter, Liliane, 223*n*

Schopenhauer, Arthur, 220*n*

Schwartz, Jorge, 81, 218*n*

Segunda Guerra Mundial, 133, 139, 161, 176

Segundo Império (França), 128, 132, 133, 138

Semana de Arte Moderna (1922), 72, 226*n*

Senhora (Alencar), 57

sertão, 41, 103, 116

Sertões, Os (Cunha), 34

Sevcenko, Nicolau, 217*n*, 218*n*

Shakespeare, William, 11, 18, 34, 85, 86, 154

Shoah, 176

Siegfried, André, 73

Siete ensayos de interpretación de la realidad peruana (Mariátegui), 212*n*, 213*n*, 218*n*

Signer, Rena, 217*n*

Silva, Henrique José da, 54

Silva, Maria Beatriz Nizza da, 55, 56, 216*n*

Silveira, Sousa da, 203

"Sociedade Literária" (Rio de Janeiro), 52

sociologia, 10, 167

sociólogos, 160

Sófocles, 154

Sol de põe em São Paulo, O (Carvalho), 211*n*

Sommer, Doris, 31, 213*n*

Song of Hiawatha (Longfellow), 85

Sorbonne, 50, 71, 188

Souza, Gilda de Mello e, 197, 226*n*

"Soy loco por ti América" (Caetano Veloso), 77

Spencer, Herbert, 64

Spivak, Gayatri Chakravorty, 213*n*

Staël, Madame de, 58

Steiner, George, 161

Stendhal, 12

Sterne, Laurence, 12

subjetividade, 18

Sugestões do Conselheiro. A França em Machado de Assis. Esaú e Jacó e Memorial de Aires, As (Passos), 219*n*

Supervielle, Jules, 221*n*

Suppo, Hugo, 219*n*

supranacionalismo, 22, 60

Sur parole, instantanés philosophiques (Derrida), 224*n*

Sur Racine (Barthes), 225*n*

surrealismo, 130, 138, 143

Tabira (Gonçalves Dias), 82

Tacatu, rio, 193

Tanizaki, Junichiro, 212*n*

Tarsila. Sua obra e seu tempo (Amaral), 218*n*

Taunay, Alfredo d'Escragnolle, 57
Taunay, família, 59
Taunay, Nicolas, 54, 55, 57
Taunay, Théodore, 59
teatro, 55, 67, 136, 148, 149, 155, 157
Teatro Intercultural, 154, 157
televisão, 18, 154, 157
Tempestade, A (Shakespeare), 34
Terceiro Mundo, 39, 157, 161
Terceiro Reich, 133
Textos de intervenção (Candido), 218*n*
textos literários, 10, 11, 12, 13, 160, 164, 167
Theatre and the world: performance and the politics of culture (Bharucha), 224*n*
Tiedemann, Rolf, 222*n*
Timbiras, Os (Gonçalves Dias), 82, 91
Todos los fuegos el fuego (Cortázar), 127, 131, 132, 133, 134, 136, 137, 138, 139, 141, 142, 143, 144, 146, 222*n*
"Torre Eiffel Sideral, A" (Cendrars), 109, 110, 111, 112, 113, 114, 115, 116, 117
Torres, Alberto, 207
tradição literária, 42, 90
transculturação, 23, 45, 213*n*
Transculturación narrativa en América Latina (Rama), 213*n*
Triste fim de Policarpo Quaresma (Lima Barreto), 35, 68, 214*n*, 218*n*
"Tristesse d'Olympio" (Victor Hugo), 99
"trocas simbólicas", 56
Tróia, guerra de, 123
Tupi e o alaúde, uma interpretação de Macunaíma, O (Souza), 226*n*
tupinambás, 24

turismo, 12, 112, 153, 154
turistas, 25, 89, 150, 154

ufanismo, 17, 35
Uganda, 153
Ulysses (Joyce), 96
universidades, 23, 31, 160, 166, 211*n*
Uraricoera, rio, 193, 194, 195
Urena, Pedro Enríquez, 214*n*
Uruguai, 30, 45, 78, 118, 119, 122, 123, 124, 137, 140, 221*n*

Valdés, Maria Elena, 28
Valdés, Mário J., 28
Valle, José de Freitas, 67
Vanguarda e cosmopolitismo (Schwartz), 218*n*
vanguardas, 11, 39, 46, 71, 113, 115, 137, 149
Vasconcelos, Sandra G. T., 213*n*
Velho Mundo, 27, 48, 61, 142
Veloso, Caetano, 77
Venezuela, 204
"Venturas y desventuras de la literatura mundial" (Krysinski), 211*n*
Verde-Amarelo, movimento, 202
Veríssimo, José, 63, 69, 79, 217*n*, 218*n*
Vida dos animais, A (Coetzee), 179, 225*n*
Vida literária (Mário de Andrade), 218*n*
Vida literária no Brasil — 1900, A (Brito Broca), 217*n*
Villa Kyrial, 67, 71
Villa Kyrial. Crônica da Belle Époque paulistana (Camargos), 217*n*
violência, 48, 175, 178
Visage de Lautréamont, Le (Lefrère), 221*n*

Vocabulário técnico e crítico da filosofia (Lalande), 225*n*

Voltaire, 53

Wellington, lord, 56

Weltliteratur, 11, 164, 211*n*

Whitman, Walt, 11

Wolff, Jorge H., 128

xenofobia, 10, 17, 24, 66, 74, 79, 90, 203, 209

Young, Richard A., 28

Yurkevich, Saúl, 222*n*

ESTA OBRA FOI COMPOSTA PELA SPRESS EM MINION E IMPRESSA
EM OFSETE PELA GEOGRÁFICA SOBRE PAPEL PÓLEN SOFT DA
SUZANO PAPEL E CELULOSE PARA A EDITORA SCHWARCZ EM OUTUBRO DE 2007